【文史资料百部经典文库】

全国政协文史和学习委员会 编

HUIYI MIAOSHIJIAZUQIYE

回忆苗氏家族企业

山东省政协文史资料委员会
淄博市政协文史资料委员会 编
桓台县政协文史资料委员会

中国文史出版社

前　言

　　山东苗氏民族资本，是以桓台县索镇苗世厚（德卿）、苗世远（杏村）、苗世德（星垣）、苗世循（海南）堂叔四兄弟为首形成的。他们从1899年开始进济南经商，到1949年中华人民共和国成立，在旧中国走过了一条先商后工的道路。先后创办过十数个企业，其中主要有恭聚和粮栈、恒聚和粮栈、公聚和粮栈、恒聚成粮栈、同聚长粮栈、成丰面粉厂、成记面粉厂、西安成丰面粉分厂、成通纱厂、成大纱厂、南京普丰面粉厂、文德铁工厂等。

　　苗氏企业的创业人，原是半封建半殖民地社会的平民百姓，以务农为生。他们自戊戌变法时期开始，从种田到开办油坊，家境渐富，少有积蓄。后又到济南洛口开设粮栈。最初15年的微利经营发展不快。第一次世界大战爆发后，各国列强忙于战争。洋货在中国市场上一度锐减，中国的粮食和面粉、棉纱及纺织品，由进口变为出口。由于当时历史条件的变化，苗家经营粮栈大发其财，为创办面粉厂及纺织厂积累了资本。从第一次世界大战到抗日战争爆发，24年间，苗氏企业进入了它的鼎盛时期，在济南经营十数个企业，并把经济势力伸展到西安、南京等地，成为山东省名气很大的百万富翁。

　　苗氏企业在日军侵占和国民党统治时期，屡遭磨难，濒临衰败之境。新中国成立后，在中国共产党的领导下，企业得到新生，为社会

1

主义建设做出了贡献。

《苗氏民族资本的兴起》[①]一书的问世，为读者提供了一部有关民族工商业发展的翔实资料。它比较系统、完整地反映了苗氏民族资本的产生、发展的全貌，可供研究我国资本主义经济史参考。

本书选用的史料，主要来源于苗氏家族和苗氏各企业中主要当事人的亲身经历、所见所闻。由于苗氏企业中的一些主要当事人业已作古，尽管我们对掌握"三亲"资料者进行了奋力"抢救"，但仍有一些侧面的资料征集不全。为使苗氏企业的资料比较完整，本书还附录了一部分必要的档案文献资料。

本书在征集资料过程中，得到了济南市政协、济南市工商联、济南市史志办、济南市档案馆、济南市国棉一厂和国棉四厂、济南市粮食局、济南市粮食加工厂、济南市挂面厂、济南机床四厂、西安市政协、西安市工商联、西安市档案馆、西安市粮食局、南京市政协、南京市工商联、南京市档案馆、上海市政协、淄博市图书馆等单位的大力支持和协助。原苗氏各企业主要当事人和苗氏家属，在提供资料和鉴别资料方面也都给了我们很大帮助。在此，谨向以上单位和同志，表示衷心的感谢。

《苗氏民族资本的兴起》编辑组

1988年4月

---

① 本书1988年首次出版，名为《苗氏民族资本的兴起》，本次再版更名为《回忆苗氏家族企业》。

CONTENTS 目 录

目 录 CONTENTS

苗氏家族兄弟　　239

附　录　307

苗氏家族发迹史

回忆苗氏家族企业

HUIYI MIAOSHIJIAZUQIYE

我们苗氏兄弟的身世和发迹概况

苗星垣

一、苗家的身世

我家祖籍桓台县索镇。曾祖苗启英，祖父兄弟2人，兄为苗允澄，弟为苗允现，到父亲一代叔伯兄弟6人，就在这一代分家成为6户（即通常说的6大支），每户分得市亩2亩4分土地。前三代都以务农为生，人多地少，家境贫寒。到我们这一代已是堂叔兄弟17人的大家族，苗氏工商业就开始在我们这一代。堂兄苗世忠、苗世厚（德卿）、苗世传、苗世登、苗世远（杏村）出自苗氏长支。德卿、杏村兄弟二人经历了务农、赶脚、推小车、开油坊等一段艰苦的路程，于公元1899年（清光绪二十五年）在济南市洛口镇首创了恭聚和粮栈，以后又走向实业，创办了几家规模可观的工厂。我和胞兄苗世恭、胞弟苗世循（海南）出于苗氏次支。我也是从务农开始，经历了打短工、当学徒一段路程逐渐发展起来的。我们这两大支，因德卿、杏村出于长支，我和海南出于次支，故在桓台县有"大苗家""小苗家"之说，在济南则有"北苗家"和"南苗家"之分。我们两支在发展企业的道路上，有合作但又各立门户，有共同利益，也有企业间的竞争。不过，总的来说，合作与共同利益还是主要的。

对于德卿、杏村两堂兄的身世和早年的一些活动，我除了目睹，还有耳闻。因为1928年我担任成丰面粉厂经理时，族兄苗世礼、苗世勋等为增修《苗氏世谱》的事，由桓台来济南约我回索镇，因不好推辞，曾参与此事。我与苗世昌、苗世坤担任访问、编辑、誊写、校对诸务，苗世礼担任主编。我负责搜集德卿和杏村的传略材料，请王扶九撰文。我本人的经历亦一块写于谱后。最后定文时，我为《苗氏世谱》题了跋，为祖墓奉祀所写了碑文。

务农、贩煤

苗世厚（德卿）生于1855年（清咸丰五年），卒于1919年，终年64岁。他9岁入私塾，只读三五年书，就因家贫辍学。下学后务农，春冬两闲时做商贩，曾沿街串巷叫卖过面食。当时他虽然年少，但在索镇大街学了点做小本生意的本事。索镇大街从清朝末年就已成为桓台附近几县的一个名镇。乌河从镇中南北穿过，北接小清河，东至羊角沟，西通济南府，南靠淄博矿区，旱路也四通八达，是水陆两运的交通码头，地理位置比较优越。这种条件给索镇带来了生机。在胶济铁路通车前，这里的商业和手工业作坊及过载栈（即代客运输的栈房）就很发达，商贾云集，市镇繁华。俗话说，靠山吃山，靠水吃水，苗家地少，光靠种地吃饭难以度日。世厚兄弟5人，还有个姐姐，10口之家，2亩薄地，收入甚微，家计支绌。其父继友年过半百，身体有病，全靠世厚和他大哥苗世忠来支撑家务。兄弟两人请木工做了两辆二把手车子（当地叫响车子）往来于淄川、索镇之间，靠贩煤度日。

正当两人忙于推小车生意时，1875年清朝光绪皇帝登基，这时鲁中地区遇上了大旱，村民中就流传着"朝廷无福民遭难"的怨言。光绪二年，旱情更加严重，从春到秋，滴雨未见，夏天挑水种谷，晚秋又遇虫灾。连续两年碌碌未翻身，树皮剥光，草根挖尽，有些人家挑起担子流落他乡，逃荒要饭。世厚一家没有走，靠两辆小推车挣扎度日。他讲过这样一件事，在光绪二年腊月，哥哥世忠病倒在床，他自己虽20出头，是血气方刚的年龄，但因受饥挨饿瘦得皮包骨头，一家人都为度过寒冬发愁。以后听过路人讲，胶东秋后萝卜丰收，他和父亲商量推车子去一趟，因怕路上不安全，就找了两人结伴而行。到了胶东，卖掉了带去的铺盖（被褥），买了一车萝卜。胶东离家 700 里，只靠白天走路需走 7 天。他们 3 人商议，趁腊月十五的月光，日夜兼程，到哪里累了，就地打个盹，干粮不够就吃萝卜充饥，回到家时已到腊月二十日，一家人靠一车子萝卜过了年关。次年变卖家产种上了庄稼。

世忠、世厚兄弟俩推车贩煤，主动与索镇十几家手工作坊联系上门送货，如遇过往客商也做些代客送货的生意。

开办油店

在天长日久的交往中，本街油坊坊主荣仲森见世忠、世厚为人实在，便请他兄弟俩为荣家代销食油。推车子下乡串村卖油，比起贩煤来较省力又得利较厚，几年后便稍有积蓄。经全家合计，遂于 1883 年（清光绪九年）在索镇街建了一处自营油店，由世忠掌管。不久又买了一头牛，安装了一辆天车，世厚做代客运输的生意。

1891 年（清光绪十七年）世忠病故，油店由世厚接手，让三弟世传学赶大车，代客运货。世忠经营油店 8 年期间，坐门等客，收入甚微，除日常开支外，所余无几。世厚接业后，大改店风，除在本街营业外，常去外地集镇探听行情，主动与油贩交往，还亲自送油上门。冬春有庙会，买卖兴旺，他让弟弟帮忙，主动向赶庙会的包子棚、油条铺抢时间送油。一个旺季的营业额就超过以往一年的数量。他善交朋友，油贩都愿和他往来，当时镇索街虽有十几家油店，唯他一家成了批发店，生意兴隆。他接手经营了 4 年油店，红利超过其兄 8 年的 10 倍。当时索镇商界说起他来都伸拇指佩服。

赶脚

苗世远（杏村）在他七八岁进入学龄期时，家中连续出了几件事，失去了求学机会。他 10 岁那年父亲病卧在床，久治不愈。随后姐姐出嫁，长兄苗世忠病故，三哥苗世传又年轻早逝，四哥苗世登专心业儒，二哥苗世厚在索镇卖油，家中的杂务零活压在杏村一人身上，家庭环境迫使他过早地挑起重担。15 岁那年他看到索镇街上各处商人云集，稍有气派的商人需雇毛驴赶路，他向掌管油店的二哥提出买头毛驴学做送客生意，二哥欣然同意。

　　杏村以后讲到这段经历，认为这是他步入社会的奠基石。他曾对我讲过这样几件事：开始他发现每天早晨在乌河桥头赶脚者牵着毛驴聚集在一起，等客定价，议成后马上赶路。有的跑群帮，也有的跑单帮。当时他年幼胆小，天黑了不敢走路，怕跑单帮。于是他想出办法，先和赶脚有经验的交往，揽生意时把他带上。为了揽买卖他主动和乌河水道船户交往，有客送时早打招呼；并多和过载栈联系，早和雇脚的客商预定日期，做到按时不误。第一年这六条腿的生意做得不错，随大帮跑羊角沟送客，回来捎货，两头见钱，年底算账，二哥喜笑颜开，给他添了一身新衣裳。第二年胆子大了，哪里也敢去了，随大帮能跑，跑单帮也敢承担。到了冬天，有些赶脚的见天寒地冻，不愿受罪，就改行用驴拉磨做起面食生意来。而他认为天冷干这一行的人少了，无竞争对手，生意更好干，挣钱就更多。一次，在腊月初下了一夜大雪，第二天早晨，一位博兴城的煤贩子要到博山联系生意，愿出 3 倍价钱雇脚，杏村摇头不去。他又伸了 5 个指头，意思是高 5 倍，杏村才答应了，回家带上了一把油布雨伞，抓紧赶路。冬天天短，中午饭不敢久占时间，喂饱了牲口就抓紧赶路，总算带着太阳进了博山城。客人支付了脚钱后他就立即到干果店买了些山楂、核桃、酸枣之类的年货，连夜返回。毛驴驮着近 50 市斤的东西，他不忍心再骑在驴上，就跟在后边走着吆喝着壮胆。不想刚过淄川城十来里地，毛驴突然不往前走了，而且还浑身哆嗦。他顺路向前仔细一看，在路中央坐着个大狗一样的东西，突然想到：驴这样怕它，难道是只狼？他听二哥讲过，遇上狼不能怕，要斗智。他把身上背的雨伞解下来，大吼一声，突然把伞张开，果然奏效，再定睛细看，狼已跑远了。于是加快了赶路速度，到了张店才听见头遍鸡叫。前面有一辆牛车也走去索镇的路，这才放心跟在车后慢行，摸了摸身上的棉袄已经湿透了。直到前半晌，才回到家。正好这天索镇大集，二哥把干果带到集上，下午二哥赶集回来笑着说："你夜间一身汗，胜过我一车子油。"

贩运粮食

　　1888 年(清光绪十四年)是杏村兄赶毛驴生意的第三年。这一年多灾多难，春天大旱，5月里又出现了地震，秋天地里粮食未熟就赶上暴雨加大风，庄稼倒了一地，紧接着阴雨连绵40天，遇上特大涝灾，地里颗粒未收。他听过往行商讲，鲁南山区涝灾差，粮价比较便宜，世厚、杏村兄弟两人把毛驴套在牛车上，赶起二套车，到新泰、莱芜一带，5天一趟来回，做起了贩卖粮食的买卖。杏村年幼，跟二哥一块出门，增长了不少见识。兄弟二人走东闯西，既代客运货，也自运自销，时刻观测市场行情，什么货利大，就贩卖什么货。

开设油坊

世厚办了4年的油店赚了不少钱，加上杏村赶脚和兄弟一起贩卖粮食，又有不少积累，苗家在索镇的地位和过去大不一样了。在苗家油店发迹以前，荣仲森的油店在索镇大街是首屈一指的。到1894年（清光绪二十年），苗家和荣家已形成竞争局面。此时，荣仲森看到苗氏兄弟为人厚道，且有经商的才干，主动提出两家合伙开设油坊。当时苗家也深知荣家底子厚，名气也大，合伙干对自己有利无害。于是双方议定，各出制钱150千（口语称"吊"）做本钱，由荣衍焕任经理，苗世厚任副理。经理负责提供作坊设备，副理提供商业门头；荣家管购料，苗家管生产和销售。开业前荣衍焕提出要起个象征吉祥的名号，世厚说："双方决心都很大，那就把字号定为'恒聚'最好。"开业时，设备有3部榨油机及磨碾，找了6名工人，其中有两名师傅。手工作坊不同于单纯商业买卖，除了购料、销售，中间又加了个重要环节，那就是加工生产。最初主要原料是大豆，由荣衍焕到高苑、博兴一带采购。销售由杏村负责。但是生产这个环节经理、副理都是外行，而这个环节搞得好不好却关系着经营的成败。为了达到多出油、出好油的目的，世厚同两位师傅交上了朋友，诚心向他们学习生产技术，亲自参加各道工序的生产。日久天长，两位师傅被其诚心所感动，手把手地教给他技术。世厚不久即成了榨油的内行。恒聚油坊不仅出油率高，而且油质好，名气很快传遍了全县。为了和其他油坊竞争，招徕更多的顾客，从第二年起，凡常来贩油的商店，一律优待，减价一成，全县各地的油店和贩油郎，都慕名前来光顾。从第三年起，恒聚油坊就成了索镇大街红利最大的作坊。4年间，两家各分得红利1000两银子。

二位堂兄在索镇街上由小本生意而挣到上千的银子，我既有眼见，也有耳闻，所以从幼时就有学习他们发家创业的愿望。

打短工

上面叙述的苗世厚、苗杏村兄弟早年的一些事迹，下面再说说我自己的经历。我家也是穷苦出身，少年时期为了生活曾替人打过短工。

我生于1891年（清光绪十七年），10岁那年上私塾，共读了5年书，14岁因家贫而辍学。我们全家8口人，只有2亩4分地，只父亲一人就能管好种好。胞兄世恭忙时为人干月工，冬春两季无活时也做过面食买卖（卖馒头和火烧）。我15岁那年春天，看到家贫的同龄人凑到一帮，为地多的户打短工，就和我从小的朋友于乐初一块打短工，因彼此都有好感，便结拜成为兄弟。打短工时我们俩是不分帮的。我们那里打短工，必须五更上市（短工集结地），打短工的人按农活季节自带生产工具，用工的户讲明农活、定价领人。我和于乐初上市，第一次是掌手锄挖谷苗（清垄定棵），被东镇南头大财主高维荣叫了去，太阳还没露头就到了地里，由他家的长工领头分了垄，7人干活我在正中。因定苗的活我在家干过，闷着头就下了手，当送早饭的来到时，长工负责查蹚子，别人都是四指远一棵，数我定得密，三指一棵，查蹚子的问我为啥定这么密，我回答我们在家定苗就是这样。长工说："你家的地肥料少，谷子不扩苗，这样密还行，你看看这地用的肥料多，定密了就长成墙，反而少打粮食。"以后我再干活时总要先看一下别人是怎么干法，仿照着做，再没出过差错。

当时我记得出价最高的是割麦子的农活，还有三伏天锄三遍高粱地。高粱一人多高，进地就是一身汗。头一年不敢干这样的重活，第二年16岁时，我觉得长大成人了，应当干点拿钱多的重活。这一年在三伏天里给东门里道北财主高成儒家锄三遍谷子，当时谷子已长得一米多高，弓下腰锄地谷穗子正打脸，又加天热不透风，穿的无袖褂只剩下四个角没有汗水。头午大亩每人只锄了半亩，下午还要再锄半亩，干到傍晚，天要下雨，格外燥热，我一阵眩晕倒在地里，等于乐初锄到了头返回来接我时，才发现我已中暑。到18岁那年，技术活都学会了，力气也大了，耕耨锄割、扬场、上垛都能干了。那年我打短工最多，干了近300天，冬天上了冻还打短工，用铡刀为牲口铡草。但全年的工钱折算，只能买到30斗红高粱。我同父兄商议，打短工收入少，不如外出学做生意。我19岁那年由世厚兄介绍来济南。

当伙计

我是1910年（清宣统二年）来济南的，比二位堂兄晚10年。当时正遇上世厚兄在洛口设立的公聚和粮栈开张营业，本想留在他的粮栈跟堂兄学做生意，不料他却把我送到公聚祥粮栈当了伙计。当时公聚祥全栈7人，除正副理之外都是职员。按规定，谁进栈晚，由谁负责烧茶做饭等一切杂务，包括为正副理打洗脚水在内。别人都有张床，小伙计夜间睡柜台（实为看店铺），早5点把铺盖一卷，放在伙房内，晚上11点下班后再扛去铺在柜台上。最难办的是做饭，过去在家没干过，现学着做，又加经理脾气大，嫌好道歹，菜做咸了，他瞪着眼喊："你想咸死人？！"做淡了，他又说没有味道；做少了，他说："花着你的钱吗？"做多了，他又说："怕没有你吃的？"有时见到杏村兄我向他说经理不好侍候。他说："都一样，这叫磨磨你的性子，等再进一个，这活就让出去。"算我命苦，干了两年也无人再来。辛亥革命那年我又被介绍到利成粮栈当练习生，一年后提为职员。连干3年，我收获很大，学会了珠算。最后两年让我担任外跑，联系生意，在粮行交了不少朋友，学到了一些本事。

二、苗家的粮栈

正当苗世厚办的油坊大发其财的时候，桓台街面上流传着"要发大财还得去济南"的说法。从此，世厚兄弟开始做着赴济大干的准备。

1899年（清光绪二十五年）初冬，世厚在索镇恭在兴过载栈结识了该号经理郑金生（曾任新城兵工厂厂长），郑透露济南粮食买卖好做，而且利润也厚，并表示如苗能到济南经商，他愿出资相助。这时苗家正有向外扩展的意向，又有人资助，世厚就偕其弟杏村赴济查看粮业行情，走访了几位桓邑乡友，都说粮业有望，他遂下决心去济南干一番事业。

恭聚和粮栈

1899 年，世厚兄与郑金生、杨育轩共同议定，各出资金 1000 两共 3000 两做底本，在济南洛口开设恭聚和粮栈。因怕在济南人地两生站不住脚，便和荣仲森共议，从恒聚油坊拿出了 200 两白银，拜托郑金生到山东巡抚袁世凯门下走动"纳票入监"，苗世厚、荣仲森各捐了一个头衔：苗世厚捐的是例贡生，授六品衔，候补直隶州州同；荣仲森捐的也是例贡生，授六品衔，候补直隶州州判。事情办妥后，遂安排其四弟世登代替他在索镇街恒聚油坊的副理职务，他偕同五弟杏村于是年底 来济在洛口开设了恭聚和粮栈。恭聚和粮栈 1900 年开业，由世厚任经理。苗家在济南的粮栈从世厚进城，到中华人民共和国成立，整整办了 50 年。不过从 1922 年办起了成丰面粉厂以后，苗家就以经营工业为主了，粮栈虽未停业，已是苗家的副业了。苗家粮栈的经营也经历了与他人合营到自己独资经营两个阶段。

恒聚和、公聚和及恒聚成粮栈

粮栈行属"山水"买卖，有时赚，也有时赔。恭聚和粮栈开业以后连干 6 年，虽也算得买卖兴隆，但在十数家同行业中并不算昌盛，前三年稍有积蓄，后三年比较顺利。1906 年苗世厚和荣仲森商议，两家把索镇恒聚油坊 6 年的红利，又投入 4000 两银子做底金在洛口开设了一个恒聚和粮栈，世厚任经理。他因一身二任，忙不过来，便由其五弟杏村任恒聚和粮栈副理，主持栈务。这时候洛口和西站虽有 20 余家粮栈，由于恭聚和和恒聚和两个栈互通消息，你掉了我拾着，我掉了你拾着，在竞争中始终处在有利地位，5 年间苗家分得红利 5000 千。1910 年世厚把分得的红利变为资本，又在洛口独资开设了公聚和粮栈。公聚和粮栈是苗家独资开办的第一个企业，由杏村任经理。开业后，生意不错。

　　由于当时正处在辛亥革命前夕，局势动荡，合股的荣、郑、杨三家怕粮栈受到损失，都要求将资金退出。荣家要求分劈，世厚同几家议妥，将两家合营的洛口恒聚和粮栈分归苗家，将索镇街恒聚油坊分归荣家。郑、杨两家要求退股，世厚便退清了郑、杨家的股本。从此，洛口的三个粮栈和恒聚成炭栈全部属于苗家所有。为了便于管理，苗世厚、苗杏村兄弟二人商议，于1911年撤销了恭聚和、恒聚和两处粮栈，只保留了公聚和粮栈，1912年又将1911年在济南西站（今车站西货场）开设的恒聚成炭栈改为恒聚成粮栈。

　　胶济、津浦两铁路通车后，济南交通四通八达，各地客商云集，粮食生意更加活跃起来。这时候济南市的交易中心，已从洛口转向商埠。苗家抓住这一有利时机，在济南经一路纬四路盖了30间楼房，经营代客买卖业务。恒聚成粮栈地处要冲，又与当时胶济铁路局局长张耀堂取得了联系，张耀堂用他夫人的名义投资500千，由于粮栈有了铁路局长的资金，在运输上便有了诸多的优先。有了这些方便条件，苗家的粮业生意进入了兴盛时期。到1913年底，粮栈结算获纯利10万千（折合银元4万多元），是恒聚成原资本的50倍。

　　苗家事业的大发展是在1914年第一次世界大战爆发以后。当时中国的面粉、粮油大量出口，刺激了粮油生意和面粉工业的发展，外地客商来济甚多，恒聚成的代客买卖、粮食生意也越做越大。当年由23名职工增至46名，顺津浦、胶济两路设分庄30余处，既做代客买卖，也做自运自销。1915年10月，杏村与广东的出口商、丹麦宝隆洋行买办罗叔羲交为好友，通过他又结识了一批广东帮出口商，他们都是对外做生米交易的大户，有一次恒聚成与他们做了一次生米交易赔了十几万元，为了信誉，杏村把损失全背在了自己身上，取得他们的信任。此后恒聚成独揽了广东帮的生米生意，22年间仅此一项每年即获纯利约4万元左右。以后又结识了上海巨富、无锡茂新面粉厂的荣宗敬。荣宗敬要在济南建立茂新四厂，得到了杏村的大力协助，因此建厂十分顺利。为答谢此事，荣宗敬把为茂新厂代购小麦的专权交给了恒聚成粮栈和我所经营的同聚长粮栈。就这样彼此往来频繁，生意越做越活，利润越来越厚。

从 1914 年欧战开始至 1918 年欧战结束，连续 5 年间，二位堂兄到底盈利多少，我也一直没有摸到实底。但他们致富有道，经商有眼光，不只是桓台，就是在济南工商业者中，也是数得着的富户。世厚于 1918 年因操劳过度，卧病在床。1919 年"五四"运动时，世厚手拿报纸，指着"实业救国"的标题，向其五弟杏村说："不要靠山水买卖，要开办面粉厂。"不久，世厚病逝。

同聚长粮栈

我与他人合资经营同聚长粮栈之前，曾在泰华粮栈干过副理。那是在 1915 年，也就是第一次世界大战的第二年春，泰华粮栈经理王冠东聘我到泰华粮栈担任副理。那时候世厚、杏村二位堂兄的生意进入了黄金时代，王冠东常让我到堂兄的恒聚成粮栈走走，一来学点门道，二来拉点生意。当时我看到恒聚成门前车水马龙，楼上楼下热闹非凡，特别是联络了广东客商，大量收购小麦、生米、生油，从上海和广州向英法和南洋一带出口。王冠东问我学到了什么本事，我回答两条：一是重消息，二是广交友，王认为提得好。我虽初进粮行，已深知粮食的丰歉和粮价的高低直接有关。丰收地区粮价偏于平衡和降低，歉年和大灾地区必然出现粮荒，粮栈把低价地区的粮卖到高价地区去，利润就会大增。1915 年春，鲁南遇上大旱，秋粮歉收，而鲁北的豆类大丰收。泰华粮栈把人马调到鲁北平原、禹城一带采购大豆、绿豆，运至鲁南销售。从晚秋到初冬忙了 3 个月，获利在万元以上，从此泰华粮栈在济南立稳了脚跟。我又学习两位堂兄的生意经，结交了一批东北粮商，扩大了粮栈的经营范围。正当泰华粮栈营业额直线上升的时候，店里出现了张鸿基私吞利润的事情，于是王冠东与张鸿基的矛盾逐渐激化，泰华粮栈终于 1919 年底歇业，继而"分伙"。泰华粮栈经营了数年，我晚去 3 年，分得纯利 2000 银元。

1920 年春天，我与王冠东、张仲磐集资 2 万元在经三路纬二路开设了同聚长粮栈，并采取边营业边基建的办法，除将红利变成资本外，还从茂恒银号贷款，花了 4 万元建了一座营业大楼。请了好厨师，热情为客商服务，独揽了东北客商的全部生意。开业仅两年时间就跻入济南大粮栈行列。

那年"五四"运动影响到济南，学生罢课，商人罢市，我被选为商界代表，后又被选为济南各界评议会的理事，我还发起创办过一种报刊《大民主报》，从事一些有关商业方面的社会活动。在此期间，我结识了刚刚到任的山东督军田中玉。1920年遇直鲁大旱，组织官商合办赈务会，田中玉兼任总办，副办由实业界、银行界、交通界要人吕海环、何宗莲、张英麟担任，我被委任为赈务会的车运处处长，负责调运粮车及放赈事务。由于有了调车运粮的权利，除完成赈务外，我经营的粮业生意从中得到了许多方便。我也从所得利润中给了有关方面一些好处。1925年，张宗昌到济南任山东督办和直鲁联军总司令时，由于濮州李升屯黄河决口，我任华洋义赈会董事，通过办赈务的活动，杏村认识了第九军军长兼运输部司令朱子芹，从那以后，苗家粮栈的货物，就是在军务紧张时刻也能靠军车专列运出，获取厚利。

同聚长粮栈是我和他人合资经营的第一个企业，在当时与世厚、杏村经营的恒聚成粮栈并驾齐驱。

1921年我和杏村兄合议创办成丰面粉厂时，就是以恒聚成和同聚长两个粮栈做后盾的。成年集资7.5万元，杏村兄任董事长，我任经理，于1922年8月投产。到1932年再同杏村兄共同创办成通纱厂时，同聚长就已成为拥有30万元资本的大粮号了。

（王维科　宗学武　整理）

苗德卿与苗家资本集团的初创时期

宗 禾

大苗家与小苗家

山东苗氏资本集团，是以桓台县索镇苗世厚（德卿）、苗世远（杏村）、苗世德（星垣）、苗世循（海南）堂叔四兄弟为首形成的。他们从1899年开始进济南经商，到1949年中华人民共和国成立，在旧中国走过了一条先商后工的道路。先后创办过十几个企业，主要有恭聚和粮栈、恒聚和粮栈、公聚和粮栈、恒聚成粮栈、同聚长粮栈、成丰面粉厂、成记面粉厂、成通纱厂、成大纱厂、南京普丰面粉厂、文德铁工厂等。据估计，苗家总资本有500万元，是山东省最大的资本集团。

具体说来，苗家资本又分为两个系统：一个是苗氏长支，以德卿、杏村兄弟为代表，以恒聚成粮栈、成记面粉厂和成大纱厂为主要企业，又称"大苗家"；另一个是苗氏次支，以星垣、海南兄弟为代表，以同聚长粮栈、成丰面粉厂、成通纱厂为主要企业，又称"小苗家"。这两支在发展企业的道路上，有合作但又各立门户，有共同利益也有企业间的竞争。说到苗氏资本的崛起，必须从苗德卿开始谈起。

开油坊起家

苗德卿生于1855年（清咸丰五年），9岁入私塾，下学后务农，春冬两闲时做商贩，曾沿街串巷叫卖过面食。只读了三五年书，就因家贫辍学。

索镇当时已是桓台附近几县的一个名镇。乌河从镇中南北穿过，北接小清河，东至羊角沟，西通济南府，南靠淄博矿区，水陆两运都较发达。优越的地理位置，给索镇的经济发展创造了条件。在胶济铁路通车前，这里的商业、手工业、运输业就很发达，商贾云集，市镇繁华。

苗德卿因父亲体弱多病，稍长就与大哥世忠共同支撑家务。他兄弟五人，还有个姐姐，10口之家，仅有两亩薄地，收入甚微，家计支绌。兄弟俩请木工做了两辆二把手车子（当地叫响车子），往来于淄川、索镇之间，靠贩煤度日。他们主动与索镇十几家手工作坊联系，上门送货，也做些代客送货的生意。

1875年（清光绪元年）鲁中地区大旱，第二年旱情更加严重，从冬到秋滴雨未见，夏天挑水种谷，晚秋又遇虫灾。连续两年碌碡未翻身，树皮剥光，草根挖尽，许多人家逃荒要饭，流落他乡。苗家就靠两辆小推车挣扎度日。光绪二年腊月，世忠病倒在床上，德卿饿得皮包骨头，一家人正在为如何挨过寒冬发愁。这时，听人说胶东秋后萝卜丰收，德卿决定找两人结伴去一趟。到了胶东，卖掉带去的铺盖，买了一车萝卜。胶东离家700里，只靠白天走需走7天，他们就趁着月光，日夜兼程，累了就地打个盹，饿了吃萝卜充饥，回到家已是腊月二十了，一家人靠一车萝卜过了年关。次年变卖家产种上了庄稼。

在天长日久的交往中，本街油坊主荣仲森见苗氏兄弟俩为人实在，就请他们为荣家代销食油。推车下乡串村卖油，比起贩煤来较省力，得利也较厚。几年后稍有积蓄，遂于1883年（清光绪九年）在索镇街建了一处自营油店，由世忠掌管。不久又买了一头牛，安装了一辆大车，德卿做代客运输的生意。

1891年（清光绪十七年）世忠病故，油店由德卿接手。世忠经营的八年，坐门等客，收入不多。德卿则灵活得多，除在本街营业外，常去外地集镇探听行情，主动与油贩交往，还亲自送油上门。冬春有庙会，他主动给赶庙会的包子棚、油条铺抢时间送油。一个旺季的营业额就超过以往一年的数量。他善交朋友，油贩都愿和他往来，所以生意兴隆。他接手经营油店四年，红利超过其兄八年的10倍。这中间，五弟苗杏村干起了牵着毛驴赶脚的生意。兄弟俩又走东闯西，贩运粮食，更有了一些积累。

1894年（清光绪二十年），经荣仲森提议，荣、苗两家合伙开设恒聚油坊，各出制钱150千作本，由荣衍焕任经理，苗德卿任副理。荣家提供作坊设备，苗家提供商业门面，荣家管购料，苗家管生产和销售。设备有3部榨油机及磨碾，找了6名工人，其中有两名师傅。

手工作坊不同于单纯商业买卖，除了购料、销售，中间又多个加工生产的重要环节，对此，苗家是外行。于是，德卿与两位师傅交上了朋友，诚心学习技术，亲身参加各道工序的生产。两位师傅深受感动，手把手教给他技术，他很快成了榨油的行家。恒聚油坊不仅出油率高，而且油质好，名气很快传遍全县。从第二年起，凡常来贩油者，一律减价一成，全县各地的油店和贩油郎都慕名前来光顾。油坊营业五年，共获红利计银3000两，苗家分得红利1000两。

向济南发展开办粮栈

手中有了一笔积蓄，德卿兄弟就有了向外扩展的意向。当时桓台街面上流传着"要发大财还得去济南"的说法，他们就到济南查看行情。经走访几位桓邑乡友，都说粮业有望，于是他们决定到济南开粮栈。

1899年，德卿与郑金生、杨育轩共同议定，各出资金1000两共3000两作底本，在济南洛口开设恭聚和粮栈。因怕在济南人地两生站不住脚，便和荣仲森共议，从恒聚油坊拿出200两白银，到山东巡抚袁世凯门下走动"纳票入监"。苗德卿捐的是例贡生，六品衔候补直隶州州同；荣仲森捐的也是例贡生，六品衔候补直隶州州判。接着，德卿安排四弟世登代替他在索镇街恒聚油坊的副理职务，自己偕五弟杏村于是年底到济南开设恭聚和粮栈，德卿任经理。

苗家在济南的粮栈，从德卿兄弟进城到中华人民共和国成立，整整办了50年。不过从1922年办起了成丰面粉厂以后，苗家就以经营工业为主，粮栈不过是副业了。

恭聚和粮栈经营六年，获利计银7000两，加上底本3000两，已有资本银10000两，在洛口粮栈中处于前列。1906年，德卿与荣仲森商议，从索镇恒聚油坊六年红利中拿出4000两作底金，在洛口又开设了一家恒聚和粮栈，也由德卿任经理。他一身二任，忙不过来，便由杏村任恒聚和的副理，主持栈务。恭聚和和恒聚和两个栈互通消息，你掉了我拾着，我掉了你拾着，在竞争中始终处在有利地位，五年间苗家分得红利5000两。

1910年，德卿又在洛口开设了公聚和粮栈，这是苗家独资开办的第一个企业，由杏村任经理。由于当时正是辛亥革命前夕，局势动荡，合股的荣、郑、杨三家怕粮栈受损失，都要求将资金退出。经与荣家商议，将洛口恒聚和粮栈分归苗家，索镇恒聚油坊分归荣家。郑、杨两家的股本也如数退清。为便于管理，1911年撤销了恭聚和、恒聚和两处粮栈，只保留了公聚和粮栈，又开设了恒聚成炭栈。1912年将恒聚成炭栈改为恒聚成粮栈，有职工23人。

随着胶济、津浦两铁路的筑成，济南城内各地客商云集，粮食生意更加活跃。这时济南市的交易中心已从洛口转向商埠，德卿抓住这一时机，在济南经一路纬四路盖了营业大楼，经营代客买卖业务。苗家还与当时的胶济铁路局长张耀堂搭上关系，争取到张向恒聚成投资500千制钱，这样在运输上就获得许多方便。到1913年底，恒聚成粮栈结算获纯利10万千制钱（折合银元4万多元）。

1914年第一次世界大战爆发，中国的面粉、粮油大量出口，刺激了国内粮油生意和面粉工业的发展。外地客商来济甚多，恒聚成的粮食生意也越做越大，当年职工增至46人，沿津浦、胶济两路设分庄30余处，既做代客买卖，又做自运自销。

1915年10月，杏村与广东的出口商、丹麦宝隆洋行买办罗叔羲交为好友，通过罗又结识了一批广东帮中做对外生米交易的大户。一次恒聚成与他们做一笔生米生意赔了上万元，为树立信誉，把损失全背在自己身上，颇得广东帮好感。此后恒聚成独揽了广东帮的生米生意，到1937年抗战爆发海运中断22年间，仅此一项每年即获纯利4万元左右。以后杏村又结识了上海巨富、无锡茂新面粉厂的荣宗敬，为荣在济南建立茂新四厂提供了许多帮助。为表达谢意，荣将为茂新面粉厂代购小麦的专权给了恒聚成、公聚和粮栈，苗家因此每年稳拿2万多元的佣金。

总之，大苗家经营的恒聚成、公聚和粮栈，在"一战"期间达到了营业的鼎盛时期，生意越做越大，利润越来越厚，为后来兴办工业积累了资金。

1918年，德卿因操劳过度，卧病在床。1919年"五四"运动时，他手拿报纸，指着"实业救国"的标题对杏村说："不要靠山水买卖，要办面粉厂。"不久，德卿病逝。

苗氏工商业兴衰五十年

苗兰亭

我是苗氏企业创始人之一苗世厚（德卿）的次子，苗世远（杏村）是我的五叔。父亲去世后，我一直作为五叔的助手，掌握苗氏企业大权。苗家资本集团有 50 多年的历史，经营过十数个企业，后期并伸展到西安、南京等地。

一、经营商业，建立粮栈

第一次世界大战爆发后，中国粮油出口量大增，刺激了面粉工业的发展，也促进了粮食商业的活跃。我们所经营的恒聚成粮栈获利甚丰，1913 年底获纯利 10 万千（折合银元 4 万余元），企业职工由 23 人增加到 46 人，并沿津浦、胶济两铁路，设分庄 20 余处，既做代客买卖，又做自运自销。

控制广帮客商，垄断粮食交易

恒聚成粮栈在做生意上肯下注，舍得花钱，为了投客人所好，吸鸦片、搓麻将、吃花酒，一应俱全。因此宾客如云，业务日上。

1915 年 10 月间，广东一些出口商及丹麦宝隆洋行买办罗叔羲等人（在济南统称为广帮）来济，住在恒聚成粮栈，采购生米、生油。苗杏村意识到这是一批"财神"，立即殷勤招待，把他们"封锁"起来，不使他们和同业接触，以垄断这宗交易。当时我们兄弟几个和亲信人员陪着广帮客人，不论是吃喝嫖赌，还是游山玩水，形影不离，不给同业结识他们的机会。为了招待这批广帮客人，不惜重金满足他们的享受。拿吃的来说，我们以每月200元的高薪，雇用了一个广东籍的厨师（相当于本地10位厨师的待遇），为他们设立了小厨房，每天山珍海味，水陆并陈。招待烟酒，也选用最上等的，如大炮台、法国老斧头白兰地等，使他们流连忘返。同时，还施用回扣的办法，笼络坐庄客人，每车生米暗中送他们2—4元的回扣。他们在恒聚成粮栈，既有生活物质上的享受，又能得到一部分"外快"，自然甘心情愿地为我们办事。我们花在客人身上的钱，比起每年从生米交易中获得的数万元纯利来说，则是微不足道的。

恒聚成专门训练了一批鉴别生米质量的能手，收验货品。当时凡是麻袋上盖有恒聚成水印的生米，无论发至何处，每百斤都比市价高出两角钱。1915年，广帮订购了一批生米期货，但在收货时，价格大涨，有些地区的粮栈采用以次顶好、掺杂使假的办法来弥补损失，广帮客人发现这种情况后，派人前来问恒聚成打算怎么办？苗杏村看到这批货要大赔本，但丢掉这个顾主，今后损失更大，遂慨然表示："保证按合同规格如期交货，一切损失由恒聚成负担。"事后结算，我们赔了10多万元，但取得了广帮客人的更大信任。从1916年开始，到1937年抗战爆发海运中断，我们独揽广帮生意达22年之久，由此形成了恒聚成对生米交易的垄断地位。当时，生米成交不在粮关（粮食交易场所）进行，而是在恒聚成开行，生米贩运客商无不仰恒聚成之鼻息，我们不开价，别家就不能成交。甚至博山、泰安、大汶口、滕县、徐州等地的生米行市，也唯我们坐庄人员之马首是瞻。

我们在与广帮交易中，每年纯益在4万元左右，同时，由于他们先期付款，也使我们增加了资金周转的能力，为后来办工业提供了条件。

结交上海巨富，独揽代购生意

恒聚成在垄断广帮生意的同时，又在为无锡茂新面粉厂收购小麦中，搭上荣宗敬的关系。1915 年，无锡茂新面粉厂初次派人来济南购买小麦，在很短的时间里，就由恒聚成代为买足 200 车，而且质量好、交货快，因而引起荣宗敬的重视，荣曾亲自来济南调查小麦产销情况。苗杏村看到这又是"财神"降临，便拿出全副精力来结交荣宗敬，是年春节，还亲往上海拜望，关系更进了一步。接着，荣宗敬决定在济南设立茂新面粉四厂，苗杏村大力给以协助，从选择厂址、购买地皮、修建厂房到安装机器，无不尽力而为。当时荣家在其他各地建厂，都受到不少阻挡，唯独在济南十分顺利。因此，茂新在济建厂以后，荣宗敬力邀苗杏村出任经理，以示报酬。但苗杏村有自己发展工业的打算，不愿为人作嫁，就以事繁和不谙业务为由，婉言辞谢。荣宗敬便又给予恒聚成、公聚和粮栈为茂新面粉厂代购小麦的专权。这样，我们每年从中稳拿两万多元的佣金，直到"七七"事变茂新停机为止。这笔账算起来，比接受一个经理职位要实惠多了。同时，由于结交了荣家，在我们以后创办工业中，多次得到荣宗敬的大力帮助，这是后话。

跻身社交官场，调用车皮运粮

在恒聚成粮栈业务蒸蒸日上的时候，苗杏村的堂叔兄弟苗世德（星垣）由泰华粮栈分伙出来，凑集资金两万元，创办了同聚长粮栈，于 1920 年开业。

苗星垣在民国初年由我父亲介绍来济，开始在公聚祥粮栈当伙计，后来干了泰华粮栈的副理。他很精明，长于社会活动，小有名望，在"五四"运动时，是商界的代表，后来被选为济南各界评议会的理事。他还参加过基督教青年会的活动，并且发起创办《人民主报》。他以这些活动为阶梯，进入了上层社会，结识了东莱银行经理于耀西，这是他后来发展事业的依傍。同聚长的成立，是苗家的异军突起，从此逐渐形成了以苗世德（星垣）、苗世循（海南）兄弟为主，结合王氏兄弟（王冠东、王扶九）和张仲磐所联合的企业，并开始与苗杏村的企业竞争，苗家资本集团遂有了大苗（苗杏村）、小苗（苗星垣）之分。

同聚长粮栈一开业，就采取恒聚成的办法，将原泰华粮栈的东北粮商统统拉了过去。东北粮客资金雄厚，运销量大，每年运来的大豆、高粱平均几十万包。同聚长独揽了这笔生意，两三年就获利数万元，在经三路纬二路自建营业大楼，和恒聚成垄断生米交易一样，同聚长垄断了高粱交易。

1920年，黄河以北大旱歉收，出现了大批灾民。当时济南官商合组赈务会，苗星垣便通过军阀师长车百闻的关系进入了赈务会，担任车运处处长的职务。这个职务要叫别人干，好处也许不大，叫粮商干，可就非同小可了。他在办理赈务中，向铁路局优先调用车皮，提前装运自销的粮食，发了一笔大财，为他后来创办成丰面粉厂备下了资金。

在当时军阀混战割据的情况下，正常的商运根本办不到，而粮食的地区差价又瞬息万变，如果不买通大小官吏，取得运输上的便利，是不能有所作为的。当时的混乱情形，可以举一个例子说明。有一次，张宗昌的一个副官押着600吨的车皮去蚌埠，路经大汶口时为恒聚成坐庄人员探悉，遂即买通关系，商定代运一批小麦，这个副官为了弄些外快，路上遇有空车皮便强征硬挂，到了蚌埠，车皮竟达到789吨。装货之后，车头拉不动，他就强令南来的客车停驶，在保证"军用"的名义下，调用拉客车的车头，前拉后推地货车开到济南。军人横行，铁路方面都奈何不得。

在张宗昌统治时期，苗杏村用重金跟他的第九军军长兼运输司令朱泮藻（字子芹）拉上关系，就是在军运最紧张的时候，恒聚成的货也能尽先装运，这样不但加速了资金周转，也维系了与客商的信用关系。而其他粮栈，虽然也花上了运动费，但由于门子不硬，甚至等上一年的时间，货也运不来。

1925年，济南小麦奇缺，各粉厂忧虑不堪，而蚌埠小麦积存甚多，无法运出。苗杏村与军粮局局长魏联民拉上关系，以1.6万元的运动费，搞到两列车皮（每列车600吨），派我去蚌埠主持购运。我到蚌埠后，无意之中又搞到了一部分车皮。事情是这样的：一位妓女对我说："有位军官有300

吨的车皮，明早开济南，你是否有货运，可以代为介绍。"我一听喜出望外，马上接头，言定每吨付给 40 元的酬劳费，当夜装车，次日启程。但是当时恒聚成无货，深夜现买又来不及，我便向同聚长粮栈和成丰面粉厂在蚌埠的坐庄人员商借 300 吨小麦。他们非要问从哪里弄到的车皮，我只好说出原委，他们便提出要利益均沾，经过磋商，分给他们 50 吨，当夜装车，如期开出。接着从济南运动来的车皮也到达蚌埠，随买随装，月余时间内，搞了十几列车，赚了几万元，这笔生意，并未动用我们的资金，由于车皮有保证，我们就先期在济南预收货款，再从蚌埠购进付货。后来，几个同业也找到我们这个门路，但是济南麦价已大大下落，而车皮的运动费也由每列 8000 元涨到 1.2 万元，已无利可图了。

掌握情报信息，相互倾轧排挤

做粮食生意，就得消息灵通、吞吐及时，真可谓翻云覆雨，出于俄顷。恒聚成和同聚长粮栈，当时在胶济、津浦、陇海铁路沿线及重要的粮食集散地，各设有分庄 30 余处。在夏收及秋收之前，便派人四处调查，预测丰歉。新粮登场后，各地报告行情的电函，日夜交驰。苗星垣对于各地函电，都细心批阅，从不假手他人。当时同聚长粮栈在邮电局专设信箱，电话局有定时长途电话，在粮关上设有自用专线电话，情况一变，几分钟就能通知各地。我们处处抢先，利用时机捞得好处。举几例说明我们对时间的重视：有一次，苗星垣向徐州坐庄人员拍电，让他们次日到达开封报告行情，从复电中发现这个人要晚到一天，马上电召回柜，严加申斥，苗星垣说："做买卖就是抢时间，去晚了不跟没去一样吗？"这个人受到了处分，有几个月没派他外出办事。1925 年恒聚成由我经手在蚌埠买到 600 吨元豆，尚未运出时，济南豆价已开始回落，这时济南益兴粮栈也在蚌埠收货，他们还不了解济南豆价的变化，我便马上以原单原价让给他们，表示不赚他们的钱，甘尽义务帮忙，实则嫁祸于人，结果 600 吨豆子运来后使益兴粮栈赔进了数千元。1927 年底，同聚长粮栈在蚌埠购存小麦数百吨，未能运出，至次年 2 月各地粮商仍在该地抢购，苗星垣根据各地函电行情，判断麦价将有大疲趋势，当即通知坐庄人员立即出脱。这批小麦卖出后，行市开始下落，同聚长粮栈不但没有受到损失，反而卖了一个最高价格。

1926年胶济铁路货场曾经发生过一次火灾，4万余包生米被火烧、水湿，在保险公司赔偿货主损失之后，由公证行委托济南英商保险公司买办马伯声主持招标拍卖。当时参加投标的有10余家粮商油坊，多数人认为，这些生米只可做饲料用，不肯出价，事实上这批生米仍可榨油。对此，苗杏村和他的儿女亲家穆伯仁都是非常清楚的，因此在争标中两家成为劲敌。我们设法探听他们的底细，他们也在摸我们的数字。苗杏村认识到，要想取胜，必须打通马伯声这一关，于是就找到马伯声，进行秘密协商，由我们填好几种标价的投标单，事先交给马伯声，开标时灵活运用。这样我们就以2.83万元买到手，仅比穆伯仁的同聚和粮栈多出了200元。这笔生意，马伯声得了我们1万元的报酬，我们获得3万元的纯利。

二、走向实业，创办工厂

成丰面粉厂的创办

苗杏村在经营粮栈的基础上，于1921年与苗星垣合作，发起创办了成丰面粉厂，这是苗家资本集团转向经营工业的开始。但是苗杏村发展工业的思想和活动并非始于此时，"五四"运动前后，实业救国的浪潮给他留下了深刻的印象，和荣家的交往，也使他受到一定的影响。1918年他的儿女亲家穆伯仁（桓台同乡，当时济南市的商会会长）组建惠丰面粉厂时，苗杏村就一次投资1.5万元，并且担任了董事。1919年穆伯仁组织山西晋丰面粉厂时，他又投资4000元。此外，在穆伯仁经营的通惠银行、晋泰公司，苗杏村都有投资。苗、穆的结合，对于巩固穆的经济地位和提高苗的社会声誉，都有好处。此后，苗杏村又参加了粮业公会和商埠商会，并在督办公署搞了个咨议的名义，声誉已有超过穆伯仁之势。当惠丰面粉厂改选董监事时，两人因协理职位之争，终于决裂，断绝了一切关系。苗杏村撤出在惠丰面粉厂及穆伯仁所有企业中的投资，以这些股权及个人房产，偿清了恒聚成粮栈在通惠银行的借款。这又是促使苗杏村自己搞工业的一个原因。

办个什么工厂呢？当时丰年、惠丰、民安几个面粉厂都很赚钱，苗杏村又搞过一段惠丰面粉厂，还协助荣宗敬建过一个茂新面粉厂，有了一些经验，在小麦采购上，自己更是内行，因此决定办面粉工业，遂联络苗星垣、王冠东、韩秀泉、车百闻等人，发起组织创建成丰面粉厂。先集资7.5万元购买地皮，修建厂房。当然几万块钱是办不起面粉厂的，苗杏村就去上海求助于荣宗敬，向国外赊购了机器，由苗星垣和王冠东等人负责筹划施工。苗星垣幼年在农村读过几年私塾，为了办工业，他又到齐鲁大学旁听过两年，学习数理化科学，还订阅了一些技术书刊。在建厂中，他与工人一起打地基、搬砖瓦、安机器，积累了很多实践经验。后来，他在建立西安分厂时，仅用了8个月的时间，速度之快，与此不谓无关。

成丰面粉厂按照公司法，组成董事会，由苗杏村任董事长兼总经理，苗星垣任董事兼经理，王冠东为监察人。1922年正式投产，计有钢磨7部，日产各等粉2000包（每包44市斤）。当年结算获得纯利7.5万元，大部转作投资，又增添钢磨12部及蒸汽引擎，日产能力达到5200包。1924年再度增资，吸收了军阀官僚的大量投资，劳逊五（交通部次长）、成逸庵（青岛警察厅厅长）等人也进入成丰当了董事。

成丰面粉厂迅速扩大，恒聚成、同聚长的业务也日渐繁荣，当时对麻袋的需要量大增，开支甚巨，苗杏村便想建个麻袋厂，联合马伯声兄弟，向怡和洋行索取制麻袋机器报价单，在乐康街购得地皮，准备建厂。并商定由马伯声的兄弟马一青出国学习业务。但因马患沙眼没有领到出国证，而告搁浅。此项计划不成，苗杏村便办了一个永丰祥麻袋庄，供应自己需要，又将所购地皮盖了恒聚成仓库。这样，既可在银行办理外仓抵押，又可以代客办理押款，收取栈租，一举数得。

成丰面粉厂的发展，加剧了面粉业的竞争，更引起穆伯仁的仇视。到1924年，由于成丰扩展太快，基础薄弱，又兼当时平津市场外粉充斥，周转一度失灵，穆伯仁乘机制造"成丰已有危机""亏赔不堪"的舆论，谣传于市，各银行钱庄纷纷要收回贷款。在此情况下，乃由董事车百闻邀得东莱银行经理于耀西，投资 2 万元，并给予 200 万元的信贷透支，使成丰面粉厂渡过了难关。于耀西由此一举获得成丰董事长的职位，在成丰出现了一个企业两个董事长（苗杏村、于耀西）的畸形组织。

于耀西进厂之后，企图揽权，苗（星垣）、王（冠东）和于之间的矛盾日益尖锐，董事会上常发生争吵。迨至 1929 年，于耀西因汉奸案（曾任济南市维持会会长）坐牢。出狱后，他的东莱银行经理职位被解除，人势两失。这时候，成丰面粉厂已取得成逸庵的泰丰银行为后盾，在董事会改选中，于耀西落选。于遂宣布退出在成丰面粉厂的股金，于是苗星垣一派又取得独断地位。

1929 年，成丰面粉厂再次扩建制粉楼，修建仓库，增加马力，并将修机部扩建为铁工部，自制磨粉机 6 部，于 1930 年投产。至此，共有钢磨 25 部，日产面粉达 8000 余包，为本市设备最全、产量最高的面粉厂。

"大苗""小苗"之间的矛盾在建厂之初就存在着，只是为了一致对外，才有暂时性合作。在创办成丰面粉厂募集股金时曾商定，凡满 5000 元者可得董事一席，我拉了 2 万多元的股份，但在酝酿董事会人选时，苗星垣竟把我甩开了。在股东会上，苗杏村就让我公开向苗星垣提出质问，他无言答辩，我的董事席位就是这样争得来的。苗杏村虽然任董事长兼总经理，但虚有其位，各个重要部门的人选，都是同聚长粮栈的班底。恒聚成粮栈连成丰面粉厂的生意也做不上。有一年小麦滞销，苗杏村请成丰面粉厂助销一些，竟然遭到拒绝。苗杏村对此亦是以牙还牙，有几次成丰面粉厂缺小麦，苗杏村明明有货，也说没有，有时卖给一点次货，价钱还要得高高的。由于二苗的矛盾越来越大，苗杏村遂有另作他图之心，适巧传来民安面粉厂倒闭的消息。

成记面粉厂的兴建

1920 年创立的民安面粉厂，原为军阀靳云鹏、张怀芝、王占元等人发起，后来又有张宗昌的投资。这个厂子，董事是将军担任，管理人员多是校尉军官和县长。说来也是笑话，经理到厂，传达要高喊："大帅到。"职员则站班行礼。他们只会当官，不会经营企业，不到 10 年的工夫就赔光了，还欠下上海银行 6 万元的借款。1929 年该厂宣告倒闭进行清理。经恒丰洋行买办王星斋的说项，苗杏村租了民安面粉厂的全套设备，组织成记面粉厂。但由于机器损坏严重，无法进行生产，为此双方议定：修机费由成记垫付，从租金中抵拨；租费按实际产量计算，产粉一包交租价 4 分。1932 年签订合同，当年 5 月投产。修机费共达 15 万元，而当时集资只有 16.7 万元。开机后，苗杏村依靠军阀的关系，取得民生银行和平市官钱局的贷款，到年底结算，8 个月的经营获利 4 万多元。

按照赁债合同的规定，民安面粉厂起码在一年半之内是得不到租金的，债权人上海银行又再三向民安面粉厂追讨欠款本息，遂经法院批准，拍卖民安的抵押品：营业室、小麦仓库及附近地皮。对一个企业固定资产的部分拍卖，是无人承购的。但苗杏村看到这是蚕食民安的好机会，便以 8 万元从上海银行手中买来。然后立即向民安提出重新计算租金问题。按照合同规定，成记所租用的是民安的全部固定资产，现在部分产权已经变更，租价当然得重新议定。这使张怀芝等人进退维谷，如果再减租价，收入更是为期遥遥，如果收回自办，又无此实力，如果卖与他人，成记面粉厂又插着一腿。走投无路，只好将民安全部股权 101 万元，作价 30 万元让给成记，分期 3 年付款。这样，苗杏村就以 53 万元的代价（修机费 15 万元，房地产 8 万元，股权 30 万元），取得民安的全部财产。仔细算起来，这 53 万元中，还有一部分是用民安的设备进行生产而获得的利润。

1934 年，成记面粉厂正式建成，资本额定为 50 万元，实收 35.8 万元。苗杏村拿出 25 万元，占全部资金的 70% 左右。由苗杏村任董事长，我以常务董事兼经理。苗杏村吸取办成丰面粉厂的教训，工厂里所有重要职务，都由恒聚成的人调充，从而控制了这个企业。

此时，"棉麦借款"①告成，粮价直线暴跌，成记面粉厂原粮耗尽、资金枯竭，不能开机。苗星垣、王冠东却于此时宣布同聚长粮栈退出成记面粉厂的投资，苗杏村面临严重困难，积极奔走权门，终于取得财政厅长王向荣的支持，以恒聚成粮栈所属全部不动产及股票，向民生银行抵押，取得80万元的信用贷款及抵押透支，作为流动资金。这时小麦已疲到每百斤2.4元，苗杏村判断麦价将要回升，便立即购进小麦10余万包，作为库存储备，果然当国民党实行新币②以后，刺激了物价回升，成记面粉厂这一年除了弥补了过去的损失以外，还获得纯利35万余元。同样，成丰面粉厂也由于购进低价小麦，当年获利24.5万余元。

成记面粉厂资金不足，主要是依靠苗杏村的社会交往来支撑局面。在行业竞争或面粉滞销的情况下，苗杏村与韩复榘的四个师长经常接触，做了不少军用粉生意。苗杏村长期依赖民生银行、平市官钱局的贷款和透支过活，对于银行人员，上自经理，下到驻厂员，通过贿赂，套用资金。有一次，由我叔兄弟苗筱航（成记面粉厂会计主任），伙同民生银行的营业主任及驻厂员假造进货账单，套用了一大批资金。当银行派员复查仓库时，早已有内线透露消息，临时以麸皮冒充小麦，垛成大垛，又以小麦包盖在外层，以作应付。后来，苗杏村索性用假汇票套用银行资金。具体做法是：先由厂里派亲信人员赴上海设"常庄"，办理所谓收发款项事宜，我们再刻出许多假字号、假人名图章，根据需要，随时开出上海照付的迟期汇票（5至7天），然后

---

① "棉麦借款"：1933年5月，国民党政府代表宋子文在华盛顿与美国复兴金融公司订立合同，借款5000万美元（次年改为2000万美元），规定以4/5购买美棉，1/5购买美麦。当时美国经济危机极为严重，农产品相对过剩，急需输出，通过借款，棉麦大量输入中国。是年，我国棉麦丰收，加以美国棉麦大量倾销，市场价格大跌，农民损失奇重。

② 1935年11月3日国民党政府实行币制改革，规定从11月4日起，将中央、中国、交通、中国农民四家银行所发行的钞票，定为"法币"，并集中发行。其他银行不得发行新币。

再向民生银行作"汇划",套出资金,等倒出款子来,再用电汇将款子顶上。这样,假汇票便成真汇票了。当然,这样做事先要与银行营业上串通好,给他们一定的好处,而且要付出比利息高的汇水,但是处于资金短绌的情况,也就一切不计了。

恒聚成北记与恒顺泰面袋厂的设置

1935 年,苗星垣鉴于沿海各地的面粉厂有些过剩,遂向内地发展,筹建了成丰面粉厂西安分厂。这时,成丰两个厂实有资金已达 136 万元。苗杏村则根据成记面粉厂的需要,于 1936 年以 5 万元资金设立了恒聚成北记面袋厂,有缝纫机 3 部,印袋机 1 部,职员多人,专供应成记、成丰面粉厂的需要。

在 1925 年以前,济南的制袋业有四五家。1925 年以后,耿锦章组织了复聚泰面袋厂,由于资本厚、经营好,战胜了其他几家,又与孙鸣九合作,改组成同顺泰面袋厂,取得了制袋业的独霸地位。恒聚成北记面袋厂开业后,首先夺取了同顺泰一部分销路,进而又用降价、折扣、赊销等办法,供应茂新面粉厂等厂。在这一竞争中,耿锦章不肯示弱,也以同样方式进行抗争。苗杏村在成大纱厂开工后,又进一步施加压力,将 16 支纱改用 17 支纱袋,质量提高,成本降低,售价再落。这时耿锦章无法支持,只好托人向苗杏村表示合作。于是苗杏村便将同顺泰合并过来,组成恒顺泰面袋厂,不仅垄断了济南市场,还向张家口、邯郸、蚌埠、郑州、南京等地扩展业务。

垄断吞并现象并不只在二厂之间进行,粉商亦是如此。由于全市粉商的一致对外,外地粉在济南始终站不住脚,但是本地粉商的竞争,也不亚于和外商的矛盾,虽然粉商一再订有公议,但是却有活价、增加回扣、提奖等办法,收买代销点,以达多销的目的。1935 年韩复榘曾实行面粉限价(但不限麦价),使各厂受到损害,当时许多人要求去请愿,苗星垣却说:"甭管他,垮上几家更好干。"这句话反映了资本家只顾自己发财的本质。

成通纱厂的建成

1932 年，"大苗""小苗"再次合作，发起组织成通纱厂。当时济南已成为全国主要棉花市场之一，大量原棉外运，而棉纱又靠外地输入，发展纺织工业是有利可图的。这时，在济南仅有官僚资本经营的鲁丰纱厂，由于经营无方，即将倒闭。苗星垣早就有办纱厂的打算，为此他送胞弟苗海南去英国学纺织，但是由于自己的资力不足，还要仰仗苗杏村的声望以做号召。苗杏村也想发展纺织，但是没有懂行的专门人才，也必须依赖苗星垣的技术实力，这样苗杏村和苗星垣又合作了。

成通纱厂于 1932 年 6 月发起组织。当时，为了吸收投资，规定个人认股并包括劝股在内，满 4 万元者可为常务董事，满 2 万元者可为董事或监事。后来，成通董事会人数特别多，原因就在这里。通过这种办法，很快凑集了 75 万元，计划安装 1 万枚纱锭。但是 75 万元不敷使用，遂由苗杏村再度去上海，托荣宗敬担保，向英商怡和洋行赊购 1 万枚纱锭的全套设备，向安利洋行赊购 1500 千瓦的发电机 1 部。另外由成丰铁工部承制细纱机 40 台及其他机器配件，建厂工作进行十分顺利。1933 年 5 月开机投产时，计有纱锭 14800 枚，工人 600 余人，到 1937 年扩充到 19600 枚纱锭，年产棉纱达到 1.4 万余件。

成通纱厂建成以后，苗星垣仍掌握企业大权。苗海南为经理兼任总工程师，张景韩为副经理，王扶九为驻厂常务董事，代表董事会执行权力，各重要部门均由成丰面粉厂调来亲信人员充任，苗杏村和我只是徒有虚名的董事长和常务董事。因此矛盾很深，终于在 1936 年为了鲁丰纱厂的退租问题而再度分裂。

成大纱厂的经历

1935 年底，鲁丰纱厂倒闭，全厂 1600 多名工人向省府请愿，要求复工。韩复榘找到苗杏村，提出将鲁丰纱厂租与成通纱厂经营，经过苗、王、张的同意，董事会决定由苗杏村代表成通纱厂，与民生银行签订租债合同，以每月 3000 元的租价，承租鲁丰全部资产，定名为成通分厂。时值花贵纱贱，又加内部管理紊乱，到 1936 年 9 月，分厂亏赔 9 万多元，因此，引起董事会的非议，不少人主张退租。苗杏村又去找韩复榘，陈述处境困难，要求退租，韩复榘既无法强迫成通纱厂承租，又无法匠付工人的请愿，就提出要苗杏村个人承租。韩说："你当不了成通纱厂的家，还当不了自己的家吗？"苗杏村虽有此意，但感实力不足，便向韩讲明了困难，韩复榘说："资金问题好办，我叫王向荣和你接头研究。"

对于接不接鲁丰纱厂的问题，苗杏村开过几次家庭会议。当时判断：韩复榘迫于社会舆论，绝不能让这个厂子垮台，我们不接，别人会接，岂不白白失掉机会。至于资金问题，可以讨价还价，得到支持。同时也估计到纺织业的不景气现象不久会有变化，鲁丰的亏赔主要是内部原因，只要改善管理，还是有利可图的。另外，促使苗杏村下决心接鲁丰，也是由于与苗星垣有矛盾。苗杏村曾对我兄弟们说："看你们能否争这口气。"说到这里我们叔侄曾抱头大哭了一场。

苗杏村决定倾家以赴接鲁丰。为了凑集资金，连家属们的首饰、小私房都搜罗上了。经我与民生银行副经理宋谷雨商讨并签订了租赁和贷款合同，主要内容是：（一）由民生银行将鲁丰全部资产租与苗杏村经营，名称改为成大纱厂，租价每月 3000 元，租期暂定一年。（二）由民生银行贷与成大纱厂信用透支 30 万元，另以苗杏村在成记面粉厂的全部股权及个人房产向民生银行抵押借款 50 万元。（三）由民生银行派会计员、仓库管理员驻厂监督，组织生产。

成大纱厂原无管理人才，商得苗海南的同意，留用了原来成通分厂的工程师及技术人员。

成大纱厂是合伙企业，当时集资仅有 30 万元，苗家占了绝大部分，其余少数为恒聚成粮栈同人所凑集的，以 30 万元经营 2.8 万枚纱锭的纱厂是不敷分配的，主要依靠民生银行 80 万元的信贷透支。这时纱价开始回升，我们便放手储存原料，到年终结算，两个多月获利 15 万余元。

苗杏村吸取办成通纱厂、成丰面粉厂的经验，对成大纱厂的经营，费了不少苦心，想了不少点子。鉴于鲁丰时期的劳资矛盾，苗杏村采取了一些缓和措施。首先，用金钱拉拢的办法，对各部门的主任、组长都提高了工资，并设立了组长食堂，增加菜金，以培植亲信，对生产工人也提高计件工资标准。增加福利设施，如新建饭厅、宿舍，扩充子弟小学、医务室，增发工作服，等等。这种攻心术果然奏效，刺激了生产，也加大了利润。当时的产量，由鲁丰时期日产16支纱60件提高到73件。在争夺市场上，我们将16.5把的16支纱增加到16.8把，使用户每把多得三缕纱的实惠，同时注意精选原料，提高质量。因而凤山牌的棉纱在市场上打开了销路。

1937年5月，民生银行拍卖鲁丰全部固定资产，偿还债务。苗杏村以85万元将鲁丰买到手，先交40万元现金，负责代还10万元欠账，其余35万元作为抵押透支。至此，苗杏村凭借韩复榘的支持，以低廉的代价，得到了一个完整的纱厂。

日伪时期的"军管""合作"

成大纱厂的好景不长，"七七"事变爆发以后，玉符河决口，厂子成了一片泽国，损失极大。水退以后，正在进行整修时，日本侵略军已到达黄河北岸，生产无法进行。在这以前，我们也曾计划将纱厂迁往内地，成通纱厂已运走一部分机器。我们没迁成的原因主要有二：一是没有搞到车皮，二是对日军存有幻想，认为日本人也得做买卖，因此迁厂计划未能实现。

韩复榘的军队撤退时，苗家财产受到一次公然抢劫。成记、成丰面粉厂的20余部卡车和十数万包小麦，均被军队掠去。日军于1937年12月27日侵入济南，29日即派兵进驻成大纱厂，宣布军管鲁丰纱厂。鲁丰纱厂已倒闭，为什么又出现了鲁丰的名义呢？有两个原因：1935年日商东洋纺曾在凤凰山私自购买土地300多亩，准备建立纱厂，苗杏村了解后，报告了韩复榘，迫使日商退地，为此与日人结了怨，这是其一。平津失陷后，靳云鹏曾控告苗杏村霸占鲁丰，向日伪政权提出诉讼，并与东洋纺签订了中日合办鲁丰纱厂的合同草约，又派（新民会会长）张燕卿来济向日本特务机关控告，这是其二。经过我们提出证件，和特务机关查对档案，并通过伪警务厅厅长张亚东，向日本特务机关长渡边花了5万元的贿赂，才承认了成大的所有权，才改称军管成大纱厂。

继成大纱厂实行军管之后，1938年2月9日，成通纱厂也被实行军管，由日本丰田纱厂代管。日商进厂后，成通原来的经理、副经理和职员被迫离厂。5月间成丰、成记两面粉厂也被宣布军管，成丰面粉厂为日商三井洋行接管，所有职员全部驱逐出厂，成记面粉厂为三菱洋行系统的日东株式会社接管，留用了部分职员。苗家经营的4个工厂，不到半年工夫，全被日人攫取。我曾设想找人疏通一下，希望能够发还自营，伪警务厅长张亚东告诉我说："这是日方既定的政策，不要白费心机了。"我也只好作罢。

1941年至1942年底，日军先后宣布对成大、成通纱厂和成丰、成记面粉厂的军管结束，并分配了所谓军管时期的红利。红利是怎样分配的呢？日军声言军部50%，代管日商30%，华方20%。日本帝国主义霸占我们的企业经营了5年，究竟红利是多少，我们无从知道，反正给多少算多少。我记得成大纱厂给的红利是101万元，成记面粉厂是40万元，成丰面粉厂是20余万元，成通纱厂也在100万元上下，成丰面粉厂、成通纱厂的股东们得到了红利，成大纱厂、成记面粉厂这笔钱却未到手。当我拿着证明到北京日军总部领取红利时，经过多方奔走，花了8万元的运动费，才领了出来。回到济南后，即被"兴农委员会"（日伪政权清理民生银行的债权机关）将所余93万元全部攫去，抵拨了成大、成记对民生银行的欠款，分文未得，还赔上了旅费。

军管结束之后，日商先利诱、后强迫实行"中日合作"，其实这个问题在军管前及军管时期日商就不止一次地提出过。在成记面粉厂军管初期，日东公司曾多次与我们酝酿合办，当时看来发还无望，我就与日东公司签订了合办草约合同。但到后来，日清洋行又持北京特务部的命令，接办成记面粉厂，日清洋行和日东公司发生了争执，双方协商由日清洋行付与日东公司20万元，作为"手续费"，另由日清洋行与我商谈合办契约。当我发现他们之间的矛盾和勾结时，便坚持与日东公司的前约不可废，拒绝与日清洋行谈判。最后由日东公司谈项，由日清洋行增加10万元的"手续费"付给华方股东，遂将旧约烧掉，另立新约。在成丰面粉厂，日商也拿出4万元来，对李锡藩等讲："答应合办有你们4万元的好处，还表示中日亲善，不然也得合办。"

成通纱厂也不例外，拿了 10 万元。我们在强权之下，只好就范了。

中日合办契约合同，开始规定日方资金占 60%，华方 40%，后来伪实业部认为不符合"平等"原则，改为中日各半。所谓日方投资，实际上是他们在军管时期，利用我们原有设备进行生产所取得的利润。

当时各厂合办情况如下表所示。

厂　名	合办日期	资本总额（万元）			日方代表厂	负责人	董事会人数		
		计	中	日			计	中	日
中成大纱厂	1941 年	230	115	115	东洋纺	丹羽	9	4	5
成通纱厂	1941 年 12 月	270	135	135	丰田纱厂	三田	15	7	8
成丰面粉厂	1941 年 12 月	135	67.5	67.5	东亚面粉厂	八条、安部	15	7	8
成记面粉厂（改为泰丰）	1942 年	150	75	75	日清洋行	富本保	5	2	3

所谓合办，实际上与军管无异，董事会是有名无实的组织，日商不仅在董事会的人数上占多数，而且在合办合同上规定，经营管理权归日方常务董事兼厂长负责。当时成大纱厂，我们虽派有华方代表，但在厂内无事可做，日商当面对他讲："你们不必来上班，到时候来领钱就行了！"在合办的几年中，我们只按股权领红利，别的问题无权过问。在合办时期，我们的机器损失严重，到日军临近崩溃时，还将成大、成通纱厂一部分纱锭破坏，用以制造枪炮军火。以后经过我们再三交涉，日军才从天津调来一批纱锭，补充了成大纱厂的设备，成通纱厂的纱锭还未调来，日军就宣布投降了。

粮食业的惨淡经营

在济南沦陷前，苗家经营的同聚长粮栈、永丰祥麻袋庄、恒顺泰面袋厂、公聚和粮栈，由于种种原因已宣告停业。纱厂、面粉厂宣布军管后，苗杏村仅剩有恒聚成粮栈及恒聚成北记面袋厂。这时苗星垣又以成丰面粉厂被驱逐的职员组成成丰粮栈。市场稍事稳定之后，苗星垣又组织了尚志兴粮栈，后来，苗星垣和王冠东等人，合作组成复聚长粮栈。

这时的粮栈业务，虽不如战前繁荣，但是尚能维持。恒聚成粮栈在历史上是靠银行贷款抵押周转的。济南沦陷后，市场银根吃紧，恒聚成粮栈既失去民生银行的后盾，又中断了广帮的交易，业务时感捉襟见肘。到1939年，官商合办的鲁兴银行成立，我以个人及恒聚成粮栈名义投资5万元，又因是商会会长，代表商股当上了鲁兴银行的董事长。这样一来，鲁兴对恒聚成粮栈就另眼看待了，恒聚成粮栈经常的定期借款在2万元，活期借款保持在3万—5万元之数，在抵押借款上也较为方便。1940年，苗杏村和我又集资5万元成立了晋鲁银号，既便利了恒聚成粮栈的资本周转，又可以套用银行资金，但后来因股东增多，我们对晋鲁银号失去控制，作用也就不大了。在设立晋鲁银号的同时，我又将恒聚成粮栈青岛分庄改组为分号，拨给8000元，名为恒聚成货栈，搞投机生意，结果赔得只剩下一套家具。总之，在日伪统治下，我们虽力图挣扎，但抵挡不了日本帝国主义对我国经济的全面渗透和控制，挽救不了企业的命运。由于我这个伪商会会长的缘故，恒聚成粮栈虽比其他粮栈牢固些，但也不过是五十步和百步的区别罢了。

1943年日军推行第五次强化治安运动，大抓"囤积""暴利"，逮捕所谓经济犯。恒聚成北记面袋厂经理许翰卿、会计曲星九，在查"暴利"中被逮捕，虽花了10万元的运动费将人保出，但未结案，以后又解送北京军法会审。判处两年徒刑，将"暴利"20余万元没收。恒聚成北记面袋厂遭此打击，不久即告结束。在查"暴利"中，复聚长粮栈也不例外，王冠东曾被逮捕，没收"暴利"2万元，也花了不少运动费。经此挫折，元气大伤，又加上日军经济封锁越来越紧，济南粮源越来越少，到1944年春季，遂有"食粮采运社"的机构出现。

"食粮采运社"名义上是粮业公会的业务机构，粮业会员皆为社员，实际上这个机构是由伪建设厅遵照日商小麦组合的意志而举办的。采运社划定地区、分配数量给各粮商，粮商前往采购，由日商国际运输公司运至济南交小麦组合，粮商只能从中取得一部分佣金，粮商大都靠此维持，兼作一部分自营业务。1945 年麦收后，采运社也结束了，粮业更加衰败。

文德机器铁工厂的挫折

在 1940 年间，苗星垣与其表弟孟冠美等人创办文德机器铁工厂，开业时有 3 尺、8 尺车床各一部，牛头刨床 1 部、钻床 1 部。当时苗星垣有两个打算，一个是成通纱厂迁西安的部分纱厂机件需要配套成龙，才好建厂安装，另一个是他看到战事一起，机器进口将成问题，这是乘机兴起的一个机会。自己又有经营成丰铁工部的经验和人才，因此创办了文德机器铁工厂。当文德铁工厂制造了一部分纺纱机件，准备向西安装运时，日军宣布禁止向西路输出，结果只好停止生产，将这批产品配件让给成通纱厂。西安建厂的计划无法实现，苗星垣便将战前运去的机件，以 150 万元卖给了中国银行，此款经上海又转天津，陆续调回济南。以后计划由文德铁工厂为南京普丰面粉厂制造机器配件。但因日军禁止五金器材南运，文德机器铁工厂的这条生路又被堵塞，只好为当地修配零活，维持生存。这个厂子到日军投降后第二年，因原料缺乏而停工，到 1948 年济南解放以后，才得到新生。

国民党统治时期资本的衰败

日军占领期间，各公会开会推我为商会会长。为了维持我的财产，我结交了伪警务厅厅长张亚东，把苗杏村的房子让给他做公馆。"鲁丰"问题的解决，就是经张亚东之手结案的。后来领取成大纱厂军管时期的分红，也是由张亚东代为奔走的，事后送给他 2 万元。日军进入成大纱厂，曾追查护厂枪支，由于张冠三的介绍，我结识了伪民政厅长晋子寿，花了 1 万元，获得解决。以后晋子寿搞洙源义塾时，我又捐赠 4000 元作为答谢。靠这些"护身符"我摆脱了许多汉奸敌特的纠缠，遇到一些大麻烦时也能顺利解决。

日本投降后，我因汉奸案（伪商会会长）被国民党政府逮捕入狱，恒聚成粮栈被查封，我在各个企业中的投资也被冻结，成大纱厂也以"原有股本半数出自人民（创办时曾有各县集股）"为由，由省参议会、县参议会联谊会、民生银行和省府联合组成成大纱厂监理委员会共同管理，实际上由官僚资本把持了这个企业，至此，苗家长支的"大苗"，可以说是彻底衰败了。但苗家次支的"小苗"，却又开始回升，在苗星垣的奔走下，顺利地获得了发还自营。成丰面粉厂经苗星垣以 74 两黄金及 7000 多万元的法币，买通了敌产处理部门及田粮处接收专员赵俊秀、王隐三、郝宇新等有关人员，将多种敌伪物资，化为成丰面粉厂的财产，并将日商增添的机器设备，只用市价 13% 的价款购买到手。从此，"小苗"跃为苗家资本集团的代表。

囤积居奇做投机生意

在国民党统治之下，通货膨胀，投机囤积之风大盛，目标多是集中于黄金、棉纱，因而棉纱销量激增，给纺织业带来巨额利润。成通纱厂这时异常活跃，棉纱布匹生产供不应求，苗海南等人更加锐意经营，日夜赶制纱锭机件，扩大生产设备。1946 年成通纱厂收回时不足 1 万枚锭子，到 1948 年济南解放时已增加到 2 万多枚。成通纱厂获得的大量利润，一部分投入扩大再生产，一部分流入股东的腰包，这三年中，每年都要分劈红利两三次，而且多半是分劈棉纱、布匹等实物。

与成通纱厂对比之下，成记、成丰面粉厂就望尘莫及了。由于原料缺乏，开工不足，而且多是军粮加工，利润有限。在恶性通货膨胀下，面粉业出现虚盈实亏的情况，正常生产无法进行，遂转向对麦、粉买空卖空的投机囤积活动。

苗家趋向投机活动，早在日伪统治时期就开始了。除了前面谈到恒聚成分号在青岛的投机活动外，复聚长粮栈也派有亲信人员，在上海、青岛、天津等地做黄金、股票的投机买卖。日本帝国主义投降以后，这种投机经营又有进一步的扩大，成通纱厂、成丰面粉厂、成记面粉厂经常派亲信人员常年驻沪，苗星垣、苗筱航、王扶九等人，来往于京、青、沪、济，亲自指挥。成通纱厂当时在生产上虽获利很厚，但也调出大量资金在投机市场上追逐。在青岛大量囤购棉纱，在上海抢购钢材，无论是美钞、外汇、股票、证券，还是黄金、棉纱、五金、颜料，只要有利可图，无所不摘。这时的成丰、成记面粉厂已陷于周转不灵的地步，甚至拖欠职工工资。济南解放前夕，苗家及王、张等人，陆续将资金外调。苗筱航将成记面粉厂6部钢磨及一部分生产设备和资金调往南京。苗星垣于1950年才从南京回到济南，王扶九、张景韩则逃往台湾。

在济南解放前夕，苗家企业被国民党军队大肆抢劫，损失很重，成丰面粉厂的制粉楼，亦被国民党军队炮轰火焚。

苗家经营的企业，只有在1948年济南解放以后，经过人民政府的扶持和改造，才得到迅速的发展，苗家家族成员也得到了适当安排。更重要的是苗家的下一代，都成长为社会主义的新人，分别在文教、科技单位及人民解放军和国家机关中工作。

三、苗杏村、苗星垣为人点滴

苗杏村在民国初年即担任济南粮业公会会长和市商会常务董事，先后在索镇、济南设立德育、惠元小学，英华女学，出资修玉带桥，疏浚乌河，购义地，办粥厂，设收容所等等。以后又取得华洋义赈会董事、山东赈务会委员、历城红卍字会名誉会长、红十字会名誉会长等职务，成为社会名流。

苗杏村与韩复榘结识后，有一次韩复榘问苗杏村为什么不常来谈谈，苗杏村说："主席很忙，同时出入省府也不方便。"韩复榘当即吩咐左右说："以后苗参议来不用通报。"又给了苗杏村一个铜质特许出入证，从此，苗与韩的关系更密切了。而且与当时的实业厅厅长王芳亭、财政厅厅长兼民生银行总经理王向荣的关系也甚为密切。苗杏村几次面临破产的局面，全靠民生银行的贷款得以转危为安。

苗星垣进入上层社会是从搞赈灾活动开始的。1920年他担任了赈务会车运处处长。1926年黄河决口，苗星垣代表华洋义赈会携款10万元，前往办理以工代赈的堵口工程，在庆祝合龙大会上，张宗昌曾代表山东人民向华洋义赈会致谢，朝着苗星垣三鞠躬，苗星垣的身价大有提高。后来，由于黄河河务局长林茂泉的推荐，他又当上了黄河下游河务分局局长。当年春节，他家门口挂着一对大红纱灯，上书"黄河下游局局长苗"。济南"五三"惨案后，苗星垣参与了汉奸组织"维持会"的活动，"北伐"成功，苗星垣惶惶不安，先避上海，又逃东北，风声平息后才回济南，从此不再热心社会活动了。

苗星垣与苗杏村的经营作风和生活作风，各不相同。苗杏村善于用人，不拘小节，因而常常取得手下人对他的信赖。苗星垣凡事都要亲自实干，在用钱上处处深算，除了他母亲、长嫂和他夫妻吃面粉外，其他人一律吃粗粮，而且家里备有磨坊，自己粉碎。日伪时期，有一次苗海南偷着托我买了10袋面粉，苗星垣知道后大为恼火，说是要造反，立即将面粉退走。但为了培养技术骨干却很舍得花钱，送苗海南留英学纺织，送他的三子去美国学机电制造，都是他的主意。

从商业走向实业的山东苗氏家族

苗兰亭

从开油房起家的苗氏家族工商业，是近代山东全省规模最大、实力最强的资本集团。苗氏家族的"发祥地"是山东省桓台县，他们从1899年进济南经商，到1949年中华人民共和国成立，在旧中国走过了一条先商后工的道路。其先后创办过十几个企业，总资本多达500万元之巨。

苗氏家族之所以能够取得如此巨大的成功，自然是有其一套特殊的经商方法和手段的。例如，为了获得高额垄断利润，他们把那些来济南采购生米生油的广东客商"封锁"起来，不使其与外界接触。苗家对广帮客商百般殷勤招待，每天山珍海味，并提供上等烟酒。虽然这样做需要花费一笔不小的开支，但相比于每年从交易中获得的数万元纯利来说，则是微不足道的。

此外，苗氏家族为了企业的生存和发展，还广泛结交富商，联络官场，可谓使用了种种解数。看一看他们的各种做法及其创业经历，或许对世人有所裨益。

我是苗氏企业创始人之一苗世厚（德卿）的次子，苗世远（杏村）是我的五叔。父亲去世后，我一直作为五叔的助手，掌握苗氏企业大权。苗家资本集团有50多年的历史，经营过十数个企业，后期并伸展到西安、南京等地。

一、控制广帮客商，结交上海巨富

1899年，我的父亲苗世厚（德卿）、五叔苗杏村兄弟两人在济南洛口镇首创了恭聚和粮栈，开始了苗氏家族的工商业发展。之后，又陆续建立了恒聚和、公聚和两个粮栈。1912年，又将原来的恒聚成炭栈改为粮栈。第一次世界大战爆发后，中国粮油出口量大增，刺激了面粉工业的发展，也促进了粮食商业的活跃。我们所经营的恒聚成粮栈获利甚丰，1913年底获纯利10万元（折合银元4万余元），企业职工由23人增加到46人，并沿津浦、胶济两铁路，设分庄30余处，既做代客买卖，又做自运自销。

（一）控制广帮客商，垄断粮食交易

1915年10月间，广东一些出口商及丹麦宝隆洋行买办罗叔羲等人（在济南统称为广帮）来济，住在恒聚成粮栈，采购生米、生油。苗杏村意识到这是一批"财神"，立即殷勤招待，把他们"封锁"起来，不使他们和同业接触，以垄断这宗交易。为了招待这批广帮客人，不惜重金满足他们的享受。拿吃的来说，我们以每月200元的高薪，雇用了一个广东籍的厨师（相当于本地10位厨师的待遇），为他们设立了小厨房，每天山珍海味，水陆并陈。招待烟酒，也选用最上等的，如大炮台、法国老斧头白兰地等，使他们流连忘返。同时，还施用回扣的办法，笼络坐庄客人，每车生米暗中送他们2—4元的回扣。他们在恒聚成粮栈，既有生活物质上的享受，又能得到一部分"外快"，自然甘心情愿地为我们办事。我们花在客人身上的钱，比起每年从生米交易中获得的数万元纯利来说，则是微不足道的。

恒聚成专门训练了一批鉴别生米质量的能手，收验货品。当时凡是麻袋上盖有恒聚成水印的生米，无论发至何处，每百斤都比市价高出两角钱。

1915年，广帮订购了一批生米期货，但在收货时，价格大涨，有些地区的粮栈，采用以次顶好、掺杂使假的办法来弥补损失。广帮客人发现这种情况后，派人前来问恒聚成打算怎么办？苗杏村看到这批货要大赔本，但丢掉这个顾主，今后损失更大，遂慨然表示："保证按合同规格如期交货，一切损失由恒聚成负担。"事后结算，我们赔了10多万元，但取得了广帮客人的更大信任。

从1916年开始，到1937年抗战爆发海运中断，我们独揽广帮生意达22年之久，由此形成了恒聚成对生米交易的垄断地位。当时，生米成交不在粮关（粮食交易场所）进行，而是在恒聚成开行，生米贩运客商无不仰恒聚成之鼻息，我们不开价，别家就不能成交。甚至博山、泰安、大汶口、滕县、徐州等地的生米行市，也唯我们坐庄人员之马首是瞻。

我们在与广帮交易中，每年纯益在4万元左右，同时，由于他们先期付款，也使我们增加了资金周转的能力，为后来办工业提供了条件。

（二）结交上海巨富，独揽代购生意

恒聚成在垄断广帮生意的同时，又在为无锡茂新面粉厂收购小麦中，搭上荣宗敬的关系。1915年，无锡茂新面粉厂初次派人来济南购买小麦，在很短的时间里，就由恒聚成代为买足200车，而且质量好、交货快，因而引起荣宗敬的重视，荣曾亲自来济南调查小麦产销情况。苗杏村看到这又是"财神"降临，便拿出全副精力来结交荣宗敬。是年春节，还亲往上海拜望，关系更进了一步。接着，荣宗敬决定在济南设立茂新面粉四厂，苗杏村大力给以协助，从选择厂址、购买地皮、修建厂房到安装机器，无不尽力而为。当时荣家在其他各地建厂，都受到不少阻挡，唯独在济南十分顺利。因此，茂新在济建厂以后，荣宗敬力邀苗杏村出任经理，以示报酬。但苗杏村有自己发展工业的打算，不愿为人作嫁，就以事繁和不谙业务为由，婉言辞谢。荣宗敬便又给予恒聚成、公聚和粮栈为茂新面粉厂代购小麦的专权。这样，我们每年从中稳拿2万多元的佣金，直到七七事变茂新停机为止。这笔账算起来，比接受一个经理职位要实惠多了。同时，由

于结交了荣家，在我们以后创办工业中，多次得到荣宗敬的大力帮助，这是后话。

二、跻身社交官场，调用车皮运粮

在恒聚成粮栈业务蒸蒸日上的时候，苗杏村的堂叔兄弟苗世德（星垣）由泰华粮栈分伙出来，凑集资金2万元，创办了同聚长粮栈，于1920年开业。

苗星垣在民国初年由我父亲介绍来济，开始在公聚祥粮栈当伙计，后来干了泰华粮栈的副理。他很精明，长于社会活动，小有名望，在五四运动时是商界的代表，后来被选为济南各界评议会的理事。他还参加过基督教青年会的活动，并且发起创办《大民主报》。他以这些活动为阶梯，进入了上层社会，结识了东莱银行经理于耀西，这是他后来发展事业的依傍。同聚长的成立，是苗家的异军突起，从此逐渐形成了以苗世德（星垣）、苗世循（海南）兄弟为主，结合王氏兄弟（王冠东、王扶九）和张仲磬所联合的企业，并开始与苗杏村的企业竞争。苗家资本集团遂有了大苗（苗杏村）、小苗（苗星垣）之分。

同聚长粮栈一开业，就采取恒聚成的办法，将原泰华粮栈的东北粮商统统拉了过去。东北粮客资金雄厚，运销量大，每年运来的大豆、高粱平均几十万包。同聚长独揽了这笔生意，两三年就获利数万元，在经三路纬二路自建营业大楼，和恒聚成垄断生米交易一样，同聚长垄断了高粱交易。

1920年，黄河以北大旱歉收，出现了大批灾民。当时济南官商合组赈务会，苗星垣便通过军阀师长车百闻的关系进入了赈务会，担任车运处处长的职务。这个职务要叫别人干，好处也许不大，叫粮商干，可就非同小可了。他在办理赈务中，向铁路局优先调用车皮，提前装运自销的粮食，发了一笔大财，为他后来创办成丰面粉厂备下了资金。

在当时军阀混战割据的情况下，正常的商运根本办不到，而粮食的地区差价又瞬息万变，如果不买通大小官吏，取得运输上的便利，是不能有所作为的。当时的混乱情形，可以举一个例子说明。有一次，张宗昌的一个副官押着600吨的车皮去蚌埠，路经大汶口时为恒聚成坐庄人员探悉，遂即买通关系，商定代运一批小麦。这个副官为了弄些外快，路上遇有空车皮便强征硬挂，到了蚌埠，车皮竟达到780吨。装货之后，车头拉不动，他就强令南来的客车停驶，在保证"军用"的名义下，调用拉客车的车头，前拉后推地开到济南。军人横行，铁路方面都奈何不得。

在张宗昌统治时期，苗杏村用重金跟他的第九军军长兼运输司令朱泮藻（字子芹）拉上关系，就是在军运最紧张的时候，恒聚成的货也能尽先装运，这样不但加速了资金周转，也维系了与客商的信用关系。而其他粮栈，虽然也花上了运动费，但由于门子不硬，甚至等上一年的时间，货也运不来。

1925年，济南小麦奇缺，各粉厂忧虑不堪，而蚌埠小麦积存甚多，无法运出。苗杏村与军粮局局长魏联民拉上关系，以1.6万元的运动费，搞到两列车皮（每列车600吨），派我去蚌埠主持购运。我到蚌埠后，无意之中又搞到了一部分车皮。事情是这样的：一位妓女对我说："有位军官有300吨的车皮，明早开济南，你是否有货运，可以代为介绍。"我一听喜出望外，马上接头，言定每吨付给40元的酬劳费，当夜装车，次日启程。但是当时恒聚成无货，深夜现买又来不及，我便向同聚长粮栈和成丰面粉厂在蚌埠的坐庄人员商借300吨小麦。他们非要问从哪里弄到的车皮，我只好说出原委，他们便提出要利益均沾。经过磋商，分给他们50吨，当夜装车，如期开出。接着从济南运动来的车皮也到达蚌埠，随买随装，月余时间内，搞了十几列车，赚了几万元。这笔生意，并未动用我们的资金，由于车皮有保证，我们就先期在济南预收货款，再从蚌埠购进付货。后来，几个同业也找到我们这个门路，但是济南麦价已大大下落，而车皮的运动费也由每列8000元涨到1.2万元，已无利可图了。

三、了解情报信息，及时掌握主动

做粮食生意，就得消息灵通、吞吐及时，真可谓翻云覆雨，出于俄顷。恒聚成和同聚长粮栈，当时在胶济、津浦、陇海铁路沿线及重要的粮食集散地，各设有分庄30余处。在夏收及秋收之前，便派人四处调查，预测丰歉。新粮登场后，各地报告行情的电函，日夜交驰。苗星垣对于各地函电，都细心批阅，从不假手他人。当时同聚长粮栈在邮电局专设信箱，电话局有定时长途电话，在粮关上设有自用专线电话，情况一变，几分钟就能通知各地。我们处处抢先，利用时机捞得好处。举几例说明我们对时间的重视：有一次，苗星垣向徐州坐庄人员拍电，让他们次日到达开封报告行情。从复电中发现这个人要晚到一天，马上电召回柜，严加申斥，苗星垣说："做买卖就是抢时间，去晚了不跟没去一样吗？"这个人受到了处分，有几个月没派他外出办事。1925年恒聚成由我经手在蚌埠买到600吨元豆，尚未运出时，济南豆价已开始回落。这时济南益兴粮栈也在蚌埠收货，他们还不了解济南豆价的变化，我便马上以原单原价让给他们，表示不赚他们的钱，甘尽义务帮忙，实则嫁祸于人，结果600吨豆子运来后使益兴粮栈赔进了数千元。1927年底，同聚长粮栈在蚌埠购存小麦数百吨，未能运出，至次年2月各地粮商仍在该地抢购，苗星垣根据各地函电行情，判断麦价将有大疲趋势，当即通知坐庄人员立即出脱。这批小麦卖出后，行市开始下落，同聚长粮栈不但没有受到损失，反而卖了一个最高价格。

1926年胶济铁路货场曾经发生过一次火灾，4万余包生米被火烧、水湿，在保险公司赔偿货主损失之后，由公证行委托济南英商保险公司买办马伯声主持招标拍卖。当时参加投标的有10余家粮商油坊，多数人认为，这些生米只可做饲料用，不肯出价，事实上这批生米仍可榨油。对此，苗杏村和他的儿女亲家穆伯仁都是非常清楚的，因此在争标中两家成为劲敌。我们设法探听他们的底细，他们也在摸我们的数字。苗杏村认识到，要想取胜，必须打通马伯声这一关，于是就找到马伯声，进行秘密协商，由我们填好几种标价的投标单，事先交给马伯声，开标时灵活运用。这样我们就以2.83万元买到手，仅比穆伯仁的同聚和粮栈多出了200元。这笔生意，马伯声得了我们1万元的报酬，我们获得3万元的纯利。

四、走向实业，创办面粉厂

（一）成丰面粉厂的创办

苗杏村在经营粮栈的基础上，于1921年与苗星垣合作，发起创办了成丰面粉厂，这是苗家资本集团转向经营工业的开始。但是苗杏村发展工业的思想和活动并非始于此时，五四运动前后，实业救国的浪潮给他留下了深刻的印象，和荣家的交往，也使他受到一定的影响。1918年他的儿女亲家穆伯仁（桓台同乡，当时济南市的商会会长）组建惠丰面粉厂时，苗杏村就一次投资1.5万元，并且担任了董事。1919年穆伯仁组织山西晋丰面粉厂时，他又投资4000元。此外，在穆伯仁经营的通惠银行、晋泰公司，苗杏村都有投资。苗、穆的结合，对于巩固穆的经济地位和提高苗的社会声誉，都有好处。此后，苗杏村又参加了粮业公会和商埠商会，并在督办公署搞了个咨议的名义，声誉已有超过穆伯仁之势。当惠丰面粉厂改选董监事时，两人因协理职位之争，终于决裂，断绝了一切关系。苗杏村撤出在惠丰面粉厂及穆伯仁所有企业中的投资，以这些股权及个人房产，偿清了恒聚成粮栈在通惠银行的借款。这又是促使苗杏村自己搞工业的一个原因。

办个什么工厂呢？当时丰年、惠丰、民安几个面粉厂都很赚钱，苗杏村又搞过一段惠丰面粉厂，还协助荣宗敬建过一个茂新面粉厂，有了一些经验，在小麦采购上，自己更是内行，因此决定办面粉工业，遂联络苗星垣、王冠东、韩秀泉、车百闻等人，发起组织创建成丰面粉厂。先集资7.5万元购买地皮，修建厂房。当然几万块钱是办不起面粉厂的，苗杏村就去上海求助于荣宗敬，向国外赊购了机器，由苗星垣和王冠东等人负责筹划施工。苗星垣幼年在农村读过几年私塾，为了办工业，他又到齐鲁大学旁听过两年，学习数理化科学，还订阅了一些技术书刊。在建厂中，他与工人一起打地基、搬砖瓦、安机器，积累了很多实践经验。后来，他在建立西安分厂时，仅用了8个月的时间，速度之快，与此不谓无关。

成丰面粉厂按照公司法，组成董事会，由苗杏村任董事长兼总经理，苗星垣任董事兼经理，王冠东为监察人。1922年正式投产，计有钢磨7部，日产各等粉2000包（每包44市斤）。当年结算获得纯利7.5万元，大部转作投资，又增添钢磨12部及蒸汽引擎，日产能力达到5200包。1924年再度增资，吸收了军阀官僚的大量投资，劳逊五（交通部次长）、成逸庵（青岛警察厅厅长）等人也进入成丰当了董事。

成丰面粉厂迅速扩大，恒聚成、同聚长的业务也日渐繁荣，当时对麻袋的需要量大增，开支甚巨，苗杏村便想建个麻袋厂，联合马伯声兄弟，向怡和洋行索取制麻袋机器报价单，在乐康街购得地皮，准备建厂。并商定由马伯声的兄弟马一青出国学习业务。但因马患沙眼没有领到出国证，而告搁浅。此项计划不成，苗杏村便办了一个永丰祥麻袋庄，供应自己需要，又将所购地皮盖了恒聚成仓库。这样，既可在银行办理外仓抵押，又可以代客办理押款，收取栈租，一举数得。

成丰面粉厂的发展，加剧了面粉业的竞争，更引起穆伯仁的仇视。到1942年，由于成丰扩展太快，基础薄弱，又兼当时平津市场外粉充斥，周转一度失灵，穆伯仁乘机制造"成丰已有危机""亏赔不堪"的舆论，谣传于市，各银行钱庄纷纷要收回贷款。在此情况下，乃由董事车百闻邀得东莱银行经理于耀西，投资2万元，并给予200万元的信贷透支，使成丰面粉厂渡过了难关。于耀西由此一举获得成丰董事长的职位，在成丰出现了一个企业两个董事长（苗杏村、于耀西）的畸形组织。

于耀西进厂之后，企图揽权，苗（星垣）、王（冠东）和于之间的矛盾日益尖锐，董事会上常发生争吵。迨至1929年，于耀西因汉奸案（五三惨案时曾任济南市维持会会长）坐牢。出狱后，他的东莱银行经理职位被解除，人势两失。这时候，成丰面粉厂已取得成逸庵的泰丰银行为后盾，在董事会改选中，于耀西落选，于遂宣布退出在成丰面粉厂的股金。于是苗星垣一派又取得独断地位。

1929年，成丰面粉厂再次扩建制粉楼，修建仓库，增加马力，并将修机部扩建为铁工部，自制磨粉机6部，于1930年投产。至此，共有钢磨25部，日产面粉达8000余包，为本市设备最全、产量最高的面粉厂。

"大苗""小苗"之间的矛盾在建厂之初就存在着，只是为了一致对外，才有暂时性合作。在创办成丰面粉厂募集股金时曾商定，凡满5000元者可得董事一席，我拉了2万多元的股份，但在酝酿董事会人选时，苗星垣竟把我甩开了。在股东会上，苗杏村就让我公开向苗星垣提出质问，他无言答辩，我的董事席位就是这样争得的。苗杏村虽然任董事长兼总经理，但虚有其位，各个重要部门的人选，都是同聚长粮栈的班底。恒聚成粮栈连成丰面粉厂的生意也做不上。有一年小麦滞销，苗杏村请成丰面粉厂助销一些，竟然遭到拒绝。苗杏村对此亦是以牙还牙，有几次成丰面粉厂缺小麦，苗杏村明明有货，也说没有，有时卖给一点次货，价格还要得高高的。由于二苗的矛盾越来越大，苗杏村遂有另作他图之心，适巧传来民安面粉厂倒闭的消息。

（二）成记面粉厂的兴建

1920年创立的民安面粉厂，原为军阀靳云鹏、张怀芝、王占元等人发起，后来又有张宗昌的投资。这个厂子，董事是将军担任，管理人员多是校尉军官和县长。说来也是笑话，经理到厂，传达要高喊"大帅到"，职员则站班行礼。他们只会当官，不会经营企业，不到10年的工夫就赔光了，还欠下上海银行6万元的借款。1929年该厂宣告倒闭进行清理。经恒丰洋行买办王星斋的说项，苗杏村租了民安面粉厂的全套设备，组织成记面粉厂。但由于机器损坏严重，无法进行生产，为此双方议定：修机费由成记垫付，从租金中抵拨；租费按实际产量计算，产粉一包交租价4分。1932年签订合同，当年5月投产。修机费共达15万元，而当时集资只有16.7万元。开机后，苗杏村依靠军阀的关系，取得民生银行和平市官钱局的贷款，到年底结算，8

个月的经营获利4万元。

按照赁债合同的规定，民安面粉厂起码有一年半之内是得不到租金的，债权人上海银行又再三向民安面粉厂追讨欠款本息，遂经法院批准，拍卖民安的抵押品：营业室、小麦仓库及附近地皮。对一个企业固定资产的部分拍卖，是无人承购的。但苗杏村看到这是蚕食民安的好机会，便以8万元从上海银行手中买来。然后立即向民安提出重新计算租金问题。按照合同规定，成记所租用的是民安的全部固定资产，现在部分产权已经变更，租价当然得重新议定。这使张怀芝等人进退维谷，如果再减租价，收入更是为期遥遥；如果收回自办，又无此实力；如果卖与他人，成记面粉厂又插着一腿。走投无路，只好将民安全部股权101万元，作价30万元让给成记，分期3年付款。这样，苗杏村就以53万元的代价（修机费15万元，房地产8万元，股权30万元），取得民安的全部财产。仔细算起来，这53万元中，还有一部分是用民安的设备进行生产而获得的利润。

1934年，成记面粉厂正式建成，资本额定为50万元，实收35.8万元。苗杏村拿出25万元，占全部资金的70%左右。由苗杏村任董事长，我以常务董事兼经理。苗杏村吸取办成丰面粉厂的教训，工厂里所有重要职务，都由恒聚成的人调充，从而控制了这个企业。

此时，国民党政府向美国复兴金融公司订立的"棉麦借款"告成，美国棉麦大量倾销中国，国内粮价直线暴跌，成记面粉厂原粮耗尽，资金枯竭，不能开机。苗星垣、王冠东却于此时宣布同聚长粮栈退出成记面粉厂的投资，苗杏村面临严重困难，只得奔走权门，终于取得财政厅长王向荣的支持，以恒聚成粮栈所属全部不动产及股票，向民生银行抵押，取得80万元的信用贷款及抵押透支，作为流动资金。这时小麦已疲到每百斤2.4元，苗杏村判断麦价将要回升，便立即购进小麦10余万包，作为库存储备。果然当国民党实行新币以后，刺激了物价回升，成记面粉厂这一年除弥补了过去的损失以外，还获得纯利35万余元。同样，成丰面粉厂也由于购进低价小麦，当年获利24.5万余元。

成记面粉厂资金不足，主要是依靠苗杏村的社会交往来支撑局面。在行业竞争或面粉滞销的情况下，苗杏村与韩复榘的4个师长经常接触，做了不少军用粉生意。苗杏村长期依赖民生银行、平市官钱局的贷款和透支过活，对于银行人员，上自经理，下到驻厂员，通过贿赂，套用资金。有一次，由我叔兄弟苗筱航（成记面粉厂会计主任），伙同民生银行的营业主任及驻厂员假造进货账单，套用了一大批资金。当银行派员复查仓库时，早已有内线透露消息，临时以麸皮冒充小麦，垛成大垛，又以小麦包盖在外层，以作应付。后来，苗杏村索性用假汇票套用银行资金。具体做法是：先由厂里派亲信人员赴上海设"常庄"，办理所谓收发款项事宜，我们再刻出许多假字号、假人名图章，根据需要，随时开出上海照付的迟期汇票（5至7天），然后再向民生银行作"汇划"，套出资金，等倒出款子来，再用电汇将款子顶上。这样，假汇票便成真汇票了。当然，这样做事先要与银行营业上串通好，给他们一定的好处，而且要付出比利息为高的汇水，但是处于资金短绌的情况，也就一切不计了。

（三）恒聚成北记与恒顺泰面袋厂的设置

1935年，苗星垣鉴于沿海各地的面粉厂有些过剩，遂向内地发展，筹建了成丰面粉厂西安分厂。这时，成丰两个厂实有资金已达136万元。苗杏村则根据成记面粉厂的需要，于1936年以5万元资金设立了恒聚成北记面袋厂，有缝纫机3部，印袋机1部，职工50余人，专供应成记、成丰面粉厂的需要。

在1925年以前，济南的制袋业有四五家。1925年以后，耿锦章组织了复聚泰面袋厂，由于资本厚、经营好，战胜了其他几家，又与孙鸣九合作，改组成同顺泰面袋厂，取得了制袋业的独霸地位。恒聚成北记面袋厂开业后，首先夺取了同顺泰一部分销路，进而又用降价、折扣、赊销等办法，供应茂新面粉厂等厂。在这一竞争中，耿锦章不肯示弱，也以同样方式进行抗争。苗杏村在成大纱厂开工后，又进一步施加压力，将16支纱改用17支纱袋，质量提高，成本降低，售价再落。这时耿锦章无法支持，只好托人向苗杏村表示合作。于是苗杏村便将同顺泰合并过来，组成恒顺泰面袋厂，不仅垄断了济南市场，还向张家口、邯郸、蚌埠、郑州、南京等地扩展业务。

垄断吞并现象并不只在两厂之间进行，粉商亦是如此。由于全市粉商的一致对外，外地粉在济南始终站不住脚，但是本地粉商的竞争，也不亚于和外商的矛盾。虽然粉商一再订有公议，但是却有活价、增加回扣、提奖等办法，收买代销点，以达多销的目的。1935年韩复榘曾实行面粉限价（但不限麦价），使各厂受到损害，当时许多人要求去请愿，苗星垣却说："甭管他，垮上几家更好干。"

五、从面粉业向纺纱业持续扩张

（一）成通纱厂的建成

1932年，"大苗""小苗"再次合作，发起组织成通纱厂。当时济南已成为全国主要棉花市场之一，大量原棉外运，而棉纱又靠外地输入，发展纺织工业是有利可图的。这时，在济南仅有官僚资本经营的鲁丰纱厂，由于经营无方，即将倒闭。苗星垣早就有办纱厂的打算，为此他送胞弟苗海南去英国学纺织，但是由于自己的资力不足，还要仰仗苗杏村的声望以作号召。苗杏村也想发展纺织，但是没有懂行的专门人才，也必须依赖苗星垣的技术实力，这样苗杏村和苗星垣又合作了。

成通纱厂于1932年6月发起组织。当时，为了吸收投资，规定个人认股并包括劝股在内，满4万元者可为常务董事，满2万元者可为董事或监事。后来，成通董事会人数特别多，原因就在这里。通过这种办法，很快凑集了75万元，计划安装1万枚纱锭。但是75万元不敷使用，遂由苗杏村再度去上海，托荣宗敬担保，向英商怡和洋行赊购1万枚纱锭的全套设备，向安利洋行赊购1500千瓦的发电机1部。另外由成丰铁工部承制细纱机40台及其他机器配件，建厂工作进行十分顺利。1933年5月开机投产时，计有纱锭14800枚，工人600余人，到1937年扩充到19600枚纱锭，年产棉纱达到1.4万余件。

成通纱厂建成以后，苗星垣仍掌握企业大权。苗海南为经理兼任总工程师，张景韩为副经理，王扶九为驻厂常务董事，代表董事会执行权力，各重要部门均由成丰面粉厂调来亲信人员充任，苗杏村和我只是徒有虚名的董事长和常务董事。因此矛盾很深，终于在1936年为了鲁丰纱厂的退租问题而再度分裂。

（二）成大纱厂的经历

1935年底，鲁丰纱厂倒闭，全厂1600多名工人向省府请愿，要求复工。韩复榘找到苗杏村，提出将鲁丰纱厂租与成通纱厂经营，经过苗、王、张的同意，董事会决定由苗杏村代表成通纱厂，与民生银行签订租赁合同，以每月3000元的租价，承租鲁丰全部资产，定名为成通分厂。时值花贵纱贱，又加内部管理紊乱，到1936年9月，分厂亏赔9万多元，因此引起董事会的非议，不少人主张退租。苗杏村又去找韩复榘，陈述处境困难，要求退租，韩复榘既无法强迫成通纱厂承租，又无法应付工人的请愿，就提出要苗杏村个人承租。韩说："你当不了成通纱厂的家，还当不了自己的家吗？"苗杏村虽有此意，但感实力不足，便向韩讲明了困难，韩复榘说："资金问题好办，我叫王向荣和你接头研究。"

对于接不接鲁丰纱厂的问题，苗杏村开过几次家庭会议。当时判断：韩复榘迫于社会舆论，绝不能让这个厂子垮台，我们不接，别人会接，岂不白白失掉机会。至于资金问题，可以讨价还价，得到支持。同时也估计到纺织业的不景气现象不久会有变化。鲁丰的亏赔主要是内部原因，只要改善管理，还是有利可图的。另外，促使苗杏村下决心接鲁丰，也是由于与苗星垣有矛盾。苗杏村曾对我兄弟们说："看你们能否争这口气！"说到这里我们叔侄曾抱头大哭了一场。

苗杏村决定倾家以赴接鲁丰。为了凑集资金，连家属们的首饰、小私房都搜罗上了。经我与民生银行副经理宋谷雨商讨并签订了租赁和贷款合同，主要内容是：（1）由民生银行将鲁丰全部资产租与苗杏村经营，名称改为成大纱厂，租价每月3000元，租期暂定一年；（2）由民生银行贷与成大纱厂信用透支30万元，另以苗杏村在成记面粉厂的全部股权及个人房产向民生银行抵押借款50万元；（3）由民生银行派会计员、仓库管理员驻厂监督，组织生产。

成大纱厂原无管理人才，商得苗海南的同意，留用了原来成通分厂的工程师及技术人员。

成大纱厂是合伙企业，当时集资仅有30万元，苗家占了绝大部分，其余少数为恒聚成粮栈同人所凑集的。以30万元经营2.8万枚纱锭的纱厂是不敷分配的，主要依靠民生银行80万元的信贷透支。这时纱价开始回升，我们便放手储存原料，到年终结算，两个多月获利15万余元。

苗杏村接受办成通纱厂、成丰面粉厂的经验，对成大纱厂的经营，费了不少苦心，想了不少点子。鉴于鲁丰时期的劳资矛盾，苗杏村采取了一些缓和措施。首先，用金钱拉拢的办法，对各部门的主任、组长，都提高了工资并设立了组长食堂，增加菜金，以培植亲信；对生产工人也提高计件工资标准，增加福利设施，如新建饭厅、宿舍，扩充子弟小学、医务室，增发工作服等等。这种办法果然奏效，刺激了生产，也加大了利润。当时的产量，由鲁丰时期日产16支纱60件提高到73件。在争夺市场上，我们将16.5把的16支纱增加到16.8把，使用户每把多得3缕纱的实惠，同时注意精选原料，提高质量。因而凤山牌的棉纱在市场上打开了销路。

1937年5月，民生银行拍卖鲁丰全部固定资产，偿还债务。苗杏村以85万元将鲁丰买到手，先交40万元现金，负责代还10万元欠账，其余35万元作为抵押透支。至此，苗杏村凭借韩复榘的支持，以低廉的代价，得到了一个完整的纱厂。

六、抗战时期的“军管”与“合作”内幕

成大纱厂的好景不长，七七事变爆发以后，玉符河决口，厂子成了一片泽国，损失极大。水退以后，正在进行整修时，日本侵略军已到达黄河北岸，生产无法进行。在这以前，我们也曾计划将纱厂迁往内地，成通纱厂已运走一部分机器。我们没迁成的原因主要有二：一是没有搞到车皮；二是对

日军存有幻想，认为日本人也得做买卖，因此迁厂计划未能实现。

韩复榘的军队撤退时，苗家财产受到一次公然抢劫。成记、成丰面粉厂的20余部卡车和十数万包小麦，均被军队掠去。日军于1937年12月27日侵入济南，29日即派兵进驻成大纱厂，宣布军管鲁丰纱厂。鲁丰纱厂已倒闭，为什么又出现了鲁丰的名义呢？有两个原因：1935年日商东洋纺曾在凤凰山私自购买土地300多亩，准备建立纱厂，苗杏村了解后，报告了韩复榘，迫使日商退地，为此与日人结了怨，这是其一；平津失陷后，靳云鹏曾控告苗杏村霸占鲁丰，向日伪政权提出诉讼，并与东洋纺签订了中日合办鲁丰纱厂的合同草约，又派（新民会会长）张燕卿来济向日本特务机关控告，这是其二。经过我们提出证件，和特务机关查对档案，并通过伪警务厅厅长张亚东，向日本特务机关长渡边花了5万元的贿赂，才承认了成大的所有权，改称军管成大纱厂。

继成大纱厂实行军管之后，1938年2月9日，成通纱厂也被实行军管，由日本丰田纱厂代管。日商进厂后，成通原来的经理、副经理和职员被迫离厂。5月间成丰、成记两面粉厂也被宣布军管，成丰面粉厂为日商三井洋行接管，所有职员全部驱逐出厂；成记面粉厂为三菱洋行系统的日东株式会社接管，留用了部分职员。苗家经营的4个工厂，不到半年工夫，全被日人攫取。我曾设想找人疏通一下，希望能够发还自营，伪警务厅长张亚东告诉我说："这是日方既定的政策，不要白费心机了。"我也只好作罢。

1941年至1942年底，日军先后宣布对成大、成通纱厂和成丰、成记面粉厂的军管结束，并分配了所谓军管时期的红利。红利是怎样分配的呢？日军声言军部50%，代管日商30%，华方20%。日本帝国主义霸占我们的企业经营了5年，究竟红利是多少，我们无从知道，反正给多少算多少。我记得成大纱厂给的红利是101万元，成记面粉厂是40万元，成丰面粉厂是20余万元，成通纱厂也在100万元上下，成丰面粉厂、成通纱厂的股东们得到了红利，成大纱厂、成记面粉厂这笔钱却未到手。当我拿着证明到北京日军总部领取红利时，经过多方奔走，花了8万元的运动费，才领了出来。回到济南后，即被"兴农委员会"（日伪政权清理民生银行的债权机关）将所余93万元全部攫去，抵拨了成大、成记对民生银行的欠款，分文未得，还赔上了旅费。

军管结束之后，日商先利诱、后强迫实行"中日合作"，其实这个问题在军管前及军管时期日商就不止一次地提出过。在成记面粉厂军管初期，日东公司曾多次与我们酝酿合办，当时看来发还无望，我就与日本公司签订了合办草约合同。但到后来，日清洋行又持北京特务部的命令，接办成记面粉厂，日清洋行和日东公司发生了争执，双方协商由日清洋行付与日东公司20万元，作为"手续费"，另由日清洋行与我商谈合办契约。当我发现他们之间的矛盾和勾结时，便坚持与日东公司的前约不可废，拒绝与日清洋行谈判。最后由日东公司说项，由日清洋行增加10万元的"手续费"付给华方股东，遂将旧约烧掉，另立新约。在成丰面粉厂，日商也拿出4万元来，对李锡藩等讲："答应合办有你们4万元的好处，还表示中日亲善，不然也得合办。"成通纱厂也不例外，拿了10万元。我们在强权之下，只好就范了。

中日合办契约合同，开始规定日方资金占60%，华方40%，后来伪实业部认为不符合"平等"原则，改为中日各半。所谓日方投资，实际上是他们在军管时期，利用我们原有设备进行生产所取得的利润。

抗战时期我在济南伪商会的经历与见闻

苗兰亭　口述　王昭建　录记

一

　　1937年日寇侵略军在卢沟桥启衅（"七七"事变）攻下北京、天津之后，继续沿津浦铁路南犯，不久即接近山东境界国民党第三路军韩复榘的防地。韩复榘根本无抗战之心，他不仅不积极备战，反而与日本驻济南总领事西田等人勾结，要求日寇绕道济南南下，以求个人率其部队继续盘踞山东。日寇也早已窥其内心，也希望不战而得济南，减少兵力的损失，因此便极力促韩投降，已经沿津浦路南犯之日军，也为此减慢了进速。当时以蒋介石为首的国民党反动派，仍然坚持"攘外必先安内"的反共反动政策，仍然一心对共，根本就没打算坚决抗击日寇侵略，同时也无抗战信心，因而一直不肯调其嫡系队伍北上抗日，唯恐自损主力。但"七七"事变后，全国人民纷纷要求抗日，并斥责他们的不抵抗主义，如不一战，难免遗骂千古，因此又不得不装出一副抗战的样子，借以愚弄视听。于是乃派韩复榘之老上司冯玉祥，以军事委员会副委员长兼第六战区司令长官的身份，驻德州以北桑园车站，指挥津浦线正面的战事。蒋介石所以派冯玉祥北上，意在诿责于冯，因为他怕韩复榘不听别人指挥，而利用冯则可能达到便于指挥韩的目的。不料韩复榘仍不听冯玉祥的指挥，甚至公然不许国民党中央的军队过境。冯玉祥对此也一筹莫展，因而他所率领的在黄河北岸的军队，没经过任何认真的战斗，即行溃退。敌军逼近黄河北岸后，韩复榘仍不备战，犹尚隔河观望，随时准备南逃。此时日寇一方面加紧对韩诱降：用飞机向韩复榘的第三路军总指挥部空投竹筒，下书诱降，或偶然在不重要的地段投掷几颗小型炸弹，示意恫吓；另一方面又于同年12月下旬，在济南以东强渡黄河，继而又渡过小清河，对济南取包围态势。同月26日下午，日寇又逼近距济南仅有20余华里的历城县王舍人庄。此时韩部第二十二师谷良民已率部南逃，韩复榘本人及其他部队见济南不保，也循津浦路正面及济南南面山地，沿公路向泰安溃退。临行之前，除将可携带的物资财产、金银细软装运一空而外，还让他的亲信韩某，将其历年所查获的鸦片烟土1000余包（10万余两），以高价强派济南的各大商号和有钱的大烟鬼。这是韩复榘在济南最后搜刮民财的一着。此外他还将城内省政府、民政厅、财政厅、教育厅、建设厅、济南市政府等行政机关和他的"裕鲁当"（官营的当店）以及"裕鲁分当"，一律点火焚烧。被他纵火焚烧的，还有商埠的棉布打包厂、各粮行仓库、胶济、津浦两个车站的货场等堆积物资的地方。当夜，济南市民只闻黄河北岸南击的隐隐炮响，绝无一声南岸还击的炮声，更听不到任何枪声。见到的只是城内、商埠的几处浓烟烈火。第二天（1937年12月27日）上午9时后，日寇便进占了济南，当时，寇兵们骑在马上顾盼自若，缓步前进，那种如入无人之境的得意神气，实在令人发指。

二

1937年12月26日夜韩复榘的部队全部撤出济南，由他们放火焚烧的济南城里各政府机关、商埠各大仓库货场，一直烧到27日上午。在日寇铁蹄尚未踏进市街的短暂时间，市内秩序十分混乱，商埠日侨被封的商店（济南沦陷前，日寇离济，其侨民财产经韩复榘封闭保管）、正在着火的仓库，均遭抢劫一空，在这种情况下，济南道院卍字会等资产阶级的假慈善机关，和商会的部分人员，为了保持他们自己的生命财产和妻妾子女的个人安全，便出面"维持秩序"。首先由所谓道院的母院和省院与卍字会，研究商讨迎接日寇，"慰劳皇军"的办法。道院为首的是其统长（院长）、清末"遗老"何素朴，卍字会为首的是济南市律师公会会长张星五。并由张星五派其卍字会救护队长朱朴如，乘张自用之小汽车（车顶、车窗、车身周围都插有卍字会有红卍字标志的旗子）通知全市"商民代表"人物，立即到经二路普利门集合，迎接日寇进城。这些甘当汉奸的所谓"代表人物"有：何素朴带着道院和佛教会的一帮人；张星五带着卍字会的一帮人；商会有王子丰、韩纯一、李伯成、傅雨亭、张冠三等人。日寇到时，他们夹道鞠躬，状极不堪。日寇司令原野进住经二路大陆银行新厦（现经二路电力工业厅地址）后，即以大陆新厦作为日军司令部，不久又相继扩展到山东邮政管理局的大楼。日寇特务机关长中野进住津浦大楼。前住济南日本总领事西田及当任领事有野，还住经三路日本领事馆故址。其他如后来担任伪省公署财政厅顾问的志村、教育厅顾问丰田、民政厅顾问滨田、汽车交通株式会社经理河野统一以及济南银行嘱托松井、正金银行（日本国家的中央银行）嘱托兼日侨住济南商会会头（会长）中尾、牛棉公司嘱托广濑、山东电业公司经理横山等，撤离济南未久也都随军重返济南。事变前他们在济南还只能秘密的进行间谍活动，此时便凶相毕露了。

当时，日寇虽已进驻济南，而主要部队多已南下，尾追韩复榘南逃的大队，留驻济南的敌军为数极少，不足以维持济南地面治安，街面上依然慌慌不定，少数人仍在砸抢银行仓库和车站货场等。直到第三天（12月29日），日寇方派兵出动检查。事变前在济南开代当（小型当铺）卖洋货、卖海洛因、吗啡、鸦片烟的日本浪人，随寇返回济南后，也都有所恃而无恐地随同日寇军队肆意检查。所有中国人从各货场仓库拿走的东西，均命扛到日本浪人及日商家中。

此时，一般商户，多半都不开门营业，一则怕人抢劫，二则怕日寇强行取用不付价款。街上仅有卖山楂、柿饼、羊枣、糖块者。日本寇兵嗜甜如命，然吃了并不给钱，仅说："心交心交的有。"（日语请客的意思）其后小商小贩也都裹足不前，不敢摆摊了。

日寇爱吃零嘴，尤其酷嗜食糖，进占济南后，因为各食品商店均关门停止营业，便首先砸了泰康食品公司和上海食物公司，继而又砸一般的点心铺。被砸的商户纷纷找商会，请求保障；砸人的也找商会，责承供应。商会方面因会长辛铸九不愿为虎作伥，避居济南东郊洪家楼天主堂，坚不露面，仅有理事傅雨亭、张冠三、韩纯一、李伯成、刘子成等五人出面应付，并找出澡塘业公会会长魏寿山与日寇随军作特务和宣传工作的所谓宣抚班班长阿部，在济南市商会成立联合供应站，按日侨日军的需要，供应大米、调料、肉食、鱼虾、疏菜等，并由魏寿山负责，各行各业分担货源。日兵日侨取货记账，不付现钱。未及半月，日商便相继开业，原来都是小商小贩的日本商人，此时也强行侵占邻佑的房舍，把从中国人手中敲诈来的物资陈列出来，一跃成为巨商。至此，所有日侨、日军需用物资，统由他们供应，不再假手中国商人，所谓供应站也被立即取消。于是日商们强买善沽，大发其中国的国难财了。

日寇宣抚班的业务此时也改为专事宣传活动。他们首先罗集部分没有民族气节的青年，授以简单的日语，并命他们在各处设日语班，宣传日寇侵华政策与所谓日中共存共荣，麻醉毒化中国人的思想，收集群众的抗日行动和反日言论，向日寇军部供给情报，作日寇侵华的帮凶。他们先在济南城内、火车站、公园附近各重要街头，设点宣传，并"放赈"、撒糖，让群众争领，让儿童抢食，其实"放赈"之米是用碗底量，所撒之糖，亦只寥寥数块，其意只在愚弄群众，欺骗幼童，有知之辈，均相戒不前。继之又在千佛山下运动场，召集青年学生宣传其"大东亚战争之神圣"，旨在迷惑视听，麻醉青年，此次魏寿山等辈汉奸，也穿着白衣裳，手执口哨，尾随阿部之后，那副如丧家之犬的奴才相，观者无不嗤之以鼻。

日寇在济南经常侵入民宅，以检查为名，侮辱妇女，魏寿山等辈为了献媚日寇，又与阿部在经二路济南市商会对门设房间、摆大菜、觅妓女，一供日寇玩乐，一供日寇泄欲，并美其名曰招待皇军。月余后又在经二路小纬六路路北设"皇军招待所"，由纬八路中国娼妓轮流值勤，名为慰劳，实即供敌奸淫。真是国耻之甚，莫过于此，罪恶之大，亦莫过于魏寿山等汉奸矣。

三

济南沦陷之后，日寇仍效"五三"惨案故技，组织汉奸成立地方治安维持会。但在初期，汉奸们有的裹足不前，有的瞻前顾后，有的求之不得，有的吃肉嫌腥，所以酝酿多日方才成立。维持会下设秘书处、警察局、民政科、财政科、教育科、建设科。名义不是政府，实际上代行政府职权。安福系军阀、亲日派汉奸马良为维持会的会长，远在济南沦陷之前就与日寇有勾结之朱桂山为副会长，张星五为秘书长，晋子寿为民政科长，郝书暄为教育科长，李诗涛为财政科长，以何素朴推荐之赵君弼为警察局长。在维持会之外，还另设评议会，以张宗昌旧属之第四军军长方永昌及济南电灯公司创办人庄式如等，为评议员。这一批久已失意的军阀、政客，此时都沐猴而冠起来了。维持会本身听命于日本军部的特务机关，受特务机关长中野的指挥，警察局则兼服济南地区警备司令矢野少佐及日本宪兵队的指挥。其办事机构的分工如下：秘书长掌握会内行政；民政科搞区、坊、保的组织；教育科恢复学校，召集教师办教员训练班，搞日语速成学校；建设科搞城市"建设"和工业管理；财政科搞捐税、筹款、搜刮民财；警察局则设岗巡逻、办户口、搞清查，尽力为日寇镇压人民。然而维持会的一切经费开支，特别是警察的工资和伙食费用，日寇却概不拨付。维持会长马良为了解决经费开支问题，首先向济南市商民开刀，指定商会每月供应警察伙食费面粉两千袋。由警察局长赵君弼直接向商会当局索取。该时济南商会的事务，大部由张冠三、傅雨亭、李伯成、韩纯一、刘子成等五人主持，但他们也都不愿或不肯分担这个担子，于是又委责于当时身为面粉业同业公会会长的苗兰亭。苗兰亭便根据成丰、成记、惠丰、丰年、宝丰、华庆、茂新等七家面粉商的磨子的多少照成分担。其中茂新厂因停机已久，而负责无人，就按月由成记代垫面粉两百包。这是我（即苗兰亭，下同）开始在商会中被人重视以及后来被推为商会会长的一个宿因。

四

1937年12月29日，日本特务机关长中野亲自到济南市商会，召集七户面粉厂、三户棉纺纱厂厂主"开会"，到会的计有成记面粉厂苗兰亭、成丰面粉厂苗星垣、惠丰面粉厂张印三、华庆面粉厂赵静愚、宝丰面粉厂李锡三、丰年面粉厂孙墨村、成通纱厂苗海南、成大纱厂苗兰亭、仁丰纱厂马伯声等十余人，中野在会上宣布：分批对各厂实施军管，并着日本企业"三菱""三井"等洋行带人前往各厂，先行查封，接收账目、房产、设备、原料、成品、现金。同时有寇军随往，立即占据。

第一个被劫收实施军管的厂子就是成大纱厂，劫收的时间就是中野召集开会的当天（1937年12月29日），接收人是日商东洋纺的丹羽庆三。日寇军队进厂之后，立即宣布为"军管鲁丰纱厂"。其所以改叫"鲁丰纱厂"，一方面是因为远在"七七"事变之前，日商"东洋纺"曾在成大附近凤凰山私购地皮300余亩，准备建立纱厂，事经苗杏村告密，韩复榘迫使退地，因而与成大结怨；另一方面，成大纱厂前身是鲁丰纱厂，当时的董事长靳云鹏（北洋军阀时期之国务总理），于京津沦陷之后，在天津曾向敌伪机关控诉苗杏村假韩复榘的关系霸占鲁丰纱厂，并当即在天津与日商东洋纺签订了"中日合办鲁丰纱厂"的合同。因此成大一被日寇接管，便被改叫鲁丰。

继成大实行军管以后，1938年2月9日，成通纱厂也实行了军管，由日商丰田纱厂代管人山田负责接收。山田进厂之后，立即将原来的经理、副经理、全体职员迫使离厂。5月间，成丰面粉厂、成记面粉厂也被宣布为军管。成丰由日商三大企业之一的三井洋行接收，所有职员全部被驱逐出厂。成记面粉厂由日商三大企业之一的三菱洋行系统下的日东株式会社接收，留用了部分职员。与此同时，三井又接收了宝丰和丰年两厂。仁丰纱厂也在此时被日寇接管。华庆面粉厂和惠丰面粉厂则查封之后，一切冻结，当时并未指定何人接收，一直到日伪维持会结束、伪省长公署成立，汉奸张亚东当上了伪山东省会警务厅长，日寇渡边继中野之后出任特务机关长之后，两厂的厂主始以15万元的贿赂分别买通了日本特务机关长渡边和财政厅顾问志村，将两厂启封发归自营。

五

济南市商会原任会长辛铸九自日寇入济，即避居济南东郊之洪家楼天主教堂，最初无人知晓。于是汉奸维持会会长马良，便指定棉业的张冠三召集各行各业开会，另行推举商会负责人。日伪方面因与张冠三接触较多，也愿意于张。棉布业本身为了维持本行业的利益，也竭力推他出来负责。但张冠三顾虑当时每月必须供应的警饷面粉两千余包自己无法筹措，为求避免承担这副既沉重而又长期的重担，于是他便与棉布业及其他有关的行业先行私下密商，到商会开会之日，竟异口同声地公推我为济南市商会会长。当时我自己的成大纱厂和成记面粉厂均先后被日寇收归军管，受创已深，又加宪兵队翻译杨志祥吹风恐吓，已成惊弓之鸟。但又想设法维护自己的家业财产，而充当会长则有可能达到这个目的，于是便顺水推舟，半推半就地答应下来，开始走上附逆的道路，终至成为身败名裂的历史罪人。

既已附了逆，而且有了一定的地位、职责、任务，在人事上与日寇、汉奸们的交结往还当然也就逐渐频繁，关系也就逐渐复杂起来。真是一旦置身其中，犹如入鲍鱼之肆，久而不闻其臭了。其初还是羞羞答答，觉着为日寇办事不光彩，时间一长，就愈陷愈深，根本不能自拔了。在行为上，也不仅限于维护自己的家业财产了（护身有符，汉奸们敌特们的敲诈勒索、辱骂、威吓是摆脱开了，但高级敌伪分子的索贿、压迫还是相当沉重的）。

既已身为商会会长，就不能不兼那些与商会有关的兼职，不能不受日伪军政当局的利用，不能不来搞经济侵略和对工商业倾轧的一切勾当。

日寇搞过中日经济恳谈会，名为平等互惠经济合作，实则完全在日本控制之下，尽其对我国经济侵略之能事。所谓恳谈只不过是披上一层协商的外衣，让日本帝国主义者对我们中国的经济侵略成为合法化的东西罢了。我身为商会会长，中日经济恳谈会山东省会会长的职务，当然由我兼任。有一年（具体时间失记），中日经济恳谈会总会会长邹泉荪由北京来济，召开山东省各县市经济恳谈分会会长会议。我省人民和工商业者，在日伪统治压榨之下，已经是经济破产、物资枯竭，曾幻想在这次会议上，能多少解决点类如放宽物资限制，多少增加一点煤油、食糖的供应等问题。会开得倒像一个会，汉奸们在会上也讲得冠冕堂皇，但一提到日本特务机关，却都一口回绝。这就完全暴露了所谓恳谈会欺骗中国人民的本质，说穿了，所谓恳谈会只不过是一伙说人话不办人事的日寇、汉奸借以愚弄视听的招牌而已，根本不是为商民办事的。而我们这一群所谓中日经济恳谈会的高级人员、汉奸头目们，却在伪华北政务委员会建设总署督办王荫泰的带领下，两次到日本本土参观。日寇安排我们访问了东京、大阪等工业城市，大大宣扬了他们日本帝国主义资本经济的"优越性"。在日本各地我们还参加了不少招待宴会，甚至招妓侑酒陪宿。两次旅行从去到来，所有路费（甚至游览宿娼的花销）统由日本国库开支，作为主子对奴才的犒劳，那样做不谓不厚。

国土沦陷八年中间，我在政治上为敌寇做了大量的宣传工作，不懈地在日伪的布置之下，在各种会议上、在报纸杂志上、在广播电台上、在群众集会上，为日寇当传话筒，宣扬"中日亲善"，夸张"共存共荣"，成了日寇的得力宣传工具。在经济上，我以商会的组织力量，维护了日寇的物资封锁和掠夺政策。组织"采运社"为敌搜刮祖国人民的粮食；实行商品限价，为敌稳定市场；动员工商业者献铁献铜献白金，为敌补充武器原料等等。最使人痛心的，是1945年日寇与伪警察局以查暴利为名，逮捕济南市的工商业者200余人，非刑拷打，罚款2900余万元。后来他们也自感实在掩盖不了世人的耳目，才厚颜无耻地说成是"商民献金"，并且开会授以日本首相东条英机"赠"发的一张"感谢状"，真是令人啼笑皆非。

以上所述我在伪商会会长任内的这些丧权辱国的罪恶行为，在今天回想起来真是对不起国家，对不起人民，惭愧痛心，悔恨不已。

六

到1938年4月，日寇又由济南沿津浦路向南占领了我国大片领土，山东大部地区（包括济南在内）沦陷，并成为敌人后防。尔时日寇虽然十分嚣张，并在继续向南向西推进，但他的兵力终究有限，为了减少后顾之忧，单只依靠汉奸维持会是不行的，于是便以各地维持会的一套汉奸为基础，着手组织汉奸政权，首先在济南成立了山东省公署和济南市公署，继而又在各专区和县成立道尹公署和县公署（日寇组织汉奸政权最初不叫政府而呼之曰×××公署，主要是为了区别于共产党所领导的人民政府和国民党的各级反动政府，迄汪精卫政权在南落草，公署始改叫政府），推行所谓地方行政。参加各级汉奸政权的，仍然是各地土豪劣绅、旧时军阀余孽、失意政客之流。

伪省署第一任省长是马良。他是旧北洋军阀时期安福系的人，曾在济南当过第四十七混成旅旅长兼济南镇守使，还当过边防军第二师师长，五四运动时期还曾有过镇压学生运动的罪恶历史，是老牌的亲日派。省公署秘书长是张星五，民政厅长是晋延年，财政厅长是唐仰杜，警务厅长是张亚东，建设厅长是庄维屏，教育厅长是郝书暄。济南市公署第一任市长是朱桂山，警察局长是赵君弼，财政局长是杜慈航，建设局长是王次伯，教育局长是巩全亭，秘书处主任是李幼屏，畜产管理处长是赵申吾。在省之下设有道尹公署，全省共分十个道（相当专区），以方永昌为青州道尹，成逸庵为鲁北道尹，朱泮藻为济宁道尹，王子枫为沂州道尹，赵君弼为鲁南道尹，王永苍为东临道尹，张化南为登州道尹，常之英为莱潍道尹，刘景尧为武定道尹，杜中为泰安道尹。这些所谓省长、厅长、道尹、市长、局长也者，都是沐猴而冠的傀儡人物。其实，省、厅、道、市、县，各有各的日本"顾问""专员"，实际掌握政权。如省长公署有前日本驻济南总领事西田为顾问，民政厅有滨田顾问，财政厅有志村顾问，教育厅有丰田神尚顾问，警务厅有黑田顾问等等。各机关之汉奸官吏则只不过是狐假虎威为日寇的侵略效劳而已。

在伪道、县政权建成以后，日寇便着手积极建立伪军，省成立伪"山东省保安司令部"，司令例由省长兼任，另设副司令一人，专负实际责任。各道设"××道保安总队"，县设"××县保安大队"。道以道尹兼总队长，另设副总队长负实际责任，县以县长兼大队长，另设副大队长负实际责任。各级司令部，总队、大队也均由日本顾问掌握实权。那些所谓副司令、副总队长、大队副等，也多半是旧时军官、土豪劣绅、土匪盗贼之流。诸如张宗昌的宪兵司令王琦、鲁西北的著匪王化之、冯寿彭、鲁南巨寇刘本功等，都当上了副司令、副总队长、大队副、伪县长等职。他们一朝权在手，便把令来行，一个个都是镇压抗日人民的凶手，如王琦当上伪山东省警备总队司令后，穿上呢子军装，戴上中将领章，拼凑了一辆半新不旧的汽车，在济南市面上驰来奔去，一天到晚出中国衙门，进日本衙门，吃花酒、打茶围（即嫖娼）、搓麻将、吸鸦片，无所不为，毫无一点中国人味。他除了用武力镇压抗日人民外，还成立一个"一心龙华圣教会"的迷信宗教组织，在济南的北坛地方，投资建房，大摆道场架乩扶乩，帮助日寇欺骗愚弄群众，瓦解人民的抗日斗志。日寇亦以其能利用反动迷信集结一些土豪劣绅、反动落后分子，因而也大力支持。然而真正的革命人民和有识之士，无不望而生厌，皆引以为耻，群相趋而避之。他所联络的只不过是一帮伪军、官吏、地痞、土棍，甚至龟孙娼户之流。其中主要有伪山东省会警察署长王达、伪区联会会长魏寿山、伪坊联会会长张绍甫、伪坊长贾敦礼、姜履安，以及一向在纬八路开设妓院的杜鹤轩等人。由于他们臭味相投，并结为异姓兄弟，号称"十虎"。真是物以类聚。

七

　　沦陷后的济南商民，不仅天天遭受日寇的直接蹂躏，而且还要承受汉奸特务们的敲诈勒索，稍有不周不敬之处，他们便会勾结日本宪兵队、宣抚班和其他特务机关，以莫须有的罪名将人抓走，直至被他们弄得人财两伤或家破人亡。

　　成大纱厂地处济南北郊，在韩复榘主鲁时期，因为治安不好，曾通过济南地方当局有关部门购买长枪四十支，作为护厂武器，并且办理了备案手续。"七七"事变之后，日寇侵进济南之前，厂方怕因枪惹出不应有的麻烦，因此全部扔到厂内的水井中，济南沦陷后，厂方又向伪警察局办理了登记，以为再没有什么问题了，不料日本宪兵队特务却又借此大敲竹杠起来。

　　由天津随日寇侵略军一起南下的日本宪兵队特务杨志祥（天津人）到济南之后不久，认为我有钱可敲，就纵人向我放风说："苗家对于日军不利，问题很多，其他一些绅商也有不利日军之处，所有有关人员，都将被依次抓捕，苗兰亭首居要冲……"当时我闻此风心甚惶恐，终日提心吊胆，但又一时摸不着底细，不知怎样应付，因此只好等着挨。过了一个时间他见我没有孝敬的表示，于是便以成大丢在井里的四十支步枪为起因，兴师问罪起来。一日，宪兵队、宣抚班一齐到成大厂进行检查，扬言除井中四十支步枪而外，还有其他枪支，他们一方面把厂内职工集中在一起，进行野蛮的拷打，一方面敲墙、刨地。事实上墙内、地下并无枪支，检查结果当然也就一无所有。但他们并不因此善罢甘休，痛打了厂内职工之后，又将护厂队长赵玉璞等八人逮往宪兵队关押。不过他们的目的并不是捕人，而是要钱，因此接着又派人马找成大总理苗杏村算账，尔时苗杏村正在德华医院治病，经育生医院院长杨育生的老婆（日本人），代为婉言交涉，请求以苗杏村之侄苗兰亭代表负责。宪兵队便又立即电告市商会（此时我已是会长），让我在第二天早上10点到宪兵队去。我知道宪兵队的官司不好打，是进去容易出来难的地方，当听到宪兵队找我，又听到与成大事情有关，知道不花几个钱是不行的，好在我是个资本家，有钱，于是便立即拿出一万元现款，托张冠三、晋子寿等代为设法疏通，真是有钱能买鬼推磨，一万元钱居然平安渡过了这一难关，而且不仅我本人没有在宪兵队受刑受苦，甚至连同前被他们捕去的护厂队长赵玉璞等八人，也一并放了出来。这是我第一次吃宪兵队官司的简单经过。其后诸如此类的事，还有很多很多，不再一一详记。

八

如前所述，当日寇劫收济南各纱厂和面粉厂的时候，华庆面粉厂和惠丰面粉厂只是查封冻结，并没指定谁接谁管，一直搁置到1938年4月、日本特务机关长中野离职、渡边前来接任的时候，华庆厂的股东张采亟才通过张亚东的关系，以十万元巨款买通渡边，将华庆厂发还。张亚东，系山东汶上县人，过去曾当过山东省省议员和滨县县长，北伐之后，避居东北，是一个多年失意的政客。东北沦陷之后，他结识了日本军人渡边。迨渡边调任山东特务机关长，张以山东人的身份随同渡边来济，担任伪山东省警务厅厅长兼山东省会警察局长，当时在日寇特务机关长渡边面前说一不二，红的透紫，有夺唐仰杜山东省长之志。渡边对张也大力支持，于是他无事不管。其旧友有鲁南王子丰、鲁北张苇斋二人，亦皆旧时议员、失意政客，北伐以后，留居济南搞盐务，搞贸易，是为济南官僚资本家。于此张亚东重回山东之际，旧友重逢，官商结合，同是东山再起的旧时官僚，臭味相投，过从甚密。华庆面粉厂大股东之一的兴源福财东张采辰，乃假王子丰、张苇斋的关系，与张亚东相交结。复通过张亚东的关系与日寇特务机关长渡边建立了关系。

当时，日寇接管之各面粉厂，统在日本军部统辖之下。统购专卖，大收垄断之利。华庆面粉厂经理赵静愚与股东张采辰等，不甘寂寞，向往暴利，因而设法联系。通过张亚东的关系给日寇特务机关长渡边行贿伪钞十万元，立将华庆面粉厂启封，交还业主赵静愚自行经营。虽收购小麦出售面粉统与其他军管的厂子同价和同样分配任务，但一般军管的面粉厂子如成记、成丰、丰年等所获利润是由军部分配，华商资本家所得寥寥，最多的时候不过百分之二十，而且受有各种束缚限制。独华庆一厂，后来居上，购销营利与其他厂同。除缴纳税营业税外，不向军部贡献，即便有时献点金，被敲一点竹杠，但都为数有限，于是大获其利。

惠丰面粉厂是与华庆同时被查封而未开磨的厂子。华庆启封后，由于获利丰厚，引得惠丰厂主（主要股东）张印三流涎三尺，但苦无张亚东这样一位说项捎客，贿赂无从进行。后经多方钻营苦求，终于找到了一个与教育厅顾问丰田神尚有关的济南砖瓦业组合长高少卿，高通过丰田神尚又找到财政厅顾问志村，以伪钞五万元之贿款，要求志村以财政厅顾问的身份，请求特务机关援华庆启封发还之例，将惠丰也发还自营。志村得到五万元贿赂后，便同渡边交涉，并一天一催，两天一问，大抱不平，渡边心虚也不便坚持，于是惠丰面粉厂也继华庆之后发归自营，一切购销获利自然也与华庆一样。这两家厂开机虽晚，获利却丰，而其他面粉厂商，只有望洋兴叹，徒羡其财运之大而已。

九

在商会而外，日寇还成立有各行各业的组合。类如卷烟组合、绸布组合、面粉组合、煤炭组合、棉业组合、砖瓦组合等。他们对内对外的营业统由组合控制。所有组合完全听命和效忠日本军部，专事控制物资，调配和分配货物。组合又分一部组合、二部组合，诸如采购运销，货物分配，统须组合据情审核，报经军部批准方能执行。组合长和组合理事，有掌握和垄断其本业的实际权力，组合长必为巨商，本身拥有大量资本，在日寇面前保证忠实而有信用，在本行业中能吃得开、拿得住，所以当时为组合长者本身都大获垄断之利，都能掌握本行所有商户之命运，所有厂商业户之开业歇业、增资减资、扩大或缩小营业范围、划定购销地点、配给商品数量，无不唯组合之命是听。所有组合之实权有过于商会，在日寇方面之信任，亦远远超过商会，成为日寇对我们国家经济侵略的直接爪牙。所有组合户都能根据本身之资本额、营业额，按时从组合取得相当数量的商品，而且可以任意调剂价格，亦可不在当地销售，私自外流，不必多事经营，即可获得暴利。日寇虽知此种情况，也公开放纵。

至1943年，因我人民解放军控制了山东的广大地区，日寇搜刮物资受到极大限制，在经济上继政治军事上的节节失败，逐渐捉襟见肘，不仅资源上出现了恐慌现象，即军费方面也显露出窘态。于是便加紧对济南的经济控制和压榨民财的工作。首先在省会警察局成立了经济科，第一任经济科长李某，因达不到日寇的要求而去职。第二任科长王墉（山东长山县人），由于手腕毒辣厉害，治得济南商人全都望之生畏，因而极得日寇欢心。他在1943年的五六月间，首先以查暴利为名逮捕了济南市卷烟专卖组合的组合长、回民穆幼堂，同业公会会长袁铁岩，以及该业所有在组合的各商户经理人。

卷烟一业，因烟厂有数，而且都属军管理，进货极有规律，而其销路，则极为广泛，一直供不应求。由于货物出手快，易于进行投机，因而也渔利最大。于是查暴利的时候，这一行业当然也就首当其冲。当时伪山东省会警察局经济科长，在日本宪兵队的支持下，黉夜出动，将该业组合长穆幼堂，同业公会会长袁铁岩等全部卷烟专卖组合户一次逮捕，无一漏网，均分别关禁在伪警察署和日本宪兵队中。这一来，这群刚刚发过一批横财，昨日还是日本宠儿，顷即锒铛入狱的奸商们，却给警察局经济科、特务科、侦缉队和日本宪兵队的特务翻译们带来了一笔好生意。宪兵队、警察局上上下下，本来与各组合商都有勾搭，一向呼兄唤弟，经常在一起拍日本人的马屁，大吃、大喝、大嫖、大赌，不干好事。但当奸商们下狱后，他们也就翻脸不认人，无不借机敲诈，要钱要货。奸商的家属们与翻译、特务、警察官员们一向熟悉，哪能不知宪兵队、警察局的厉害，现在官司摊在自己头上，当然顾不了金银财物，于是尽其所能的塞把求情。好在他（她）们平时都有来往，懂得汉奸们的脾胃，勾搭起来既直接而又得体，因此奸商在狱中除了受些惊吓花些钱而外，生活方面并没受到什么苦痛，虽在狱中，吃的喝的都是好的，甚至鸦片烟灯也照常点燃，耽误不了过大烟瘾。只是为翻译、特务、警官老爷们送了一些贿赂而已。

宪兵队、警察署一方面将人捕起来，一方面煞有介事地彻查各商的暴利，同时也进行所谓审讯，使其自认暴利。好在钱花到了，审讯的结果是"所认"暴利，与"实际"相符，各愿退补。于是按户大小，十万八万的、三万四万的，一一认账，落好供签了押，由济南市商会前往将人保释出来。

卷烟业属于专卖性质，暴利确是不小，他们虽然花钱行贿皮肉没有受苦，但承担责任将他们保释的还是商会。平时他们虽不把商会放在眼里，一旦出事，还需要商会为他们说话，因此，他们被保释出来之后，除对商会表示感激外，还将卷烟业组合所有纬五路商业研究会的房子和所囤积的一批价值100多万元的西药，统统捐赠给商会，准备开一个"市民医院"。可惜，市民医院没能开成，日寇投降后，国民党来济接收的时候，竟把这批药变价，做了供应接收大员的开销。

继查卷烟业的暴利之后，日寇看到事情办得很顺利，于是就变本加厉地对全市所有行业开刀，实行了所谓全面"检查暴利"，疯狂地进行了一次规模更大的大逮捕。

这次逮捕，是日本宪兵队，伪警察署经济、特务两科，和侦缉队联合行动，在同一个时间，出动摩托进行搜捕。这次逮捕的面很广，仅被宪兵队逮捕的就有花行复成信、粮行福聚成、恒聚成、恒聚成北记、颜料行裕兴颜料庄和花店街所有的颜料商户、布行聚庆长等100多户的经理人，伪警察署逮捕的比这还多，汉奸、特务们一方面对被捕商户非刑拷打（鞭子抽、绳子拉、灌凉水）强逼他们承认暴利，一方面在各店进行查账。直到外面查完账，里边事主也认了供，才逐渐释放。一般的只扣押十几天乃至一个多月，但也有一些业户的经理人和会计人员，如粮行恒聚成经理许翰卿、曲星九，棉布业的王玉岩、丘连三，颜料业的辛蔚之等，扣押时间则较久，他们不仅在宪兵队、警察署受了一些折磨，甚至还经过军法会审，有的还被解往北京或日本进行审理。审理结果有的被判刑二年，有的被判刑三年，迄日寇投降方才出狱。

这次查暴利共查出所谓"暴利"3200余万元。这个钱数，最初无人知晓，原来因为事情做得太不合理，完全是日寇军方在华经济支绌，穷急生疯的无理措施，在舆论上无法掩饰，日本首相东条英机方不得不腆颜颁发"感谢状"一纸，美其名曰济南商界的"献金"，在我们到北京去敬领所谓"感谢状"时，方从"感谢状"上看到那个3200万元的数字。日寇的所谓"查暴利"已经使大批商户受到大量损失，而丧心病狂的汉奸们，却还要在已经饱受日寇摧残的商民身上再剥一层皮。当被捕商人已经被判定案，并即将开释的时候（商会和商户均不摸底细），涉足此案的伪政府人员如教育厅长朱经古、济南市社会局长伯平等即向商会方面吹风说，他们"可以设法营救被捕商人立即出狱"。各被捕商户皆知自己的人在宪兵队受刑吃苦，哪还顾得钱财，一听有门路可走，无不见缝就钻，而且求之不得。于是商会和各摊事的商户及被捕人员的家属互相商议，几经筹措，由成丰面粉厂、福聚长、恒聚成北记、复成信花行以及慎昌等户先行垫款70万元伪币，当晚由许翰卿送交伪济南市社会局局长王伯平，第二天被捕商人果然被释放出来。当时曾与王伯平、宪兵队拉关系、说案子、送款项的人们，还自炫神通，颇自居功。但事后才发觉这是被人敲了一记竹杠，其实不花这70万元冤枉钱，被捕的人们照样也还是可以出狱的。

"查暴利"的结果除将吐出暴利3200万元的伪钞，上解日本军部，补充了日本侵华的军费，换取了日本首相东条英机的那张"感谢状"而外，所有在济没收的2300余匹棉布和40多件棉纱，则由棉纱协会交济南市商会一部组合（济南西关筐市街、花店街、估衣市街等棉纱布商和城里、商埠的隆祥、瑞蚨祥等祥字号）处理。处理办法是：按户口（济南市市民），以公定价格（即配给售价，比私价低数倍）每人配售衣料一件，分别在钱业公会、旧商会等地设门市部出售，配售所余，又将棉纱织成袜子，按照户口每人售予一双至二双（由瑞蚨祥经理单福五、隆祥经理谢某经办）。所得价款统交棉纱协会，仍是上缴日寇军部，充作侵华战费。

十

　　日寇投降，国民党反动军队尚未进城之前，国民党部分"地下工作人员"即已在济与商会进行联系。尔时我这个日伪商会会长，忧喜交加。喜的是日寇终于投降，八年沦陷期中，我虽身为商会会长，不同于一般群众任凭敌人辱骂蹂躏，虽也坐汽车，摆排场，没耽误了发国难财，但那种任人摆布，为敌做着丧权辱国的勾当确在良心上不能自安。日本鬼子投降了，个人的身体和财产又得以安全保存，当然欢喜。但自己曾经附敌，曾经为敌在经济上做了八年帮凶，而且在政治上也跟着喊了八年"皇军万岁"和"东亚共荣"，尤其是做过日本的宣传工具，也曾亲口骂过蒋介石。于是又忧虑交加，害怕和担心不知国民党对我这个汉奸将作如何处置，个人的生命财产是否还能保全得住。一忧一喜，内心十分混乱。但转念一想充当日伪商会会长虽说是附敌有罪，而却不同于省长、市长之流的大汉奸，纵然问罪也不过是钱上吃亏，只要自己不惜金钱的破费，对国民党多做一些供给支应，多做一些拥护欢迎的表现，也许可以幸免于祸的。于是我在商会又转而为国民党反动政府服务了一个阶段。

　　日寇投降来的非常突然，大大出于在山东的国民党地方部队想象之外。尔时伪山东省政府主席何思源，尚在山东寿光县境张景月匪部的防地，赶奔济南不及，于是便指示他的所谓地下工作人员（其实也多半是汉奸），一方面联络敌伪势力，一方面设法阻止共产党解放军占领省会。在军事上他以朱经古（日伪教育厅长，何思源的曹州同乡）为桥梁，联系日寇驻济部队，让日本兵守住济南阻止共军进驻，拒绝共军接收；在政治上以中统、军统在济人员与日伪山东省省长杨毓珣、济南道尹宋介、济南市长程镕等，让他们"维持"地方秩序；在财贸金融方面，则责成商会着各商店照常营业，并支援国民党入济匪军的供应。当时他们的军队在共产党占领的解放区中，寸步难行，一时进不得济南，只有少数政工人员和张景月、翟毓蔚等所部游击队化装潜入人员，在济南乱哄哄，这些人员虽是当时的"胜利者"，但仍要依靠驻济日寇部队的保护。在日寇面前仍然毫无一点民族气节，但到了伪商会则不同了，从作中山装料子服、买皮鞋、要钢笔，一直到吃吃喝喝，无不向商会伸手。而商会方面最初为了争取脱掉汉奸皮，也乐得唯国民党新贵们的所好尽量逢迎。但这样的人们继形势的发展越来越多，吃的口味越来越高，穿的越来越会讲究，钱的数目也越要越多。而商会的经济来源却与日俱竭，逐渐就陷于疲于奔命难以应付了。

及至翟毓蔚的部队由章丘日军护接进城、国民党第十二区专员公署与日伪济南道署合流在东流水赈务会大楼成立了济南警备司令部、张景月的部队进入济南在饮虎池辰光阁成立了山东省警备司令部、何思源的伪省政府迁回济南之后，需要支应的头绪就更多了。他们要吃的，要穿的，要军粮的，要马草的，要炮台烟白兰地的，要桌椅木器的，要沙发罗汉床的，因人而异不一而足。最初他们对商会还客气，后来便逐渐嫌这嫌那，并且开口骂汉奸了。没等李延年的大队到来，商会供应力竭便不能满足他们的要求了。

在这一阶段我是与国民党当局打交道的，白天黑夜出入于他们的省、市政府和十一战区副长官（李延年）司令部，虽然疲于奔命，但也心甘情愿。直到当年的12月3日，在我为国民党支应服务100多天之后，我才以汉奸罪被他们扣押判刑。不过国民党反动派惩治汉奸卖国贼，是极不彻底的，我就得到了他们的特别关怀，为扣押我，从省主席何思源到省会警察局长林凤楼，都非常客气的找我谈话，而且都没有说出扣押二字，及至我被扣押，警察局长还命刑警队为我开小灶伙食，住队长的宿舍，仍然优礼有加。直至解送第十一战区副长官部调查室（军统的特务机关）最后转送法院，经过审讯，才判处有期徒刑十年（关了不到三年，随着济南市的解放，人民政府便宽大为怀将我释放了）。

苗氏家族企业

回忆苗氏家族企业

HUIYI MIAOSHIJIAZUQIYE

苗杏村与成记面粉厂、成大纱厂

宗 禾

跨入社会第一步——赶脚

苗杏村（世远）幼年时因家贫未读过什么书，15岁时即学做赶毛驴送客的生意，以后他谈起这段经历来，认来是自己跨入社会的第一步。

那时，索镇街上各处商人云集，多需雇毛驴赶路。每日清晨，赶脚者要赶到乌河桥头，等客议价，有的跑群帮，有的跑单帮。他因年少胆小，不敢走夜路，怕跑单帮，于是就和赶脚有经验的人交往，请人家揽生意时把他带上。他还主动和乌河水道船户交往，有客送时早打招呼；也和过载栈（代客运输的栈房）联系，早和雇脚的客商预定日期，做到按时不误。随大帮跑羊角沟送客，回来捎货，两头见钱。第一年这六条腿的生意做得不错，年底，家里给他添了一身新衣裳。

第二年他胆子大了，哪里也敢去了。到了冬天，天寒地冻，有的赶脚的怕受罪，改做别的生意，他为了多挣钱，还坚持干。腊月初的一天，下了一夜大雪，第二天早晨，一位博兴城的煤贩子要到博山，愿出3倍价钱雇脚，杏村摇头不去。那人又伸了5个指头，意思是5倍，杏村才答应。他带上一把油布雨伞，抓紧赶路，总算在太阳落山前进了博山城。客人支付脚钱后，他立即到干果店买了些山楂、核桃、酸枣之类的年货，连夜返回。毛驴驮着近

50斤的东西，他不忍心再骑在驴身上，就跟在后边走着吆喝着壮胆。不想刚过淄川城十来里地，毛驴突然站住不走了，还浑身哆嗦。他向前一看，路中央蹲着个大狗一样的东西，突然意识到可能是狼。他记起听人说过，遇上狼不能怕，要斗智。他把身上背的雨伞解下来，大吼一声，突然把伞张开，再定睛细看，狼已吓得跑远了。于是他加快了赶路速度，到了张店才听到头遍鸡叫。前面有一辆牛车也走去索镇的路，他这才放心地跟在车后慢慢走，摸一摸身上的棉袄已经湿透了。直到前半晌才回到家。正好这天索镇大集，二哥德卿将干果带到集上，卖了个好价钱。

1888年杏村17岁了。那一年家乡自然灾害严重，粮食歉收，他在赶脚时听过往行商说，鲁南粮价比较便宜，就与二哥德卿一起，把毛驴套到牛车上，赶起二套车，到新泰、莱芜一带贩运粮食。五天一个来回，虽很辛苦，但却长了不少见识。兄弟俩既代客运货，也自运自销，时刻观察市场行情，什么货利大就贩什么货。

1894年荣、苗两家合股开办恒聚油坊，杏村负责销售。1899年底，杏村跟着德卿来到济南，在洛口开设恭聚和粮栈，以后又陆续开办了恒聚和、公聚和及恒聚成粮栈。1919年德卿病逝后，杏村就主管大苗家的经营。随着经营规模的不断增大，资本的不断增多，他本人也逐渐跻身上层社会。民国初年他担任济南粮业公会会长和市商会常务董事，后来当了督办公署咨议，结交了一批军政要人，如韩复榘、张宗昌手下的第九军军长兼运输司令朱子芹、军粮局长魏联民、实业厅长王芳亭、财政厅长兼民生银行总经理王向荣等，还与济南市商会会长穆伯仁结为儿女亲家。这些社会关系使他的企业在运力、财力上得到不少好处。

成记面粉厂的兴建

1921年，苗杏村与堂弟苗星垣合作，发起创办成丰面粉厂，这是苗家资本集团转向工业经营的开始。当时，社会上、官场上的活动多由杏村出面，经营的内当家是星垣。杏村任董事长兼总经理，星垣任董事兼经理。由于成丰各个重要部门的人选，都是星垣所办同聚长粮栈的班底，因此实际控制权掌在星垣手中。大苗家与小苗家的矛盾，在建厂之初就存在，只是为了一致对外，才暂时合作。由于二苗的矛盾越来越大，杏村遂有另作他图之心，适巧传来民安面粉厂倒闭的消息。

1920年创立的民安面粉厂，原为军阀靳云鹏、张怀芝、王占元等人发起，后来又有张宗昌的投资。这个厂子，董事是将军担任，管理人员多是校尉军官和县长。经理到厂，传达要高喊"大帅到"，职员则站班行礼。这些人只会当官，不会办厂，不到10年工夫就赔光了，还欠下上海银行6万元的借款。1929年该厂宣告倒闭，进行清理。经恒丰洋行买办王星斋的说项，杏村租了民安面粉厂的全套设备，组织成记面粉厂。但由于机器损坏严重，无法进行生产。为此双方议定，修机费由成记垫付，从租金中抵拨；租费按实际产量计算，产粉一包交租价4分。1932年签订合同，当年5月投产。修机费共达15万元，而当时集资只有16.7万元。杏村依靠军阀的关系，取得民生银行和官钱局的贷款，到年底结算，8个月的经营获利4万多元。

按照赁债合同的规定，民安面粉厂起码在一年半之内是得不到租金的，债权人上海银行又再三向民安面粉厂追讨欠款本息，遂经法院批准，拍卖民安的抵押品：营业室、小麦仓库及附近地皮。对一个企业固定资产的部分拍卖，一般是无人承购的。但杏村看到这是蚕食民安的好机会，便以8万元从上海银行手中买来。然后，他立即向民安提出重新计算租金问题。按照合同规定，成记所租用的是民安的全部固定资产，现在部分产权已经变更，租价当然得重新议定。这使张怀芝等人进退维谷，如果再减租价，收回更是为期遥遥；如果收回自办，又无此实力；如果卖与他人，成记面粉厂又插着一只腿。走投无路，只好将民安全部股权101万元，作价30万元让给成记，分期三年付款。这样，杏村就以53万元的代价（修机费15万元，房地产8万元，股权30万元）取得民安的全部财产。仔细算起来，这53万元中，还有一部分是用民安的设备进行生产而获得的利润。

1934年，成记面粉厂正式建立，其中杏村投资25万元，占70%。杏村任董事长，苗德卿次子苗兰亭以常务董事兼经理。杏村吸取办成丰面粉厂的教训，厂内所有重要职务，都由自己办的恒聚成粮栈的人调充，从而控制了这个企业。

成记面粉厂占地约25亩，备有250马力电动机2台、75马力电动机2台。制粉设备有美式复式钢磨24部，如果全部开动，每24小时可产粉7500袋（每袋44市斤），按每月开工20天计，可产面粉15万袋，产麸皮1.5万包（每包100市斤）。运输工具方面，置有载重汽车12部、马车4辆。

成记产品的商标有三个，一是由民安面粉厂让渡的麦穗钟牌，一是孔雀牌，一是双麒麟牌。双麒麟牌又按颜色分为四种：绿色的为一等粉，红色的为二等粉，蓝色的为三等粉，黄色的为四等粉。

成记面粉厂和济南恒聚成粮栈以及洛口的公聚和粮栈，均由杏村兼管经营。他亦商亦工，见机行事，尤其是做粮食生意，历史较长，有丰富的实践经验。他一向重人选、重信息、善抓时机、广交朋友、善于应变。当时他在小麦重要集散地都设庄采购，慎选忠实可靠有相当能力的人员长期坐庄，负责搜集经济信息、市场行情及通信联络等事项。在麦收前，便四处调查，预测丰歉；新粮登场后，各地报告行情之函电日夜交驰。因而成记信息灵通，收购及时稳妥。在相同情况下，成记无缺原料之虞。大量小麦源源不断运至济南，在成记的粮库和露天场地都填满后，再存放在两个粮栈的仓库内。面粉厂和粮栈虽是两笔账，但根本利益是一致的，粮栈成为成记的厂外仓库。

成记面粉厂的产品，除自销一部分外，大部分通过代销店出售，全市约有50家代销店。厂方给店家一定的代销手续费，正常情况下为九八折或九九折，即销100元面粉，给代销店1—2元的报酬。杏村还与韩复榘的四个师长拉关系，做加工军用粉的生意，获利丰厚。

1933年，国民党政府同美国签订"棉麦借款"协定，引起国内粮价暴跌。1934年春，小麦每百斤跌至2.4元，面粉每袋跌至1.8元。为此，成记面粉厂亏损50余万元，原粮耗尽，资金枯竭，几乎业不抵债。恰在这时，苗星垣、王冠东办的同聚长粮栈又撤回了对成记的投资。杏村百般设法，积极奔走，终于取得财政厅长王向荣的支持。他以恒聚成的全部不动产和股票向民生银行抵押，取得80万元的贷款及抵押透支，摆脱了危机。

当时，杏村认为粮价的暴跌是因受洋粮大量进口的冲击，预计过后麦价还会回升。因此，他当机立断，立即购进低价小麦10余万包，计6000余万斤。果然，1935年国民政府实行币制改革，刺激了物价上涨，小麦百斤价格回升到4.5元，面粉每袋价格回升到2.8元。成记这一年不仅弥补了过去亏损的50万元，还获纯利35万元。

成大纱厂的创办

1932年，苗杏村和苗星垣再次合作，发起组织成通纱厂。当时济南已是全国主要棉花市场之一，大量原棉外运，而棉纱又靠外地输入，发展纺织工业是有利可图的。星垣早就有办纱厂的打算，为此送胞弟海南去英国学习纺织。但是苦于资力不足，还要仰仗杏村的声望以作号召。杏村也想向纺织业扩展，但是没有懂行的人才，也必须依赖星垣的技术实力。这样，二苗又合作了。

成通纱厂于1932年6月发起集资，不长时间内凑集了75万元，计划安装1万枚纱锭。因资金不足，杏村去上海托荣宗敬担保，向英商怡和洋行赊购了1万枚纱锭的全套设备，向安利洋行赊购了1500千瓦发电机一部；另由成丰面粉厂铁工部承制细纱机40台及其他配件。1933年5月，成通建成投产。杏村任董事长，星垣任常务董事，海南任经理兼总工程师，苗兰亭任常务董事。企业实权掌握在星垣手中，各重要部门均由成丰面粉厂调来亲信人员充任。二苗矛盾逐渐加深，终于在1936年为了鲁丰纱厂的退租问题而再度分裂。

1935年，济南鲁丰纱厂倒闭。鲁丰是由地方军阀、官僚兴办的企业，建于1919年，1923年增资扩建，两厂共拥有纱锭2.8万余枚，最高年产棉纱2万件，是山东最大的纱厂。因经营不善，至1935年已拖欠山东省民生银行借款本利共70万元，不得不宣告停业倒闭。1600余名工人生活无着，向省政府请愿。韩复榘找到苗杏村，提出将鲁丰租与成通纱厂经营。经成通董事会决定，由杏村代表成通纱厂，与民生银行签订租借合同，以每月3000元租价承租鲁丰全部资产，定名为成通分厂。时值花贵纱贱，又加内部管理紊乱，到1936年9月，分厂亏赔9万多元。因此引起董事会非议，不少人主张退租。杏村又去找韩复榘退租。韩迫于社会舆论压力，不想让这个厂垮台，提出由杏村个人承租，答应省银行在资金上给予支援。

到底接不接鲁丰，杏村召开过几次家庭会议，最后认定几个有利条件：一是资金上可与韩复榘讨价还价，得到支持；二是估计纺织业不久可能复苏；三是看到鲁丰亏赔主要是内部原因，只要改善管理，还是有利可图的。另外，促使杏村下决心还由于他与星垣的矛盾。他曾对苗兰亭等子侄辈们说："看你们能不能争口气！"说罢叔侄抱头大哭了一场。

杏村决定倾家以赴接鲁丰，连家眷们的首饰、小私房都搜罗上了。经苗兰亭与民生银行副经理宋谷雨商讨，签订了租赁和贷款合同。主要内容是：（一）由民生银行将鲁丰全部资产租与苗杏村经营，名称改为成大纱厂，租价每月3000元，租期暂定一年；（二）由民生银行贷与成大纱厂信用透支30万元，另以苗杏村在成记面粉厂的全部股权及个人房产向民生银行抵押借款50万元；（三）由民生银行派会计员、仓库管理员驻厂监督。

成大纱厂原无管理人才，商得苗海南的同意，留用了原来成通分厂的工程师及技术人员。

成大纱厂是合伙企业，当时集资仅30万元，苗家占了绝大部分。但以30万元经营2.8万枚纱锭的纱厂是不敷分配的，主要依靠民生银行的80万元信贷透支。这时纱价开始回升，苗家便放手储存原料，到年终结算，两个多月获利15万余元。

为了改变厂风，打开局面，杏村费了不少苦心，想了不少点子。鉴于鲁丰时期的劳资矛盾，杏村采取了一些缓和措施。首先，用金钱拉拢的办法，对各部门的主任、组长，都提高了工资并设立了组长食堂，增加菜金，以培植亲信；对生产工人也提高计件工资标准，增加福利设施，如新建饭厅、宿舍，扩充子弟小学、医务室，增发工作服等。这些办法果然奏效，刺激了生产。当时的产量，由鲁丰时期日产16支纱60件提高到73件。为争夺市场，将

16.5把的16支纱增加到16.8把，使用户每把多得三缕纱的实惠，同时注意精选原料，提高质量。因而凤山牌棉纱在市场上打开了销路。

1937年5月，民生银行拍卖鲁丰全部固定资产，偿还债务。杏村以85万元买下，先交40万元现金，负责代偿10万元欠账，其余35万元作为抵押透支。至此，杏村凭借韩复榘的支持，以低廉的代价得到了一个完整的纱厂。

结　局

1937年12月27日，日军侵入济南。两天后，日军进驻成大纱厂。翌年2月宣布实行军管。1938年2月间，成记面粉厂也被日军占据，旋由日东制粉株式会社占用。3月间，又由日清制粉株式会社接替经营。看到自己一手创办的企业横遭掠夺，杏村忧愤成疾，于1941年病逝。苗家长支即以苗兰亭为代表。

1941—1942年底，日军先后宣布对苗家几个企业的军管结束，并分配了所谓军管时期的红利，计成记40万元、成大101万元。据日军自称的分配比例为军部50%，代管日商30%，华商20%，仅据此，也可想见日方霸占苗家企业所获利润的丰厚。但就是这苗家被迫拿小头该得的款项，也并没有拿到手。苗兰亭花了8万元"运动费"才从北京日军总部领出，回到济南后即被"兴农委员会"（日伪政权清理民生银行的债权机关）将所余93万元全部攫去，抵拨了成大、成记对民生银行的欠款。苗家分文未得，还赔上了旅费。

军管结束后，日商先利诱、后强迫实行中日"合办"，实际上与军管无异。董事会是有名无实的组织，日商不仅在董事会人数上占多数，而且合办合同上规定，经营管理权归日方常务董事兼厂长负责。在合办时期，厂房失修，机器损毁严重。到日本临近崩溃时，还破坏了一部分纱锭，用以制造枪炮军火。

济南沦陷期间，苗兰亭当了伪商会会长，还代表商股当上了官商合办的鲁兴银行的董事长。苗家虽然在政治、经济上都显得比同业更有势力，但终究抵抗不了日本帝国主义对我国经济的全面渗透和控制，挽救不了企业的衰败之势。除上面提到的粉、纱两厂遭军管、合办外，粮栈业务也是惨淡经营，勉强维持。随着日军经济封锁越来越紧，济南的粮源越来越少。到1944年春季，遂有"食粮采运社"的机构出现。

"食粮采运社"名义是粮业公会的业务机构，粮业会员皆为社员，实际上是由伪建设厅遵照日商小麦组合的旨意举办的。采运社划定地区、分配数量给各粮商，粮商前往采购，由日商国际运输公司运至济南交小麦组合，粮商只能从中取得一部分佣金。当时粮商大都靠此维持，兼作一部分自营业务。1945年麦收后，采运社也告结束。

日本投降后，苗兰亭被国民党政府以汉奸罪逮捕入狱，恒聚成粮栈被查封，兰亭在各企业中的投资被冻结。成大纱厂也以"原有股本半数出自人民（成大前身鲁丰纱厂创办时曾有各县集股）"为由，由省参议会、县参议会联谊会、民生银行和省府联合组成成大纱厂监理委员会共同管理，实际是由政府代管。

1945年10月，成记厂由省政府派员进驻接收，1947年下半年发还自营。同时原被迫"中日合办"的"泰丰面粉公司"仍改为成记面粉公司，经理为苗筱航。此后，由于解放战争节节胜利，国民党军队孤守济南，小麦来源减少，生产陷于半瘫痪状态。济南解放前夕，成记面粉厂制粉楼被国民党军队焚毁。

新中国成立以后，成大纱厂收回国有，成记面粉厂在政府支持下恢复生产。1951年10月，成记与省合作总社实行联营，固定资产估价为40亿元（旧人民币）。1956年1月，成记面粉厂实行公私合营，全厂职工约150人。后来，由于全市粮食工业布局调整，1966年5月成记面粉厂撤销，改建济南挂面厂，成记历史就此结束。

济南成丰面粉公司的创建、发展与经营管理

苗顺德

我今年 73 岁。我和济南成丰面粉股份有限公司（以下简称成丰）经理苗星垣都祖居山东省桓台县。他是索镇，我是北辛庄，仅一道之隔，既是同族，又是老街坊。我于 1930 年经人介绍到成丰。先干杂务零活，后干职员，由营业总管慈显廷安排干制粉、销粉、采麦等各项工作，一直到担任主管会计兼管营业生产。1955 年因病休离厂。在成丰先后近 25 年。现将我所了解的情况概述如下。

一、创建与发展

辛亥革命以后，中国民族资产阶级的政治地位和社会地位有了提高，各种实业团体纷纷建立，各地民族工商业才渐渐发展起来。后逢第一次世界大战爆发，欧洲一些资本主义国家的经济都纳入了战时体制，对殖民地半殖民地国家的经济控制有所放松，因而中国民族工业有了较快的发展，成了它发展史上的一段黄金时期。其中以纺织、面粉业发展更为迅速。"五四"运动

以后，群众性的反帝斗争，如"抵制日货""实业救国"等口号变诸行动，也推动了民族工商业的发展。

在此时机，1921年由苗杏村、苗星垣邀王冠东、张仲磬等人，发起创建了成丰面粉厂，并得以迅速发展。经第一届董事会选举，由苗杏村任董事长兼总经理，韩秀泉任协理，苗星垣任经理。车百闻、郭玉棠、岳东逯、崔少莲、焦振西为董事。王冠东、崔秉德为监察人。

该厂历年招收股金及增长情况如下：

1921年按章程规定全部股金为50万元，实收20万元。

1924年重修章程规定为100万元（优先股60万元，普通股40万元），实收71.45万元，1927年凑足。

1936年重修章程规定为200万元（优先股60万元，普通股140万元），实收136.44万元，后于1947年由申庄分公司盈利中，按股东、董事应分之红利，转为股金63.56万元，才凑足200万元。该厂厂址在济南市天桥北官扎营街，水（小清河、黄河）、陆（津浦路、胶济路）交通极为方便。初建时地皮仅7亩，逐渐扩大到厂内66.82亩，厂外47.36亩，共计114.81亩。

主要房舍：厂内建有锁皮厅二层办公大楼。制粉楼原为五层，1935年又续接两间六层，上边安装八层高可容60吨的水箱。有麦仓32间，每间可容小麦3000余袋，粉仓两所，可容20万袋。还有麻袋、麸皮仓两所，引擎房、锅炉房、木工房各一处。另设铁工部。各股室办公室23间。职工宿舍共有4个区，楼房、平房总计211间（其中还专设来宾及南方籍技工宿舍）。其他还有职工子弟小学，大餐厅、浴池，武术训练场，娱乐室、阅报室等。

主要设备：

1921年购进英产（马旭尔厂）蒸汽引擎1部。

美产（鲁滨逊厂）钢磨7部。

1923年增进美产（鲁滨逊厂）钢磨12部。

1929年增进瑞士产（苏尔寿厂）850匹马力蒸汽引擎1部。

1932 年 6 月本厂铁工部又自制钢磨 6 部（连前共 25 部）。

随着基本设备的增加，也相应地增添了附属设备：

打麦机 3 部；　　　淘麦机 1 部；

筛麦机 7 部；　　　磁吸铁机 1 部；

方、圆罗 15 部；　　漂粉机 2 部；

草子机 2 部；　　　打包机 10 部；

缝袋机 2 部；　　　清粉机 8 部；

麸皮机 4 部。

为了安全生产，还装有防火设备（每层楼有莲蓬头灭火器和药沫灭火器）。设轻便铁道，用翻斗车送小麦入机、送煤炭入锅炉房。有化验设备，专用作化验小麦、面粉的质量。另外有汽车 11 部。

建厂初期职工 223 人，日产面粉 2000 余袋。

1923 年职工 240 人，日产面粉 5000 余袋。

1932 年职工 32251 人，日产等级粉 8000 袋。

（上述职工不包括铁工部人数。）

该厂的铁工部，共有技术工人 400 余名（其中工程师、高级技师、临时技工占 75%），长期工除工资外，八月节、年终发双薪。临时工考活评工，日工资 0.8 元至 0.9 元。这样比其他厂工资高，因而都愿意来厂干活。它除承担着全厂的机器维修任务外，主要任务是仿制、创制各种类型的机床、机器。其具体数字见附录表 1。

成丰在省内外设有采麦分庄和面粉、麸皮代销店。采麦分庄每月必须完成 6 万包（每包 200 斤）的采麦任务。在厂部门口设零收门市部，市内在洛口、东关、东流水、大槐树设点收购。另外在陇海路的西段渭南、大荔，津浦路北段的平原、禹城，津浦路南段的徐州、济宁、蚌埠、台儿庄、明光、宿县、枣庄、曲阜、滕县、大汶口及胶济铁路沿线均设有小麦收购点。

市内外经销面粉及麸皮的代理店，都办有抵押合同或两家铺保的手续。麸皮还远销日本，由王扶九、胡庆杰常驻东京办理此项业务。购销运输方面，除铁路外，有自己的汽车队，还利用厂内外的人力、畜力车等运输工具。

成丰自 1921 年创办，到 1937 年抗日战争爆发，先后仅历 16 年，以发展之迅速，规模之庞大，运输之畅通，实为少见。其间，以 1934 年为鼎盛时期，年终结账盈利 50 余万元，只是厂内不愿暴露风声，将麦、粉按低价盘存，公开只报利润 29.19 万元，是建厂 16 年的最高数额。在当时成为全市面粉业中设备最齐全、产量最高的面粉厂。因此，"梅蝠双鹿牌"面粉在省内外享有很高的声誉。后曾用美国进口小麦，因所产面粉筋力小，为不影响正牌声誉，一度用过"三羊"牌。

见附录表 2、表 3。

二、经营与管理

（一）艰苦创业，勤俭建厂

苗星垣出身于一个贫苦农民家庭，勉强读了五年私塾，经人介绍到济南的粮栈当伙友，由于他勤学苦干，忠诚可靠，深得经理、股东的赏识和顾客的称赞，不久即被泰华粮栈聘为副经理。因他营业有方，生意兴隆，在创建成丰时，他被选为常务董事兼经理。他兢兢业业，本着勤俭办厂的原则，在建厂过程中，和工人一道从打基础、搬砖瓦、修厂房到安装机器，在现场实践中积累了经验，为了科学治厂，他又去齐鲁大学旁听过两年理化课程，提高自己的科学理论水平。

成丰面粉厂，实权集中在经理苗星垣手中，在日常管理工作中，事无巨细，靡不躬亲。如 1929 年挖引擎前面的大井，他亲自下井察看进度和质量。锅炉是全厂动力的关键，每当维修对管道各个部位，不顾温度高低，必亲自进管道检查，一丝不苟。新进的英国产大刨床，经检查系假冒产品，坚决予以退货，后亲自去上海绘图，回厂自制效果良好。日产电机，价格高昂，想仿制卸不开，他指示砸烂外壳，深知究竟，决心自制。制成后，除外壳略厚外，其功效与日机无异。在挖电机底座地槽时，水将结冰，工人不愿下水，他带头跳下水去。他每晚处理业务，批复外栈电信，到各部检查安全生产后，方肯休息。

苗星垣任华洋义赈会董事时，出席过西安会议。他观察西安地处平原，麦源丰富，麦价低，粉价高，陇海铁路沿线市场广阔，面粉需求量很大。在当时国民政府开发大西北的口号下，他与董事会磋商决定去西安建设分厂，先后派得力助手贾顺符、于乐初去西安买地皮70亩，按总厂模式设计建造制粉楼，他下令铁工部赶制40吋齿轮箱轴承钢磨7部，并附全套制粉设备，6个月完成。总厂替下的拔柏葛锅炉一具，300马力马旭尔蒸汽引擎1部，全部运往西安。因他有建总厂的经验，争分夺秒抢时间，按预定时间8个月建成，日产等级粉2600袋。建厂速度之快，实不多见。

1932年10月，由我国和美国签订了"棉麦借款"协定，美国小麦涌入国内市场，苗星垣预感到处境将有困难，决心裁减开支，动员董事车马费减少，职员工资10元以下者不减，10元以上者按工资高低分别减30%、20%、15%、10%。工人裁去礼拜工、夜餐费、茶叶费。这样每月减少了1100元的开支。由于主动慎重从事，刻苦努力，才摆脱了当时的困境。与此同时，天津的面粉厂，倒闭的倒闭，合并的合并，最后仅存两家。

在抗日战争前，苗星垣有一次见到厂门口卖小麦的农民，吃的是掺有糠菜的地瓜面或高粱面干粮，他派人到伙房装了一袋白面卷子，向农民换了来，交代炊事员王贻风把换来的干粮，每桌分一大盘，开饭时，苗对职员们讲："农民辛辛苦苦种麦子，却捞不着面粉吃，不要忘了农民的辛苦，咱先把粗粮吃了再吃卷子。"大家应声照办。

（二）制度严密，职责分明

成丰在经理领导下，设业务总处，由慈显廷（后为张奉三、俞冠五）任营业总管兼会计主任，负责生产计划。监管制粉质量，并负责粉、麸调价后通知各地代理店和接待业务宾客。每晚召开营业会，制订次日计划。会议记录送经理过目。月终结算造损益月报表，每月6日上报董事会。每年终，印制报告书，提发次年2月25日召开的股东大会，支发股息、红利。业务处还设总采麦，由张奉三负责，每日到市内交易所成交买进，麦价如有变化，随时通知外庄。

业务处下设:

文书股,管理外庄,分厂来信来电及有关信函,交经理过目批示后,下午清理函复。做好董事会议、经理会议、业务处会议的记录。

会计股,将有关记账传票,经抄记分户账后,交管总账人员,每晚装钉成册,送经理过目,加盖"寡过未能"印。对外埠销粉批发商号,办理转账手续,对外地来款、汇款,交出纳点清写传票入账。

出纳股,凭传票收付款后,记现金保管账,每日下午结账,对大宗款项,负责由银行提取或存入。

营业股,专管本市代销店销粉、销麸发生的账务及本厂门市零售业务。

麦栈股,各地来麦过磅后,麦样交买麦专管,议价核算,麦款分别交会计转账。对门市买麦,按昨晚议定价格,以质论价,过磅后,经结算人员办理,送出纳股支付现金。另外还出卖入机麦留下的豆类、麦余子等。另外设专人管理麻袋,交付麦栈零工工资。

制粉股,每小时一次检查粉质,计算粉、麸比例。每班12小时制,营业处的结算表,按10万斤粉麸市价总额,用于制造等级粉的损益比较。按10万斤粉麸标价,两班比较技术高低。连同面粉样品,送交总营业处转经理过目,次日晨,有专人亲取面粉样品,质量稍有差次,立即纠正。

制粉楼分净麦、制粉两道工序,除一名总技师负责全盘安排生产外,另有四名制粉技师分昼夜两班跟班监督生产。按工序小麦入仓之后,先入第一道麦筛,再进第一道风扇打麦机,经三次筛打,去掉绳头、木屑、豆类、麦毛、砂石以及较小的麦粒后,进淘麦机去掉麦粒大的砂石,再入净麦仓润麦24小时后,通过净麦筛、磁吸铁机、草子机准备入磨,这为第一道工序。净麦进入粗牙钢磨,通过清粉机清出精粉粒,入光钢磨进方罗,清出麦麸,转入细牙钢磨,如此经几次清粉入磨后,按标准粉样品,配制成等级粉。对未净之麦麸,通过细牙钢磨转圆罗,大小麸皮机,刷出之粉为次粉,最后分别入打包机,装包,缝口,全部工序结束。

庶务股,管理厂房内杂务,采购机器,供应材料,管理粉袋,修缮房屋等，并将引擎汽录仪记录表及材料日报表送经理过目。

铁工部，修制机件，所用技工及其他零活，所用工数，列表送经理过目。

汽车队，每日运输量记录，须报经理过目，月终发奖金。

上述各部门都要对经理负责，严守日、月报制度，不得有误。

（三）广招人才，重用技师

苗星垣深知，要办好工厂，必须有一支精干的科技力量。他任人唯贤，先后选聘了刘承旋、李延斌、邵延明、韩允卿、周纪生、张俊生、唐长山、周阿福、张〔詠〕诗、洪有才、阮尚岭、贺至财、贺霖生、田怀录、纪庆山、张培甫等 20 多名工程师和技师，按各自的专长，分配到各生产部门。这些技术人员也成了事实上的管理人员（相当于车间主任）。还有技术工人 300 余名。他根据需要不定时地召开技术人员的"技术促进会"，研究技术革新的新课题。另外他十分重视科技人员的工资待遇，对贡献大的加以重奖，如 1934 年发了财，对引擎房的贺至财，每月工资 100 元，年终奖 1000 元，会计主任兼营业总管慈显廷，每月工资 55 元，年终奖 1000 元，总采麦张奉三每月工资 50 元，年终奖 1000 元。这样每年可以拿到 1600—2200 元的收入，这在当时也是罕见的。

他选用人才有独特的见解，自 1930 年开始，不论职员还是工人，进厂先干零活，经过一段时间的磨炼，才考核转正。练习生则由铁工部工人中，选拔能吃苦耐劳、道德品质好的人。这些在人事账上都有详细记录。他还常从倒闭的商号中选拔人才，他的见解是大凡一个倒闭的商号里，总会有精明人。他从煤炭业的人员中选拔的优秀人才，进厂后按中级职员安排工作，他常对我说"远地有贤我不知，近邻我知我也用""至亲莫如仁人"等。

他鼓励创造发明，如新中国成立后制粉技师唐长山，发明前路出粉，使 7 部钢磨日产 7000 袋，出席了全国劳动模范大会，晋京见到了毛主席。技师李延斌发明了平压钢铃，与进口货功效一样，但造价很低。我还会同王东呆（管设计制图）发明了淘麦机上用的"挖砂机"，代替了人工，使砂石不入磨。我还设计制作了"股东户名易检录"，查找股东姓名极为方便。当时各部门发明创造形成风气，其成果比比皆是。

为了使工程师刘承旋不分散精力，苗星垣供应其子刘继庆一直到大学毕业。陇海路技术科长陶蕴沧（又名元焘），在济创建第一家碱厂，这人文学造诣很深，能通日、英、德几国文字。他慕名求访，很赏识他的才学。但他家庭贫寒，苗星垣慷慨答应供应其女陶瑞绪上完大学。

他去齐鲁大学听课时，结识了该校校长吴某和博士杨德斋，遂交为挚友，使该校认定成丰的"梅蝠双鹿牌"面粉为济南市唯一的标准粉，这也为他的面粉打开了一条销路。

桓台县傅桥村的王德馨（名树芳），文学造诣较深，原以教书为业，苗星垣聘他担任成丰的麦栈长。他常对人讲些待人接物、当家做人之道及勤俭持家、团结友爱的道理，同人们都很钦佩他。苗星垣视他为上宾，两人时常谈心。

苗星垣虽重用人才，但从不姑息迁就，不徇私情，制粉技师韩允卿，自恃制粉技术高明，不服从分配，不认真管理生产。后苗赴申新粉厂学习了制粉技术，回厂后和张俊生、周纪生等商定，坚持辞退了韩。

在科学高度发展的时代，苗星垣深知知识的重要性，为培养自己的亲信，他先后派胞弟苗海南赴英国留学，派三子苗永淼去美国留学。他对事业的发展是有卓识远见的。

（四）把握行情，预测市场

苗星垣从他早期经营粮食商业的实践中，积累了丰富的经验，所以他才能运筹帷幄、稳操胜券。如上所述，他在外地设有若干分庄（驻在当地栈庄内），对行情信息（信件、电报、电话）有极严格的回报制度，还有专人收听上海的国际麦粉行情和动态。每年麦收前后，派人去各处了解当地丰歉情况，掌握粮价作为决定收购价格的参考。就正常年景来说，新粮上市，一般农民都急于求售，这时质量好，价格比较便宜，是采购的大好时机。1934年，淮河上游小麦丰收，成色好，来源广，当时小麦价格下落到每百斤 2.5 元，但有回升的趋势，在蚌埠分庄的胡庆杰，即日急信报厂，苗星垣当即决策，不失时机，大量收购。采麦总管张奉三看我勤快，请示苗星垣将我派往蚌埠分庄帮办，但当时我在栈庄人地两生，困难较大，我们通过活动，取得当地行栈人员的大力支持，很快采购了大量小麦，是时厂内外门市及外地分庄，总储量达 12 万包。这时济南的面粉价格上涨，各地外商都争相购买面粉，但苗星垣看出不久粉价会下跌，遂决定预售卖空 13 万袋。在一些关键时刻，为取得成效，苗星垣亲自出谋划策，指挥督导。因为各分庄均系单独核算，蚌埠分庄在年终结算时获利 8 万元。这样蚌埠的采购，济南的卖空，加之本年度美麦进口锐减，到本年度结账时，共获利润达 50 余万元。真是大发其财。

当时济南的面粉厂共有 7 家，日产粉 3.7 万余袋，各厂相互竞争，按济南市交易所麦价核算，获利甚微，有时每袋面粉还赔 5 分钱，为什么成丰每年还会获利呢？原因就是各采麦分庄买麦价较低，是以厂为基础，实行独立核算的缘故。

制粉技师每晚登上五楼，察看各粉厂是否开机（那时济南高层楼房很少，登上五楼就可以看到其他面粉厂楼上的灯光），借以分析各面粉厂的生产状况，判断面粉的价格。

（五）结交名流，取得援助

建厂初期，董事长兼总经理苗杏村为招徕股东，筹设机器，在官场和社会上到处奔走，广交朋友。1921 年刚建厂时，就结识了山东督军田中玉，请他亲笔写了"成丰公司"匾额，消息传开，声誉大振。

1921 年原定股金 50 万元，实收 20 万元，资金不足难以投产。苗杏村亲赴上海，托老朋友荣宗敬担保赊购美产钢磨 7 部及全套附属设备，还有马旭尔引擎 1 部，按合同分三期付款，这才争得翌年清明节的顺利开机生产。

1922 年开机投产后，苗杏村仍感资金不足，不能扩大生产，又亲自去东莱银行邀于耀西入股，于当即投资 2 万元作为股金，还允许成丰在银行透支 200 万元。这之后，又陆续取得了中国、交通等银行和银号的投资、贷款支持。另外，如北京交通部次长劳逊五，青岛警察厅长成逸庵也先后投资入了股。

（六）深谋远虑，开发西北

苗星垣从到西安建成丰分公司起，就想施展他"开发大西北"的宏图大业，因此在建面粉厂的同时，就想筹建纺纱厂，只因抗日战争爆发，中断了交通，使设备无法运到西安而停办。他原想随陇海路向西延伸，在沿线各大城市建立起面粉厂、纺纱厂各一处。为了实施他的计划，想以济南为基地，办麻纺厂和重型机械厂。因此在成丰的河北（今工商河北沿）购地基 40 亩，并已办理了文契手续。织麻袋机的模型，已由赵维楷制图，由郭连元、王法森制成模样，存放在厂内大饭厅的西院敞棚里，只因日军侵华这些计划成了泡影。

在一次偶然的机会，苗星垣对我说："轻工业不如重工业需要，现在仍依靠进口器材，我们国家跟不上社会的发展……"说这话时，他已在北郊买地皮 200 亩，暂时种庄稼。他是要以成丰铁工部的设备和技术力量为基础，建起重型机械厂。他之所以派三子苗永淼赴美攻读机械工程学，也是为该厂培养自己的技术人才，这足以说明他对事业是有深谋远虑的。

新中国成立后，为完成他"开发大西北"的夙愿，还于 1951 年去宝鸡市红旗路开设了同德铁工厂。他和于乐初、胡益琛等共集资 1 万元，派田仲三为经理，白儒林为副理，宗立中为厂长，臧继业为会计，并聘用原在潍坊市的技师，开始搞翻砂，生产铁路上用的无缝管及民用饭锅。至 1955 年联营，该厂改为裕民铁工厂、水泵厂。

（七）设置学校，注意福利

厂内设有子弟学校，职工子弟均可免费入学。教师聘有吕云程，张莆田。厂内的娱乐室、阅报室设在校内，由学校兼管。

开展武术训练活动，教师有王丹廷（回民）。后期有左晋卿。教练古式大刀、红缨枪、双刀、剑、戟、七节鞭、二节木棍、双木棍等。

厂内设有疗养室，聘耿祝山为医生，另外还有厂外医生耿仲宜、翟子才（外科医生），从事治疗。

设有浴室两所，还有理发室，职工可免费洗澡、理发。

设食堂餐厅三处，责成王德馨兼管大餐厅，经常检查饭菜质量和制作卫生。

设职工储蓄部，厂内职工活期存款，月息为2分，超过500元部分，月息为1.5分。非本厂职工存款月息为0.8—1分。

苗星垣还关心病人，请翟子才医生治疗张志奎和我的瘰疬疮，谭汉东、周笃龄的肋下疮，王宝宸的对口疮，后皆获痊愈。

三、灾难与新生

成丰自1921年10月至1937年12月（日军占领济南前）的16年，从破土动工修建房舍，发展到25部钢磨，日产面粉8000袋，年获利高达50余万元的大厂，当时在同行业中是名列前茅的。但以后的十年却遭受了三大灾难。

其一，抗日战争爆发后，日军尚未侵入济南，山东省主席韩复榘不战而逃，抢去该厂价值10余万元的约4.6万袋面粉为军用，并带走了10部大卡车。

其二，1937年12月27日，日军占领济南，派军队进驻工厂，派人叫董事李寿山（通日语）到厂当翻译，当即强令交出原在"五三"惨案时，由政府发给用于自卫的长条钢枪十余支，手枪两支，并带全部子弹，大批日军进驻厂的后院。

1938年，先由日本三菱鞍桥到厂洽谈合营，厂方拒绝后，三井来谈也未应允。后来他们以借用机器磨粉为名来谈，这时驻厂日军发现铁工部玻璃上有用手指写的"打倒日本人"的字迹，便紧急出动，又是检查防空室，又说铁工部有重型机械是制造军火的，看见后面宿舍里设有衣架，就说是驻军营房的痕迹，于是以我是工厂负责人的名义将我逮捕，几经审讯盘查，后托人保释，但工厂却未逃脱"日军管理""中日合办"的厄运。为维持生活和供应西安物料，无奈何仍以经营粮业为生，开设了成丰粮栈。但日军又步步逼紧，在搞第五次强化治安运动时，又要在粮栈大抓经济犯，当时的粮栈人少事多，各项现金收支是谁经手谁记账。我负责会计兼营业主任，主管结账。

日军查到成丰粮栈在复聚长货场有存粮时，扬言要抓我的"经济犯"，我担惊受怕度过了两个月，幸未波及大祸，自此粮栈日趋萧条，于1945年9月19日歇业。

1945年8月日军投降。成丰厂在日军占厂8年中，总损失为190余万元，按理日军应如数赔偿损失，当时虽向国民党政府提出申诉，但毫无结果。

其三，济南解放前夕，1948年9月21日上午，国民党驻火车站的铁甲车炮击了成丰的制粉楼，霎时间，火连锅炉房、引擎房、修机房、东仓库，浓烟滚滚，砖瓦纷飞，成了一片火海，虽经工人们扑救，然已化为灰烬，制粉楼徒存四壁。加之社会秩序紊乱，厂内被抢一空。

1948年9月24日济南解放了，在人民政府领导下的私营企业陆续恢复了生产。成丰厂由俞冠五回厂任经理，由我主持修复，仍在原制粉楼安装新机。苗星垣由南京普丰面粉厂调韩德安来济，会同刘承旋、邵延明、李延斌、陈士荣等技师，重整钢磨及全部制粉设备，在检修瑞士苏尔寿850马力引擎时，发现各大件大轴，都被火烧变形，经韩德安、陈士荣的精心设计，全部更换大件、大轴，开机后运转正常，便于1949年12月25日开机投产，支援了抗美援朝和供应市民食需，"梅蝠双鹿牌"面粉又在天津市场露面，生意遂趋兴隆。1954年4月苗星垣首先带头参加合营，工厂获得了新生，生产蒸蒸日上，开始为社会主义建设事业贡献力量。苗星垣在新中国成立后当选为济南市人民代表，任成丰面粉厂经理，1956年又任济南市粮食工业公司副经理，1958年病故。

附录：

表 1　成丰铁工部自制铁工机床和制粉、纺织机器统计

（1937 年以前）

年　份	名　称	数　量	附　注
	50 公分牛头刨床	3 台	
	80 尺龙门刨床	1	
	100 尺龙门刨床	1	
	4 公尺龙门刨床	3	
	铣床	6	成通纱厂、西安分厂各两部
	1 丈重型车床	3	
	1 丈轻型车床	1	带自动纵横刀、先进标准化
	1 丈轻车床	9	带自动纵横刀、先进标准化
	1 丈轻车床	4	带自动纵横刀、先进标准化（成通纱厂、西安分厂各两部）
	6 呎小车床	40	
	皮带钻床	3	
	拉丝车床	2	带磨光、自制篦箕刀、属先进床
	归拉丝床	2	单刀磨光
	2.5 米 ×0.9 米平板	2 块	研磨精细，制造机器画线专用

续表

年　份	名　称	数　量	附　注
1932	钢磨（鲁滨逊式）	6	附全套制粉机设备
	清花机	2	成通纱厂用
	摇纱机	40	成通纱厂用
	各种纱锭	无数	供西安建成通分厂用
	带齿轮箱40吋钢磨	20	德国式，供西安分厂用
	清粉机	12	供西安分厂用
	筛平	6	供西安分厂用
	打麦机		供西安分厂用，带附属件
	漂粉机		供西安分厂用
	磁铁机		供济南、西安分厂用

表2 1922—1937年盈利额

年 份	金 额（万元）		附 注
1922	10	3	
1923	7	71	
1924	24	19	
1925	22	63	
1926	8	85	
1927	15	43	
1928	10	28	
1929	30	80	
1930	17	00	
1931	18	00	
1932	15	33	
1933	8	70	
1934	29	19	实际盈利为50多万元
1935	14	50	
1936	16	59	
1937	13	50	

表3　济南市面粉业产量统计
（1937 年）

厂名	经理姓名	钢磨数量（部）	日产粉量（袋）
成丰	苗星垣	25	8000
成记	苗兰亭	24	7500
丰年	孙墨村	21.5	6000
宝丰	国佐亭	16	5000
惠丰	吕书庵	12	3800
华庆	张采辰	12	3600
茂新	张文焕	12	3000
合计		122.5	36900

（曹增元　整理）

1937年以后的济南成丰面粉厂

张予萱

1937年，日本帝国主义发动了侵华战争，给中华民族带来了空前的灾难，作为民族资本家的苗星垣当然也在劫难逃。

一、沦陷后被"军管""合办"

1937年12月27日晨日军侵占济南，1938年2月进成丰面粉厂，制造事端将营业负责人苗顺德拘捕盘拷，又将成丰厂及铁工部的账册查封。5月5日，日军提出三井洋行"借用"成丰机器磨粉，"获有利益时，由纯利中提出二成付于成丰"。5月8日在成丰毫无自主权的情况下，强行签订了所谓的《成丰面粉厂委任经营契约》（濑上惠市代表三井物产株式会社，苗星垣代表成丰面粉厂签字）。5月19日正式实行"军管"，6月1日三井接办成丰，由三吉粉厂（三井下属，后改为东亚面粉厂）"代为管理"。

成丰军管后，股东靠边站。日方留用原有职员7人，工人71人，茶房1人，门卫2人，铁工部留部分人员，其余均予遣散。被裁人员只好另谋生计。

成丰被日军接管后，股东和董事们只好靠西安分厂接济了。当时西安虽未被日军侵占，但日军的飞机不时去轰炸，此时的苗星垣又担心西安分厂毁于机下，于是幻想求助于美国。1939 年 9 月，总公司派人赶赴上海与美国人阿尔满（上海申报馆董事长，兼律师职务）商定并起草了内有西安分厂"挂美国旗，门口张贴美国领事馆告示"的"抵押协约"。正当代表准备签字时，日机飞临西安上空，有一家抵押给意大利、挂有意旗的西安大华纱厂遭灭顶之灾。此时成丰的董事们方如梦初醒，立即电报上海停签与美国领事馆的"抵押契约"。

成丰面粉厂之日军管理，于 1942 年 3 月底结束，伪华北政务委员会于同年 5 月 6 日下午发还工厂。四年的日军管理，日方捞了多少利润，无人知道。日本投降后，成丰曾做过计算表向国民党政府申诉，统计应盈余 179.52 万元，而当时三吉粉厂仅给 5.67 万元即作了结。所谓"中日合办"，和"军管"也差不多，所不同的只是没有军队站岗，换了个比较好听的名称。股东们稍有一点红利而已。

关于"中日合办"，在"军管"前和"军管"过程中，日本特务机关令三井与成丰多次洽谈过。开始苗星垣曾以公司章程所定"股票让渡概以中国人为限"，推托不就，后又以日方将成丰全部不动产只作价 54 万元太少，借口成丰董事们不同意，数度会谈未成。1941 年 12 月 28 日，济南特务机关出面干预，召集各军管厂商开会，副机关长矢木直言不讳地说："对各厂资产估价太少，大家吃亏，余已尽知。但在此建设东亚新秩序及警备山东之际，尚望各厂当事人眼光放大，委屈接受，服从命令。倘有执迷不服从者，即以妨碍建设东亚新秩序论，按军法从事。"厂商们深知"军法从事"的含义，也就不敢争执了。偌大的成丰面粉厂，仅以作价万元进行"合办"。1912 年 1 月 1 日，董事长成逸庵代表成丰在"合办契约"上签了字。4 月改名"成丰合记面粉股份有限公司"，并正式立账，而创办会拖至 12 月 4 日才进行。

该章程规定：董事 13 人，日 7 中 6，日方的常务董事兼经理，中方的常务董事兼副经理，中方任董事长，日方任副董事长。实际上董事长是个虚职，日常一切业务由日人经理主持。就这样，不仅日方董事人数多于中方，而且日本东亚制粉株式会社的八寻俊介和安部八平以实权主宰了工厂，名为"合办"，实际中方是毫无权力的。如 4 月份刚"合办"开机，东亚将引擎原用海拉尔高温油改用低温汽缸油，中方副经理苗星垣一再声称不可用，日方安部根本不听，结果导致引擎出故障停机。

"合办"资本是 133 万元，开始日方 6 成，中方 4 成。后来，日本人操纵的"兴亚院"以不符合平等原则为由，改为中日股金各半。中方原以 54 万元的不动产参与合办，改为各半后，所差之 13.5 万元从中方红利中抵补。

"合办"直到日本投降。日军霸占成丰八年，好端端的一个工厂，八年时间一无获利，二无发展。

二、再度经营粮业

日军侵占济南前，同聚长粮栈歇业。成丰面粉厂遭此厄运之后，苗星垣、王冠东和张仲磐便重操旧业，办过三个粮栈：复聚长、合丰、成丰，但规模都较小，时间也很短。

先开办的是复聚长粮栈。1943 年，日本人在工商界抓"暴利"，王冠东以暴利罪入狱，多方花费，方才出狱。遭此一击，复聚长奄奄一息。1945 年 8 月王冠东病故。苗星垣伤感之余，曾召集成丰、成通董事开会讲："今天四哥（王冠东行四，苗星垣等平常称呼他四哥）没了，他是创始人。没有四哥就没有成丰，就没有成通，就没有……我们这些人都沾了四哥的光，两厂应为其治丧。"随后便以 80 两黄金将王冠东送入地府。

合丰粮栈经营时间很短。在成丰军管时期，资方人员都被撵出不用，他们一来没有进项，二来无处安置，成丰和宝丰面粉厂（当时亦为军管）两厂经理商议，以两厂之"丰"字起名叫合丰粮栈，于 1938 年在原济南面粉公会旧址（经一路纬五路）开业，资本 1 万元（双方各出 5000 元），经理荆德卿（成丰），副经理谭子亮（宝丰），计 9 人组成。1941 年因双方都想另立门户，即宣告歇业。

成丰粮栈是 1941 年 4 月 21 日，以日方军管前成丰开磨的盈利和军管后成丰的原料作价当资金，选拨 1 万元开业（后续为 5 万元，1943 年再增资本为 20 万元），栈址在成丰厂内，以经营杂粮为主，兼营土产及代客买卖。开业后虽无大利，尚可维持经营。1943 年日军对粮食施行统制，粮商必须加入"食粮采运社"（名义是粮业公会的业务机构，实际为伪政府官办），代其收购粮食，不准自行收买装运。成丰粮栈当以 10 万元资本加入了采运社。成丰粮栈自此更无利可图。1945 年夏，采运社解体，然粮业不振，税又太重，成丰粮栈无奈于 1945 年 9 月歇业。整个粮栈营业期间，苗星垣任经理，从业人员有职员 22 人，工人 3 人，计 25 人。

另外 1938 年苗星垣与其表弟孟冠美等人还开办了文德铁工厂。到 1939 年苗海南与孟冠美等人又在南京设立了普丰面粉厂。苗星垣还在济南多处购地近 200 亩，不知内情的人猜测"苗星垣想改行干农业了"，其实他已送其三子苗永淼去美国学电机制造，买地是为将来开厂之用。然因种种原因，各处发展和经营上都很不景气。

三、国民党政府时期企图再振

日本投降后，1945 年 11 月 10 日，苗星垣等受山东田赋粮食管理处之任命，以成丰面粉厂接收专员的身份接收"成丰合记面粉股份有限公司"（中日合办时期的名称）全部财产、账册（日方经理濑上惠市、工场长向井戊之助为移交人），于 1947 年 7 月才将工厂发还自营。

苗星垣等由国民党手中将成丰接收过来，总算物归原主，满想重新振作起来继续经营，但是，国民党政府腐败，通货膨胀，捐税重重，小麦缺乏，生产方面多是为军粮加工。1947 年有段时间煤炭短缺，迫使以瓜干作锅炉燃料，成本一加再加，获利甚微，成丰的股东们不见股息和红利，怨声四起。为了消除股东们的不满情绪，只好分劈面粉以作接济。当然，董事们的花红、奖金也大为减少了。工人们更是处于水深火热之中。1947 年中秋节，别说双薪没有，连工资也拖欠了，因而引起了工人的愤怒，9 月 27 日工人群集，把大门、守电话，抓住副经理伊莲峰与之评理。这就是资本家称之为"工人中秋节风潮""副经理被殴辱事件"。

济南解放前夕的 1948 年 9 月 21 日上午，驻扎在火车站的蒋军铁甲车，以成丰面粉厂制粉大楼为目标，两次开炮轰击，弹中六发。瞬息间，制粉楼、锅炉房、引擎房、修机房、原粮北仓库，成了一片火海。虽然工人奋力扑救，然均已化为灰烬，制粉楼仅剩一楼筒，25 部钢磨及全套制粉设备损坏殆尽，成丰面粉厂成为一片废墟。

四、新中国成立后得到新生

1948 年 9 月 24 日济南解放，成丰面粉厂在人民政府领导下，当年的 11 月就着手修复，历时一年，改修了部分厂房，修好了 7 部电磨和配套设备，1949 年 12 月 15 日试机投产。7 部钢磨日产面粉 5600 包。与成丰时期 7 部钢磨日产面粉 2000 包相比，日产量增加 3600 包。当了 30 年成丰经理的苗星垣曾在市人民代表大会上感慨地说："只有在党和政府的领导下，只有在生产关系改变后，生产力才能解放和提高。"

成丰面粉厂于 1954 年 5 月 15 日改为公私合营。苗星垣任公私合营济南成丰面粉厂经理。1956 年 12 月 6 日升任济南市粮食工业公司副经理。1958 年病故。

解放前的济南机制面粉工业

苗永荃

济南自1904年开辟为商埠后，人口逐渐增多，对面粉的需求量也随之增加，原有的兴顺福、溥利、恒顺公、金启泰几家磨坊生产的面粉，已远远不能满足全市人民的需要，因之，济南市的机制面粉工业应运而生。

济南小麦机制面粉工业的创建，是从1915年山东面粉厂开始的。到1925年同丰面粉厂创建止，10年期间，先后有规模不同的12家机制面粉厂相继建成投产。至1937年"七七"事变前，这12家面粉厂有的发展，有的倒闭，有的转让，最后能维持正常生产的只有8家。现将这12家机制面粉厂的创建与发展状况分述于下：

（一）山东面粉厂

山东面粉厂是济南市第一家大型小麦机制面粉厂，是由当时任济南商会会长和山东省银行行长的张子衡和从贵州退职回山东的海阳人王少农等人创建的。王少农的四弟王星斋在上海美商恒丰洋行任职，这家洋行经营美国"脑达克"厂的制粉机械和设备。在王星斋的倡议下，张子衡、王少农等人集资10万元，于1914年在铜元局前街购地13.6市亩建造厂房，引进复式钢辊磨5部，单式钢辊磨1部，英制180马力蒸汽机1台，于1915年建成，定名为山东面粉厂。后因当时政府规定，民营企业不得使用地方名称，另改名为丰年面粉厂。1920年由于获利甚巨，股东大会决定增资，由原来的10万元增到75.19万元，分为75190股，并正式注册为股份有限公司，经过选举，产生了董事会。在厂址以北，又购地4.5市亩，扩建了车间，购置了复式钢辊磨19部，英制500马力煤气内燃机1部。另在济南火车站北门外茅家林子购仓库一处，占地7市亩。此外在厂门外小清河上，备有拖轮一艘，往返于小清河的中下游如寿光、高苑、桓台等地，运进小麦，运出面粉。1937年底日军侵占济南后，对丰年面粉厂实行军管，后又强迫合办，1945年秋日本投降，国民党派员接收。1947年又发还给原业主。1948年解放济南战役中，被国民党军队放火焚烧，除宿舍院以外，生产车间、办公楼、仓库全部烧毁，损失惨重。解放后，在人民政府的大力协助下，修建复式钢辊磨7部，1951年春开始生产。1956年经批准为公私合营。1957年奉命迁往张店，生产设备全部运走。厂房则全部移交给公私合营济南成记面粉厂。

（二）惠丰面粉厂

惠丰面粉厂是由穆伯仁等集资创建的。穆原在洛口经营同聚和粮栈，后又在济南组织德兴和粮栈、德兴昌油店、德兴银号等。1918年集资30万元，修建制粉楼，安装美制"脑达克"复式钢辊磨6部。1924年，因粉尘爆炸，制粉楼被焚，制粉设备被毁。当时该厂曾在济南英商保险公司投保，保险公司为开展业务，争创信誉，经营业主任马伯声从中斡旋，进行了赔偿。惠丰取得赔款，除重建制粉楼、安装设备外，尚有富余，可做流动资金。为此事穆伯仁酬谢马伯声现金1万元，并聘马为惠丰面粉厂协理。1927年，重新建成制粉车间，资金增至50万元，安装复式钢辊磨12部。1948年，制粉楼再次失火，原因是在修理设备时，因停电点燃蜡烛，引着了传动棕绳失火，以致全部制粉设备被毁。因该厂仍在保险公司投保（是美商巴勒保险公司经办。第二次世界大战后，各国保险公司实行联合，共享保险费，共担风险，只是经办单位所占比重大一些），也得到了赔偿。1948年济南解放后，恢复了复式钢辊磨3部，单式钢辊磨1部。1956年被批准公私合营，并于当年下半年奉命将全部生产设备迁往莱阳，厂房则移交给济南市粮食局。

（三）茂新面粉公司济南四厂

茂新面粉公司济南四厂，于1919年4月开机生产。该厂属于江苏无锡茂新面粉公司荣氏家族荣宗敬企业。其总公司设在上海，茂新一、二、三厂分别设于无锡、上海、汉口。济南为四厂，建厂时拥有美制"爱立斯"牌复式钢辊磨12部，350kW煤气引擎1部，建筑及设备安装费计25万元，日产面粉3000袋；另在普利门里修建经营处一所，用费2.3万元。1934—1935年间，因煤气引擎陈旧，不堪使用，影响生产，遂从汉口购置瑞士产苏尔寿兄弟公司生产的立式四缸400kW柴油机1部，进行更换。全厂占地面积14.133市亩。茂新四厂的资金，据其最后一任经理秦芹生说为6万元，其账簿及会计报表已在"十年动乱"中被焚，无据可查。据闻茂新四厂建厂之前，荣宗敬曾来济考察，认为济南地理位置重要，交通便利，又是粮棉集散地，为了解决大江以南其所经营的棉纺厂、面粉厂的原料来源，并在北方取得立足之地，故确定在济南建厂。同时在厂内设棉花打包车间，后在经一路纬六路另设申新打包厂，1937年日军侵占济南时，四厂所存小麦、面粉、原材物料及办公用具皆被抢劫一空，损失惨重。沦陷时期，日商三井和三菱公司曾四次到厂胁迫经理秦芹生商谈合办，秦借口向总公司请示，暗中却将动力设备的主要部件拆卸转移，同时将正在使用和备用的磨辊予以埋藏，这样一直拖了8年，直到日军投降，也未合办。国民党统治时期，进行设备维修，并未开机。济南解放后，从1948年秋至1949年9月，将全部厂房及设备租赁给辛铸九、花蘅泽等所组织的济南茂兴面粉厂。1955年茂兴厂由于经营不善，亏赔不堪，已业不抵债，经过协商，茂兴厂的欠租金及外债4743.62元，由茂新厂负担。1956年元月，茂新厂公私合营，同年5月，根据政府指示，并入公私合营济南成丰面粉厂。

（四）满洲磨房

满洲磨房是1920年由日本人创办的。设备安装后，开机生产不久，因抵制日货、挽回利权运动风起云涌，该厂不能充分发挥产能。1923年改为三吉磨坊，日本私人经营。"七七"事变后，日军侵占济南，改为公营，定名为东亚制粉株式会社济南支店，隶属于日商青岛东亚面粉总公司，有复式钢辊磨20部。1945年日军投降，同年11月间，由国民党山东省田赋粮食管理处接收。稍予修理，勉强开工，定名为山东田赋粮食管理处济南面粉厂。1946年4月，改属国民党粮食部东亚制粉公司，定名为粮食部东亚制粉公司济南工厂。对生产设备也未进行修理。1947年6月，国民党中央执行委员会财务委员会决定，将所接收的敌产由公营改为国民党党营，随即又将该厂标售给在山东成立的齐鲁企业股份有限公司筹备处，1947年7月定名为齐鲁企业股份有限公司面粉部济南制粉厂。当年11月，又根据国民党中央执行委员会财务委员会训令，由新成立的兴济企业股份有限公司接管，定名为兴济企业股份有限公司济南面粉厂。1948年4月，又由山东省田赋粮食管理处接管，更名为济南面粉厂。经过3个月的设备大检修后正式生产，平均日产量达2000余袋（袋装面粉44市斤，下同）。1948年9月24日济南解放，该厂获得新生。解放后的第三天就恢复了生产，赶磨军粮，对支援淮海战役做出了贡献。

（五）民安面粉厂

民安面粉厂于1919年兴建，1922年建成，是由张怀芝、王占元、靳云鹏等人吸收一些达官政客的游资共同兴办的，该厂共集资101万元，为有限公司组织。原欲以70万元为购建固定资产之用，另31万元作为流动资金，但由于经办人员不力，待厂房建成、设备安装之后，已无流动资金，以致不能生产。张宗昌任山东督办时曾投资30万元，但由于当时负责生产和经营的人员都是旧军队的校官尉官，他们根本不懂经营管理，在商事往来中，蛮不讲理，以势欺人，因此不久就将这30万元流动资金亏损殆尽，以致停业。其后又以不动产向上海银行济南分行抵押借款30万元，再行生产。但经营管理人员仍持原作风，重蹈覆辙，所以不久又停业，从此一蹶不振。1932年4月，民安面粉厂与成记面粉厂达成协议，由成记租赁民安全部不动产，后又将全部资产售予成记面粉厂，至此，民安面粉厂宣告结束。

（六）恒兴面粉厂

恒兴面粉厂成立于1920年，为独资经营，是青岛恒兴面粉厂的济南分厂，地址在现宝华街。此处原为日商经营的蛋粉厂，号称小白楼。恒兴厂的创办人是莱阳人宫淑方，为修建青岛至沧口铁路的承包人。济南恒兴厂开始生产之后，由于不善经营和在青岛的包工发生亏赔，以及宫的姨太太赌博输款甚巨，为偿还以上款项，确定停办济南恒兴厂。进行清理时，成立了债权团，主要由德聚银号、协聚太银号、德盛昶银号组成。最后由德盛昶银号李宝斋以8万元购买恒兴厂，进行改建定名为宝丰面粉厂。

（七）正利厚面粉厂

正利厚面粉厂是桓台人王贡巨集资20万元于1920年创建的。经理为胡冠眉（王的外甥），厂址设在经三路纬三路。该厂为一小型面粉厂，主要设备有钢磨2部。开机后，生产不正常，粉色不稳定。该厂设备是由外国人承包安装的，为此曾在法院起诉。该厂生产时间不长，诉讼时间却不短，且资金短绌。由于经营不善，原料无来源，面粉质量差，以致业不抵债，于1925年歇业。

（八）同丰面粉厂

同丰面粉厂1925年开业，为一个小型面粉厂，有钢磨4部，日产量不超过500袋，于1929年歇业。

（九）华庆面粉厂

华庆面粉厂是由民族资本家张采丞、冷镇邦两人发起筹办的。筹建之初，曾定名为兴顺福西记，后制订招股简章，确定资本为30万元，实收30.87万元，组成济南华庆面粉股份有限公司。1918年开始筹建，1921年8月建成，同时正式生产经营。建厂之初，主要设备有美制"脑达克"复式钢辊磨6部，1926年增加6部，1949年又增加1部，共计13部。年产量可达7500吨。在动力设备方面，建厂时由兴顺福铁工厂购到"兰开夏"锅炉1部，180

马力蒸汽发动机1部。因效能低，耗煤多，故于1924年另行安装英制"拔柏葛"水管锅炉3部，交替使用，同时拆除原有小引擎，安装英制"马旭尔"复缸卧式蒸汽发动机1部，牵引能力为360马力。1937年春，增资9.13万元。资本额达40万元。济南沦陷时期，未实行日军管理，但也曾被胁迫中日合办。经理杨竹庵拒不同意，备受欺凌，直到1938年底，才准许开机营业，但处处受到限制和敌视，日方百般刁难，动辄得咎。1948年济南解放，庆得新生，1955年经批准公私合营。1959年调出钢磨5部，支援县乡工业。1966年与北支线粮库合并，成为济南北山粮库制粉车间。1983年将制粉楼扩建，安装国产最新定型设备MQ8气压磨粉机12部，接触长度1920厘米，日产面粉350吨。现定名为北山面粉厂。

（十）成丰面粉厂

成丰面粉厂是股份有限公司组织，由民族资本家苗杏村、王冠东、苗星垣等人发起筹备。1921年集资7万余元，购买地皮，修建厂房。苗杏村亲自去上海求助于荣宗敬，向国外赊购面粉机器，计有复式钢辊磨7部，锅炉1部，154马力引擎1部。该厂占地面积4669平方米。1922年8月正式投产。日产面粉2000袋。当年获利7万元，大部分转作投资，资本款达30万元。1923年资本增为60万元，1924年资本增至100万元。添购复式钢辊磨12部，共计19部。对动力设备则添购350马力"马旭尔"引擎1部，"拔柏葛"水管锅炉2部，1930年扩大本厂铁工部，自制复式钢辊磨6部，并予安装。还购置850马力瑞士苏尔寿厂生产的引擎1部，"拔柏葛"水管锅炉1部。至此，主要设备计有锅炉4部，引擎1部，复式钢辊磨25部，24小时可生产面粉8100袋。1935年，鉴于我国西北地区实业尚未开发，陇海路铺轨日渐西展，沿海各省遭受帝国主义经济侵略，更有发动军事侵略之意，为此，经董事会决议，向内地发展。1936年增资至200万元，当年实收150万元。1937年9月又收50万元。乃在西安购地百余亩。自制复式钢辊磨24部，购置2000kW透平发电机1部，锅炉1部。经8个月的时间建成投产，日产面粉8000袋。1937年12月，日军占领济南。1938年1月3日，日军进厂实行军管，直到1941年始解除军管，

1942年被迫中日合办。中方以机器厂房估价54万元，日方投资81万元，占资本总额的60%。后按照伪华北政务委员会指令，改为中日双方投资各半，资本总额仍为135万元。1945年日军投降，由国民党政府山东田赋粮食管理处接管，并经敌伪产业处理局进行处理，1947年8月发还给原业主。1948年9月在解放济南战役中，制粉楼被国民党军队炮轰烧毁，全套设备化为灰烬。1949年初，在人民政府大力协助下，变卖物资及部分设备换得资金，制造安装复式钢辊磨7部，计444接时，仍用原有锅炉引擎，1949年底投产。1954年5月经政府批准公私合营。

（十一）宝丰面粉厂

宝丰面粉厂为股份有限公司组织，是由李宝斋发起筹建（李原在潍县开设德盛恒银号，后来济南设德盛昶银号。为恒兴面粉厂清理时的债权团之一），集资20万元，于1929年夏成立。以8万元购买了恒兴面粉厂厂房及全套制粉设备。当时主要设备有复式钢辊磨6部。1934年增资为30万元，拆除小白楼扩建厂房，增添复式钢辊磨10部，共计16部。接时长度为616接时，24小时产面粉500袋。1937年底，日军占领济南，第二年即由日本军管。1942年被迫与日商东亚制粉株式会社合办。1945年日军投降，由国民党政府山东田赋粮食管理处接管。1947年，国民党政府敌伪产业处理局发还给原业主。1948年济南解放后，为支援淮海战役，立即开工生产。1955年，经批准实行公私合营。

（十二）成记面粉厂

成记面粉厂原为无限公司组织，是由民族资本家苗杏村、耿筱琴、王冠东等人集资创办。1931年租得民安面粉厂全部设备，租期6年，租金按实际产量计算，产粉一袋交租金4分。签订合同后，开始修机，至1932年5月投产。当时民安面粉厂尚欠上海银行济南分行抵押借款6万元，经法院判决，由上海银行拍卖抵押品。成记面粉厂购得抵押品后，又购到民安面粉厂的其余固定资产。主要设备有复式钢辊磨24部，250马力电动机2部。生产能力为年产面粉120万袋。1933年改组，1934年成立股份有限公司，资本定为50万元，实收35.89万元。1937年底日军占领济南，1938年被日本军管。1941年被迫与日清制粉株式会社合办，资本定为150万元，投资额中方占40%，日方占60%，后按照伪华北政务委员会指令，中、日双方各半，日方将厂名改为泰丰面粉厂股份有限公司。1945年日军投降后，即由国民党政府山东田赋粮食管理处接管。1947年国民党敌伪产业处理局发还给原业主，恢复原名。1948年秋，在解放济南战役中，被国民党军队纵火焚烧，烧毁了全部办公室、制粉楼及成品仓库。所有账册、文件、全套制粉设备及面粉若干吨，皆化为灰烬。济南解放后，为支援前线，将试验车间残存之复式钢辊磨2部进行修理，立即开机生产，磨制玉米粉。另外将蚌埠分厂撤回的全部资金200元（银元）全部捐献。同时经董事会决议，将剩余物资变卖，修复制粉车间。1950年10月恢复了复式钢辊磨6部，开机生产。1951年与山东省合作总社联营。1956年经批准公私合营。1962年奉令停产，全部制粉设备调往肥城。1964年改名为济南挂面厂。

从以上的情况可以看出，济南市的小麦制粉工业，在北洋军阀时期、日军占领时期、国民党统治时期曾备受摧残，因之发展极为缓慢。新中国成立后，在党和政府的领导支持下，济南市的小麦制粉工业才走上了健康发展的康庄大道。

（作于1988年9月）

济南成丰面粉厂见闻录

耿殿鼎[*]

一

济南成丰面粉厂创立于 1921 年 10 月，由苗杏村、王冠东、苗星垣、张仲磐等人发起，苗星垣任经理。原定资本总额 50 万元，当年仅实收 7 万余元。地皮 7 亩，初步设备钢磨 7 部，154 马力引擎 1 部，锅炉 1 部。至 1922 年凑集资本 30 万余元，1923 年增资至 60 万元，1924 年累增为 100 万元。添购钢磨 12 部，先后共 19 部，添购 350 马力马旭尔厂引擎 1 部，拔柏葛管子式锅炉两具。至 1930 年扩大铁工部，自造钢磨 6 部，添购 850 马力瑞士苏尔寿厂出品引擎 1 部，拔柏葛管子式大锅炉 1 部。此时本厂机器总数计：锅炉 4 部，引擎 1 部，钢磨 25 部。每日 24 小时产粉量最高 8100 余包。当时成丰生产的"双鹿"牌面粉在冀、鲁、豫铁路沿线各大市场声誉甚高。

苗氏资本集团鉴于我国西北地区之实业尚未开发，而陇海路日渐西展，沿线又是小麦产区，于 1936 年增资为 200 万元（实收 150 万元，至 1937 年 9 月又收资本 50 万元，至此资本总额 200 万元全数收齐）。在西安设立成丰

---

[*] 作者为山东省桓台县耿桥村人。1942年6月入成丰面粉厂，先干练习生，后记账。新中国成立后该厂公私合营时任统计员。

分厂，购置了地皮 70 亩，自制最新式钢磨 24 部，购置 2000 启罗瓦特透平发电机 1 部，大锅炉 1 部，以半年时间建成投产。每日产面粉达 8000 包，为西北规模最大之制粉厂。

二

1937 年 12 月，日本占领济南，1938 年 1 月 3 日，日人鞍桥进厂查账，点查物资。自此本厂即为日伪占领，日伪当局专权经营。自 1938 年至 1942 年，是日本军管时期，1942 年春又实行中日"合作"，本厂机器、厂房作价 54 万元，作为 40% 的资本，日伪投入 81 万元，作为 60% 的资本，而后又改为中日各半。

三

1945 年 9 月，日本投降后，该厂由国民党政府济南田粮处接管，并派来接收大员，主持业务，后经本厂多次交涉，于 1947 年 8 月始将产权归还本厂。在产权归还后仅经营一年时间，每月开机三五日，最多不过七日，不仅无发展希望，而且因为国民党当局费用之繁多，求取无餍，使生计无法维持。此期间有钢磨 25 部，方罗 13 部，圆罗 8 部，打麦机 6 部，麦筛 8 部，麸皮机 6 部，引擎 1 部，锅炉 3 部。工人 165 人，职员 44 人，开全机月产量为 20 万袋。

四

1948 年 9 月解放济南战役打响，21 日上午，驻扎在火车天桥一带的蒋军，以成丰面粉厂为目标，开炮轰击，机楼起火，制粉设备全部化为灰烬，仅余楼墙四壁。引擎房、锅炉房及仓库一部分付之一炬。起火之后，因市面秩序紊乱，群众将本厂大门冲破，一拥而入，满厂乱抢，因此本厂麦粉及材料仓库与办公室桌、椅、账橱、电话机，职工宿舍之衣服、床铺均被抢掠一空。当时职工被迫解散离厂，仅留少数职工守护现场。此时负责人为俞冠五、伊莲峰（原经理苗星垣去南京）。

1948年底1949年初，淮海战役正在进行，宝丰、华庆加工支前粉，任务很重，获利亦厚，又加人民政府积极号召"增加生产，支援前线"，在这一形势影响下，俞冠五等人，有意复工生产。但复工资金困难，乃将本厂旧存细纱机和材料及部分机床设备，变卖给成通、成大等纱厂，筹集资金，修复设施，恢复生产。在机楼东段老麦车间安装钢磨7部（36吋2部，30吋5部），动力仍用原来锅炉、引擎。1940年底进行试产。该年底职工人数为107人。

从1950年起，成丰面粉厂又正式开工生产，原料、产品完全自营购销，面粉除在本市销售外，还发往天津等地销售，麸皮部分销往昌潍。从1951年起开始部分为国家代加工（即代粮食公司加工），当时粮食公司和税务局在厂派有驻厂员，监督生产和经营。

1952年政府开展"三反""五反"运动，俞冠五因有隐匿敌产、破坏粮食加工行为，被政府判刑。此后，遂由苗星垣主持工作，赵韶明任副经理，厂内生产绝大部分为国家加工。1953年下半年国家实行对资本主义工商业的社会主义改造，成丰面粉厂是公私合营的试点单位，政府派来工作组驻厂，以张文学为组长，隋芝亭为党的负责人，调查摸底，为公私合营作准备工作。

1954年5月经市政府批准，本厂实行公私合营，隶属济南市实业公司领导，任命苗星垣为经理，张文学为副经理（公方代表），并派来中层领导干部，生计课课长万云程，人事课课长刘学功，原动车间主任吕洪志，共青团负责人杨连泉。自此，企业一切生产和经营管理均纳入国家计划轨道。

成记面粉厂始末

苗永荃

先父苗杏村是济南成记面粉厂的创建人，是该厂第一、二任董事长。我是他的幼子。济南解放后，1948 年 10 月我到成记面粉厂，先后任副理、财务课长等职多年，现将该厂情况概述如下：

成记面粉厂（以下简称成记）于 1932 年开办于济南西关铜元局后街。其主要产品是机制面粉。该厂历史久长，情况复杂，兴衰跌宕，变化甚多。直到新中国成立后，在人民政府的领导和管理下，才获得新生。

一、成记面粉厂的组建与发展

（一）成记之前身——民安面粉厂

1914 年，第一次世界大战爆发，各帝国主义国家忙于战争，暂时放松对中国的经济侵略，我国的民族工业得以发展。特别是随着国内外对面粉的大量需求，各地面粉工业如雨后春笋相继而起。

山东为全国主要产麦区之一，而且麦质优良。省会济南地处津浦、胶济两路会合点，位居黄河下游及小清河之源头，又是全省政治、经济、文化中心，因此，在济南创办面粉厂，原料充裕，交通方便，销路广阔，条件优越。

如 1915 年，创办于济南的山东面粉厂（后改为丰年面粉厂），经营不足一年即获巨利，继又增资扩建，生产经营十分景气。民安面粉厂，就是在这样的历史背景下，于 1920 年创建的。

民安面粉厂，在厂址的选择、厂房的建筑、制粉设备的装置，以及资金之雄厚、势力之强大，在当时同行业中可谓是第一流的，论理应有一定的发展前途。但是由于该厂系当时的一些官僚政客所开办，管理人员也多是校尉级军官和佐杂之流，根本不会经营企业，只会摆官架子，大手大脚，贪污浪费，以势压人，因此管理混乱，生意萧条，曾几次因亏损而停产。最后，终于在 1929 年因蚀本太大，无力经营而宣告倒闭。

（二）成记组建逢时，经营灵活，管理有方

1. 租购民安，筹建成记。1921 年，父亲苗杏村与堂叔苗星垣合作，发起创办了济南成丰面粉厂，把经营粮栈的商业资本转向经营工业。企业虽具有很强的活力，但资本家内部的权力之争却愈演愈烈。当时任董事兼经理的苗星垣，经营有方，业绩显赫。工厂一再发展，一度成为济南制粉业设备最多、产量最高的工厂。这时堂兄弟之间因权利等故矛盾日益尖锐。适逢民安倒闭，于是苗杏村遂有他图之意。

民安倒闭后，苗杏村邀集解心斋、张敏斋、孙墨村、朱子芹以及美商恒丰洋行的王星斋等人联合出资 16.7 万元，由王星斋从中说项，苗杏村出面，根据当时政府颁布的公司法，租赁了民安全部设备，组建成记面粉公司。但由于租赁之机器损坏严重，无法进行生产，亟须维修。为此，由成记代表王星斋和民安代表张子志、王子春共同议定：修机费由成记垫付，从租金中扣除，租金按实际产量计算，成记每开机之日起，每产粉一袋交租价 4 分。1932 年4 月正式签订合同，5 月即开机投产，修机费共用去 15 万元，而当时集资只有 16.7 万元，这样则没有应需资金进行生产。于是，又由苗杏村靠与韩复榘的关系，取得民生银行和平市官钱局的贷款，解决了流动资金不足的问题，从而实现了预定计划，并且旗开得胜。至年底结算，仅 8 个月的经营即获利润 4 万多元。

按照租赁合同的规定，由于垫拨巨额修理费，民安面粉厂在一年半之内得不到租金。1933年债权人上海商业储蓄银行再三追讨欠款，经法院批准，要拍卖民安的抵押品：营业室、小麦仓库及附带地皮。对一个企业固定资产的部分拍卖是无人承购的。苗杏村看到这是一个好机会，便以8万元从上海商业储蓄银行手中买来。然后立即向民安提出重新议定租金的问题。按照合同规定，成记所租用的是民安全部固定资产，现在部分产权已经变更，租金当然得重新商定。这一手，使民安股东们进退两难：如若再减租价，不仅收入减少，而且收入更为期遥远，如果收回自办，又无此实力，如果卖给他人，成记又夹杂其中。走投无路，只好将民安全部股权101万元，作价30万元让给成记，三年分期付款。这样，成记就以53万元的代价（修机费15万元，房地产费8万元，股权费30万元）获得民安的全部财产。但这53万元中，有一部分是利用民安设备进行生产而获得的利润。

2. 招股集资与机构设置。1934年，成记面粉厂按照制定之公司章程正式组成，定名为"成记面粉股份有限公司"。资本额原定招收5000股，每股100元，计可集资50万元。但实招股东74户，计3589股，实收股金35.89万元。其中仅苗杏村一家即投资25万元，约占全部股金的70%。

成记面粉厂设有股东会、董事会。股东会由全体股东组成，凡厂内有重大事情，涉及股东利害关系时，即通知全体股东参加大会，股东大会一般两年举行一次。董事会由股东大会选举产生，由苗杏村、苗兰亭、孙墨村、王星斋、解心斋、孙敏斋组成。推选苗杏村为董事长兼总经理，苗星垣为常务董事兼经理，董事会一般一月召开一次，商讨决定厂内之重大问题与事项。厂内设有经理室，主管和执行股东会和董事会之决议，处理本厂有关生产经营等方面的业务。经理室对董事会负责，董事会对股东大会负责。经理室下设营业股、会计股、业务股、麦栈股、总务股。各股设有主任分管日常业务，要对经理负责。全厂共有职工247名，其中职员55名，技术员32名，工人160名。

3. 产品商标与经营活动。成记面粉厂之产品商标有三：一是由民安面粉厂让渡的麦穗钟牌；二是由成记向商标局注册备案的孔雀牌；三是由成记向商标局注册备案的双麒麟牌。双麒麟牌又按颜色分为四种：绿色的为一等粉，红色的为二等粉，蓝色的为三等粉，黄色的为四等粉。

成记面粉厂的经营活跃，产、供、销较为景气。该厂约占土地 25 亩，备有 250 马力电动机 2 台，75 马力电动机 2 台，制粉设备有美式复式钢磨 24 部，共 1584 接时。如果全部开动，每 24 小时可产等级粉 7500 袋（每袋 44 市斤），按每月开机 20 天计，可产面粉 15 万袋，产麸皮 1.5 万包（每包 100 市斤）。另在运输工具方面，置有载重汽车 12 部，马车 4 辆，凡近途之小麦和面粉的运输，均由本厂自运，既方便及时，又节省开支。

成记面粉厂和济南恒聚成粮栈以及洛口的公聚和粮栈均由苗杏村兼管经营。他亦商亦工，见机行事。尤其是做粮食生意，历史较长，有丰富的实践经验，可谓是里手行家。他一向重人选，重信息，善抓时机，广交朋友，善于应变。当时在津浦、陇海、胶济铁路沿线和小清河沿岸，凡是小麦重要集散地都设庄采购小麦。为重效益，便慎选忠实可靠有相当能力的人员长期坐庄，负责搜集经济信息、市场行情及通信联络等事项。在麦收前，便四处调查，预测丰歉；新粮登场后，各地报告行情之函电日夜交驰，因而信息灵通，收购及时稳妥。在相同情况下，成记无缺原料之虞。大量小麦源源不断地运至济南，在成记的粮库和露天场地都填满后，再存放在两个粮栈的仓库内。面粉厂和粮栈虽是两笔账，但根本利益是一致的，粮栈即所谓成记的厂外仓库。当时各粮商运入济南的粮食，都是经过各粮栈，在粮食同业公会（粮关）销售，各面粉公司，各洋行商号，都集中在这里买进卖出。当时，苗杏村担任济南粮业公会会长。

成记面粉厂产品之销售，除由营业股自销外，大部分通过代销店出售，全市约有 50 家代销店，厂方给予一定的代销手续费，就是所谓折扣，根据情况，有时九八折，有时九九折，即代销 100 元的面粉，付给代销店两元或一元的报酬。这是在正常情况下的销售。如果产品滞销或积压，为了与同行业竞争，使厂内资金周转快，则依仗苗杏村的社会活动能力，与韩复榘的四个师长接洽，做加工军用粉的生意，亦可获得厚利。

1933 年初，成记、成丰等四家面粉厂，合伙订购澳麦 3500 吨，目的想以低价洋麦制粉来挽回因美麦进口造成粉价下跌的亏损。但由于当时国民政府的财政部长宋子文，继 1931 年向美国借购小麦 45 万吨之后，又于 1933 年同美国签订了 5000 万美元的"棉麦借款"协定，于是美麦美棉以及大米面粉大量涌进，致使国内物价暴跌，至 1934 年春，小麦每百斤跌至 2.4 元，面粉每袋跌至 1.8 元。为此，成记面粉厂亏损 50 余万元，造成原粮耗尽，资金枯竭，几乎业不抵债，面临倒闭的困境。与此同时，桓台帮的王冠东等人竟宣布同聚长粮栈对成记的投资弃权。在此情势下，苗杏村积极奔走权门，终于取得财政厅长王向荣的支持，以恒聚成的全部不动产和股票向民生银行抵押，取得 80 万元的信用贷款及抵押透支作为流动资金，从而摆脱了危机。当时，苗杏村认为粮价的暴跌，是因受洋粮骤增的冲击，据此他判断麦价将会回升，为了挽回颓势，他当机立断，抓住麦价暴跌的时机，立即购进小麦 10 余万包，计 6000 余万斤，作为库存储备。果然 1935 年，由于国民政府实行币制改革，刺激了物价上涨，粮价更是扶摇直上，小麦百斤价格由 2.4 元回升到 4.5 元，面粉每袋由 1.8 元上升到 2.8 元。成记这一年不仅弥补了过去亏损的 50 万元，还获纯利 35 万元。不仅转危为安，而且业务更加兴旺。

二、济南沦陷，成记灾难迭起

（一）暴力"军管"与强制"合办"

1937 年"七七"事变爆发后，全国军民奋起抗战，但国民党军队节节后退，日军乘机疯狂进攻，12 月 27 日济南沦陷。次年 2 月间，成记面粉厂被日军占据，旋由日军特务机关派日商日东制粉株式会社代表伊藤静大占据该厂，并将厂内原料与成品劫运一空，且将全部家具、机器以及厂房仓库强行占用，不容过问。至 1938 年 3 月，又有日商日清制粉株式会社代表富本保携北平日本特务部命令，协同特务机关监交人市川博至厂，并声称"接替经营"。即以成记全部房产机器及所余之家具物料等，又由日清强迫接收使用，继续经营，改为军管办事处，由富本保任处长，代日本军部管理达四年之久，历年损益，均由军部自由处理，华人不许过问。此即抗战八年间，日军强占成记前半期之简历。父亲苗杏村因此忧愤成疾而去世。

1941年7月，华北日军为掩饰其强占恶迹，声明要发还军管工厂。同时，伪华北政务委员会颁布军管工厂返还申请手续规程。成记未及申请，敌特务机关忽于是年12月间将成记经理强行传到，由矢木中佐当面向本厂声称：日军经理部业将成记面粉公司全部固定资产（附商标权），评价60万元作为华方投资，限期与日清合办，不得迟延。当时成记设词延宕，不肯应允。遂由日清提出书面警告，加以罪名，限7日内双方签订合办契约，否则即断然处理。但成记仍未应允。当月21日，日清又将该厂经理传到日本军司令部，凭借军令由河野参谋长厉声威吓，强迫合办，如不遵行，即绳以军法。至此，成记经理迫于淫威，于1941年12月2日，由日清制定非法合办契约迫令签字，并将成记面粉公司擅自改为"泰丰面粉公司"。成记无力抗拒，可谓"人为刀俎，我为鱼肉"，只有任其宰烹。自此之后，名虽合办，但公司事务，仍由日人把持不容过问，其形势与军管无异。合办之后的董事会是由10人组成：日方5人，华方5人。苗兰亭任董事长，苗筱航任副经理，日方富本保任经理，工厂之经营管理权均由日方经理全权掌握，而华方则有职无权，只能听之任之。

迫至1943年8月15日，由日清代表富本保，以日军经理部长之名义，要调整中日投资比例，规定中日各75万元。据此，追令成记增资15万元。成记声称无力交款，以示拒绝，日清竟凭借特务机关之暴力，擅自规定将1938年接收之家具物料等，评价15万元，作为成记之增资。连同1941年对成记资产、商标权之评价，两项共计评价75万元，作为成记按比例投资之金额。但按当时上列两项的实际价格，足值110万元，显然遭劫，却无可奈何。日清暴行，实令人发指。在忍无可忍的情况下，为了维护产权及股东血本，本厂密派代表朱心如等，于1944年1月间冒险潜赴西安向经济部具呈申诉，当由经济部批准备案。

（二）日本统治残酷，工厂陷于瘫痪

在日本统治的八年中，由于原料缺乏，面粉厂经常处于半停产状态。当时，工厂所需之原料，不准自由收购，均由日方控制的"小麦组合"负责配给，并划定地区和数量，凭许可证到指定地点收购。在收购中，伪政府人员又勾结"组合"营私舞弊，有时在收购之小麦中掺沙，使水高达 30% 左右，以致所产之面粉，质量非常低劣。另因机器设备很少维修，经常带病运转，磨损非常严重，对生产影响极大。当时工人工资低微，而且劳动繁重，工时过长，工人在把头统治下受尽凌辱，毫无人身自由。从而迫使工人采取各种方式同日人作斗争，这些斗争曾使日人陷于窘境。

1941 年 12 月，太平洋战争爆发。随之日商改变了经营方针，采取以储存物资为主、以开机生产为辅的方式，直到 1945 年日本宣布投降，厂内尚存大量小麦等物资。

（三）抗战胜利后，成记在困境中挣扎

1. 发还产权，恢复厂名。1945 年 8 月，抗战胜利，日本投降。是年 10 月份，国民党省政府即派省参议员王贯一、山东省田赋粮食管理处处长王隐三以及山东兵站管理处处长李鹤亭为接收人员，并带有工作人员白汇川、战光五等人，进厂办理接收工作，日方代表为小川雅一朗，中方代表为苗筱航。名为接收，实际上接收人员与厂方人员在通同作弊，中饱私囊的"劫收"。1947年下半年，成记被宣布敌伪财产"处理"完毕，当即发给证书，正式发还产权，准予经营。同时将泰丰面粉公司仍改为成记面粉公司，恢复了原名。此后，由于解放战争节节胜利，解放区日益扩大，蒋军孤守济南，小麦来源减少，生产陷于半开半停状态，一度每月仅能开机七八天，勉强维持生产。

2. 成记的应变活动。解放前夕，济南物价飞涨，人心惶惶，当时各厂资本家，假借各种名义疏散资产抽调资金。1947 年，成记经理苗筱航以在南京建立成记分厂为名，把成记库存的一部分机械设备和物资运往南京，共装了三个车皮。另外，以搞行商为名，抽调了成记面粉厂的大量资金，还带走了一部分管理人员和两名工人。办事处设在南京颐和路。

3. 成记被强占、遭火焚，损失惨重。1948 年 9 月，解放济南战役中，国民党军队强占了成记制粉楼作为制高点，妄想以此作垂死挣扎，阻止解放军前进。由于驻制粉楼和驻成记营业室的国民党军队发生内讧，两边各用机枪、小炮互相对射，致使 23 间营业室和 13 间仓库被打坍焚毁，室内档案账簿及家具等物也付之一炬。更为残酷的是，9 月 23 日蒋军败退时，竟将制粉楼纵火焚烧，不仅楼内 24 部钢磨等设备和 3000 余包小麦被焚，就连楼内蒋军重伤员也一并被烧死。

三、济南解放后，成记获得新生

（一）恢复与整顿

济南解放后，党和人民政府号召发展生产，繁荣经济，动员工人群众和资本家建厂复工，以解决军需民用之急，支援解放战争。但一时缺乏资金，当即将厂内剩余之麻袋两万多条变卖以恢复生产，后又变卖 250 马力电机一部，为修建之用。从而修复了原来的石磨，开机磨制面粉，修复了玉米机，为加工委员会加工玉米面。当时全厂只有 70 来个工人，他们一面生产，一面维修机楼，每天自觉地干工 12 个小时，三个月甘尽义务，不要工资，真是任劳任怨，忘我劳动，为建厂做出了巨大贡献。同时，我也主动到厂担任财务工作，愿为建厂献身出力。当时的资金除少部分由变卖工厂的物料解决外，绝大部分是在人民政府的支持下，依靠人民银行的贷款。最高贷款额计达 27 亿元（北海币）之多，经过一年的努力，修复了 6 部钢磨，计 408 接时。时至 1949 年 10 月，即开机进行批量生产，每小时产量达到 74 袋，日产量 1700 袋，有力地支援了解放战争，并解决了人民食需。

工厂稍定，成记工会便派李弗如、邢作家前往南京，与苗筱航交涉转移资产的问题。结果于 1950 年 3 月，由济南市人民政府工商局出具证明书，将转移资产的一部分运回济南，充实了成记。在三年经济恢复时期，有党的"公私兼顾、劳资两利"的政策，厂内生产节节上升，面粉日产量由刚开机时的 1700 袋，到 1951 年增至 3400 袋，产量增加一倍。

当时山东小麦丰收，原料充足，因而供产两旺。经营以给国家加工为主，以自营为辅，代国家加工量约占总产量的 60%—70%。自营之面粉，除在本市销售外，还运销北京、天津、聊城、惠民等地。原料除在本市收购外，还派人到津浦、胶济沿线一带收购。

1949 年，本厂的工会基层委员会正式建立。在党改造私营企业，发展生产，繁荣经济中，工会工作发挥了重大作用。

（二）订合同，搞联营

1951 年 10 月，根据企业发展的需要，成记面粉厂与山东省合作总社正式签订合同进行联营。双方议定：成记固定资产估价为 40 亿元，省合作总社投入现金 40 亿元为流动资金（均系旧人民币），双方合资联营。由耿骏任经理。省合作总社先后派来王乐耕、李仲升、于德钦等五名国家干部，分别担任各项领导职务。于 1952 年至 1953 年，先后在厂内建立了党团组织。该厂自从建立了党组织，加强了党对厂的领导，企业性质发生了深刻变化，即由私营企业过渡到公私联营，在产、供、销各方面都纳入了国家计划。自 1952 年 10 月起，实行八小时工作制，几年中，由广大职工提出合理化建议几百条，大都得到逐步采纳和执行，因而生产有了大幅度的提高。自 1951 年 10 月开始联营，至 1953 年底，共产面粉 100 多万袋（最高日产达 3500 袋），共盈利 15 多亿元（人民币），公私股份各得股息 3 亿元，红利 1 亿元。同时全厂职工福利也相应提高，如职工业余文化学校、食堂、澡堂、理发室、医务室等单位相继建立。另外职工宿舍也有改善。

成记面粉厂与省合作总社自 1951 年 10 月开始联营，至 1956 年底，共联营 4 年 3 个月宣告解体。

（三）接受社会主义改造，实行公私合营

1955 年 12 月，成记与省合作总社联营解体后，由山东省财粮办公室批准，又与山东省粮食厅进行联营。时值国家对私营企业实行社会主义改造，

济南市所有私营企业都热烈响应党的号召，积极接受社会主义改造，以行业为单位进行合营。成记面粉厂也经政府批准，于 1956 年 1 月实行公私合营。公私合营后，全厂职工约计 150 人。其社会主义觉悟和生产积极性大有提高，面粉产量比联营时期又有增加。自 1956 年 1 月至 1962 年 5 月停产，平均年产量为 2.4 万多吨，是该厂私营时期的 3 倍，为联营时期的 1.5 倍。充分显示了公私合营的优越性。

（四）破除陈规，大胆改革

成记面粉厂在公私合营后，广大干部和职工，解放了思想，打破了陈规陋习的旧框框，改革了不合理的规章制度，并积极实行干部参加劳动，工人参加管理，工人、干部、技术员"三结合"的管理工厂企业的办法，对工厂管理大胆地进行了改革，调动了广大职工的积极性，增强了责任感，工作和生产热情空前高涨。由于生产成绩显著，赢得了"工厂企业管理的一面旗帜"的光荣称号。

成记面粉厂在私营时期的生产工艺，是掌握在南方技术工人手里，所有制粉工艺、粉路调整及设备技术的革新，均由制粉师王学富负责。而制粉工艺的操作，对面粉的产量、质量和出粉率都有很大影响，同企业经济效益有直接关系。因此，南方技工被资本家所器重，他们对技术进行垄断，保密并握有主要工序操作权。而北方工人大多从事杂务工作和笨重的体力劳动。新中国成立后，随着工厂管理的民主化，制粉工艺也逐步公开传授。1951 年，对制粉工艺实行民主讨论，集思广益，发动职工提合理化建议的方法，从而改变了以前少数人垄断的局面，工艺管理走向正常化、民主化。1956 年公私合营后，济南市粮食局成立了加工科，加强了各面粉厂制粉工艺的管理和领导，从而促进了制粉工艺的改进与提高。

成记面粉厂的制粉工艺，主要有四次改进：一是 1953 年推行"前路出粉法"。其特点是：小麦在制粉过程中，在前路（指 123 皮磨）将面粉刮剥出来。这样制粉使后路减轻负荷，就有剩余的设备能力（如钢磨接吋、平筛、圆筛和麸皮筛）来处理麸皮含粉，提高出粉率。改进后粉路设计，比原来增加皮磨 2 道、心磨 1 道共 11 道粉路（五皮、四心、二渣）。自改革后，日产量由原来的 2500 袋提高到 3500 袋，计提高 40%。二是 1956 年全国制粉工业普遍推广"前路出粉法"时，成记面粉厂因 6 部钢磨粉路短，又增加了 1 部，共计 7 部钢磨，总接时长度为 480 吋，实现了第二次"前路出粉法"。这样日产量又由 3500 袋提高到 4450 袋。三是 1956 年学习青岛面粉厂的小麦压扁后再入皮磨，使用这种制粉法，前路更能大量出粉，后路制粉设备就更有较多能力来刮剥麸皮含粉。这样不仅对小麦出粉率大有好处，而且在产量上，又由未用小麦压扁法之前的日产 4450 袋，提高到 4872 袋，创造了历史最好水平。四是 1957 年试用小麦剥皮制粉法，但终因效益不明显而于 1964 年停止试用。

由于成记面粉厂在管理和技术改进方面取得了一定成绩，1958 年 7 月的一天，中共中央副主席、全国人大常务委员会委员长刘少奇同志，在中共山东省委书记舒同和济南市委书记白学光的陪同下，亲赴成记视察工作，听取了关于该厂生产管理情况和技术改革情况的汇报并留影纪念。

（五）撤销成记面粉厂，建立济南挂面厂

1962 年 5 月，由于济南市粮食加工业布局的调整，当时公私合营的成记面粉厂奉命停产。厂内留用职工 30 多人，为照顾下马单位，减少国家开支，于 1964 年 5 月调用原宝丰面粉厂的挂面生产设备，在厂内建立了挂面车间进行挂面生产。

1965 年末，省粮食厅根据济南市粮油发展与成记的实际情况，认为成记面粉厂没有复工的必要和保留的意义，于 1966 年 5 月，由山东省粮食厅批复同意济南市粮食局的请示报告，撤销成记面粉厂并扩大挂面车间，成立济南挂面厂。成记面粉厂就此名实告终。

附录：

表1　1947年上半年成记面粉资产负债表

资　产		负　债	
科　目	金额（元）	科　目	金额（元）
固定资产		接收资金	
家　具	17860000	接收泰丰现金余额	3356
		接收泰丰物资变卖款	310561277.40
		小　计	310564633.40
流动资产		流动负债	
制　品	617468800	银　行	517564583.32
原　料	756489000	暂记款	817134765
备用品	34995659.60		
制品贩卖结果	53814200		
现　金	151989765.34		
公　债	80000		
投资金	4700000		
未经过保险费	40320000		
电话保证金	900000	损　益	
		前期纯益滚存	36779658.74
		本期纯损金额	3426205.52
合　计	1678617424.94	合　计	1678617424.94

表2 成记面粉厂损益计算书

（民国36年1—6月）

科 目（元）	借 方	贷 方
前期制成品作价粉5971包，麸皮8994包	169028000	
本期代制粉手工费作价粉1057包	831590000	
本期代手工费麸1115400斤	326647000	
本期使用小麦12782包（2555494斤）	3190069550	
本期销售粉57560包		3970610203
本期销售麸2180307斤		389133410
本期制品作价		617468800
本期制品益金	459877862	
小 计	4977212413	4977212413
本期制品益金	459877863	
本期营业费	572335660.52	
本期原料费	22880218	
本期代制粉手工费粉10571包		831590000
本期代制麸1115400斤		326647000
本期杂收益		3248000
本期纯损金		3426215.52
合 计	1624789078.52	1624789078.52

表3　成记面粉厂私营、公私联营、公私合营三个时期产品、产量统计

时期	时　间	产品名称	产品数量（吨）	平均年产量（吨）	备　注
私营	1949 年 10—12 月	面粉	1682		原数为 76454 袋
	1950 年	面粉	8511		原数为 3860885 袋
	1951 年 1—9 月	面粉	5418		原数为 246263 袋
	合计	面粉	15611	7806	
公私联营	1951 年 10—12 月	面粉	4385.5		
	1952 年	面粉	13827		
	1953 年	面粉	13577		
	1954 年	面粉	14944		
	1955 年	面粉	18522		
	合计	面粉	65255.5	15354	

时期	时间	产品名称	产品数量（吨）	平均年产量（吨）	备注
公私合营	1956 年	面粉	21286		
	1957 年	面粉	18828		
	1958 年	面粉	23303		
	1959 年	面粉	34204		
	1960 年	面粉	24413		
	1961 年	面粉	24388		
	1962 年 1—5 月	面粉	8126		1962 年 6 月 1 日停产
	合计	面粉	154538	24147	按每年 12 个月计算
	1949—1962 年	面粉	235404.5		
	1964 年	面粉	243.6		
	1965 年	面粉	599.3		
	1966 年	面粉	252		
	合计	面粉	1694.9		

表4 1957—1961 年
成记面粉厂贯彻一厂多用时生产的品种数量统计

生产时间	产品名称	产品数量（吨）	调拨价格（元）	备注
1957 年	杂粮粉	10273		小米、玉米混合粉市粮食局加工
1958 年	玉米粉	5008	0.13	
1958 年	标准面包	69		
1958 年	小米粉	3443		
1960 年	杂粮粉	338.71		
1961 年	地瓜秧粉	5		
1961 年	杂粮粉	74		
1961 年	标准挂面	18		
合 计		19228.71		

表5 成记面粉厂始末纪要

时期	厂名	起止时间	企业性质	商标名称	产品名称或等级	主要负责人				
						董事长	经理	副理	厂长	副厂长
解放前	民安面粉厂	1920—1929年	官僚资本	麦穗钟牌			吴逵卿			
	"	1929—1932年	倒闭							
	成记面粉厂	193年4月—1934年	租赁购买	孔雀牌双麒麟牌	绿红黄蓝色区分一二三四等	苗杏村	苗兰亭	赵次榆		
	"	1934年—1938年3月	私营	"	"	"	"	"		
	"	1938年3月—1941年	日本军管	"	"				原田力造	
	泰丰面粉厂	1941年—1945年9月	中日合办	"	"	苗兰亭	富本保	苗筱航	前田太郎	
	成记面粉厂	1945年9月—1948年9月	私营	"	"	苗秀生	苗筱航	田子兴		

时期	厂名	起止时间	企业性质	商标名称	产品名称或等级	主要负责人				
						董事长	经理	副理	厂长	副厂长
	成记面粉厂	1948年9月—1951年9月	私营	孔雀牌 双麒麟牌	绿红黄蓝色区 分 一二三四等		总经理 苗筱航 经理 高翰臣	苗永荃		
解放后	"	1951年10月—1955年12月	公私联营	合字牌	八一粉 富强粉 标准粉		王乐耕	高翰臣 苗筱航		
	"	1956年1月—1962年5月	公私合营		"				李仲升	苗筱航 高翰臣
	"	1962年5月—1964年5月							张光炯	王华强
	"	1964年5月—1966年6月	公私合营						林成明	"
	济南挂面厂	1966年6月—	国营						季景伟	林成明

成记面粉厂简记

田家昌

我的原籍系桓台邢家乡郭店村，跟索镇苗家是同乡又是亲戚。1942年进济南成记面粉厂，在该厂先后从事采购、生产管理和总务等方面的工作，直到1984年方于济南挂面厂（原为成记面粉厂）办理离休，因此，对成记的前前后后有所了解。现就本人回忆所及和查考有关资料，对成记的组建与变迁、经营与管理等基本情况概述于下。

成记面粉厂的组建

成记原系济南市规模较大的面粉厂，它的前身是济南民安面粉公司，厂址在济南市西关铜元局后街。该厂在厂址的选择上是颇具匠心的，其北邻是华兴造纸厂（现山东造纸总厂东厂），东接东流水（现名生产渠），南靠周公祠，西面是民房。因同胶济铁路的北关车站和小清河相距较近，水、陆运输方便。另在东墙外有条小河，水量充足，水源清洁，职工饮用和生产用水极为方便。

成记是在民安倒闭后，由苗杏村为首集资16.7万元租到民安全部房产和制粉机器后而组建的。厂名定为成记面粉厂，租期以六年为限。当时，由于机器损坏严重，无法进行生产，为此，双方议定：机器要进行维修，修机费先由成记垫付，后从租金中尽先扣除。至1932年5月，机器全部修复并正式开机投产。由于修机费高达15万元，如按合同规定，民安起码在一年半之内是得不到租金的。又加其他原因，租金还应再减，那么民安获得租金则为期更远。当此之际，民安股东张怀芝、王占元等人面临困境，走投无路，只好于1934年经民安股东会议决定：由股东会议代表出具让渡书和卖契，将民安之全部财产连同所有股票及商标权一并卖给成记永远为业。

成记购得民安后，当即改组，并重订公司章程。同年经股东大会决议，根据新订章程之规定，厂名改为"济南成记面粉股份有限公司"，以制造面粉供给社会民生需要为宗旨。资本总额定为50万元，股份为5000股，每股100元。当即遵照公司法规定，呈请主管官署转请实业部登记备案，并领有实业部发给的股份有限公司营业执照，同时向商标局注册备案，领有双麒麟牌、孔雀牌商标牌照。营业年限，定为自开办第一年起，至30年为限，期满后，继续经营与否，由股东大会决定。

成记面粉厂的经营与管理

成记创建前的民安，其经营方式系官商方式。因为民安是由各军阀官僚投资建立的，该厂的经理、副理等管理人员，均是各军政要员安插进来的一些校尉军官和县长之流的人物，富气十足，根本不会经营企业。董事们到厂，门卫要高喊"将军到"，警卫人员要喊"立正"，职员请示工作时要喊"报告"。他们对商人和群众，蛮不讲理，甚至打人骂人、为所欲为，因而令人望之生畏，一般商人不敢往来。这样，民安处境困难，经营萧条，逐年亏损，最后竟赔光资本还欠了外债，不得不于1929年宣告倒闭。

成记的经营方式与民安截然不同。苗杏村租购民安建立成记后，用人多系亲朋关系，他们志同道合，加以阅历丰富，生财有道，经营灵活，管理有方，同时职员也比较忠实可靠，认真负责，因此，历时不久即获得厚利。如在开机投产的第一年——1922年5月至年终结算，仅八个月的经营时间，即获利4万多元。又如1934年只一次适时的购存小麦（把握行情、抓住时机，低价购麦、高价销粉），即获纯利35万余元。苗杏村经营成记历经五年即大发其财，获利在百万元左右。其主要经营手段是：用人重才干（不惜重金聘用高手，既给要职，又交实权），待人尚谦恭（恩威并济），交往靠信誉（说话算数，质量第一），谋划重信息，工作讲效益。在社会上广泛交结，有机则乘，有利即取，时时处处力争主动。有时甚至根据市场形势，买空卖空，进行投机取巧，采取逐期交货的办法，以牟取厚利。

根据公司章程规定和业务需要，该厂设有股东会、董事会和经理室，另有监察人。股东会由全体股东组成，凡厂内涉及股东利害关系的重大事情，由股东会议定。股东会分常会和临时会两种，常会于每年2月间举行一次，临时会是当董事及监察人认为系公司紧要事项或经股份总额二十分之一以上之股东，以书面记明提议事项及其理由请求董事召集时，均得召集之。但应于15日前通知各股东。董事会及监察人皆由股东会就股东中选举产生。董事长和常务董事由董事会就应届董事中公推之。凡厂内之重大问题，由董事会商讨处理，董事会每月上旬举行例会一次，如有特殊事项急待处理时，董事长和常务董事得召集临时会。该厂第一届董事会由苗杏村、王星斋、朱子芹、张荫庭、冯念鲁、孙墨村、孙笃生、崔子清、耿筱琴、张敏斋以及苗永菖组成，由苗杏村任董事长，解心斋和李营之任监事，经理是苗兰亭。第二届董事会由苗杏村、苗兰亭、孙墨村、王星斋、解心斋和张敏斋等人组成，公推苗杏村任董事长兼总经理，苗兰亭兼经理。后由苗秀生任董事长，苗筱航任经理。董事长有代表公司和统辖公司一切事务之全权。常务董事代表董事长期驻厂，有监督执行一切厂务之权，如有重要事件得提请董事会议决。监察人（监事）有查核公司一切账簿、文件和财产之权，对董事所造具之表册、簿据、文件应加以核对调查并报告股东会。公司经理由董事长及常务董事提名，经董事会通过任用之。经理有主持一切营业事务之权。董事长、常务董事及董事、监察人之薪金由股东会议决定。厂内之经理室由董事会商定组成，其职责是主管和执行股东会和董事会之决议，办理本厂日常之生产与经营管理等方面的业务。另在下面设置五个职能部门，即营业股、会计股、业务股、麦栈股以及总务股。各股设有主任，分管各自相应的工作。经理对股东会和董事会负责，各股对经理负责，全厂计有技师两三个，职员近50人，工人近200名（包括技术工人），他们分别担任相应的工作任务。该厂之组织形式为：

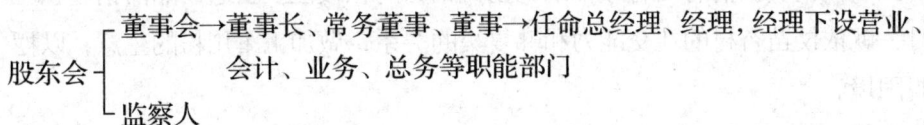

股东会 ┌ 董事会→董事长、常务董事、董事→任命总经理、经理，经理下设营业、
　　　　│　　　会计、业务、总务等职能部门
　　　　└ 监察人

成记的主要设备：计有厂基地近25官亩，五层制粉楼一幢，仓库货房26座，营业室、办公室20余间，厨房、宿舍等计有200多间，动力设备，有电动机4台，制粉设备，有美制复式钢磨24部，并具有筛麦机、打麦机、洗麦机、净粉机、圆筛机以及面粉、麸皮打包机等全部配套设施。此外，还附设精白机18部，小型制粉机两部。以上机器均装有电力马达。此项设备，以防小麦缺乏时兼营杂粮，所以该厂无停工停产之虞。另在运输工具方面，置有大型载重汽车12部，马车4辆，凡近途之小麦或面粉的运输任务，均归自运，这样既方便及时，又节约开支。

成记的产品商标有三：一是由民安让渡转卖的麦穗钟牌，外加成记二字以示区别；另是由成记向商标局注册备案的孔雀牌、双麒麟牌。其中以双麒麟牌用时最长，名气最大，销路广，售量大。

成记产、供、销的概况是：设备为美制，装备优良，性能稳定，生产能力较强。如果开动全部制粉机，每日（以24小时计）可产等级粉7500袋（每袋44市斤），产麸皮750包（每包100市斤），如开动全部精白机，每日可碾米150吨。两部榨油机，每日可产油5吨。再为了购麦方便，保障原料的供给，凡是在胶济、津浦、陇海等铁路沿线和小清河沿岸及小麦重要集散地，都设站庄承购小麦。每在夏收之前，便派人四处调查，预测丰歉，新粮登场后，各地报告行情之函电日夜交驰，因而信息灵通，收购及时。在一般相同的情况下，成记是无缺乏原料之虞的。当时，该厂之小麦来源，以外埠采购为主，本市收购为辅。外省主要有蚌埠、徐州，本省为济宁、兖州、肥城等地。只在"七七"事变爆发后，因交通梗塞，运输不便，方以本市采购为主。

成记之产品，行销于济南市、胶济铁路沿线、津浦铁路北段以及龙口、烟台、青岛等地。其销售方式，除由本厂营业股自销外，大部分通过代销店出售，全市约设50多家面粉代销店，厂方给代销店一定的代销费，即所谓折扣。代销费据情有增有减，以调动代销店的积极性。当遇产品滞销或积压时，就依仗苗杏村的社交能力和韩复榘的关系，做加工军用粉的生意，以摆脱困境。

成记的制粉技术：新中国成立前，一直被少数人所掌握与操纵，甚至是保密和垄断。故其技艺年复一年沿袭沿用，不求上进。直到新中国成立后，才逐步改变厂制粉技术保密少数人说了算的局面，制粉工艺有了群众基础，大大促进了制粉技术的改革和提高。

成记的营业结算与盈利分配：由成记章程可见，该厂盈利分配办法随着历史的发展和政治、经济形势的变化而变化。其盈利分配办法有过这么三次变化：

第一次，1932年，苗杏村等人租赁民安时，系合资经营，当时制定的盈利分配办法是：按阳历每月结账一次，每年终总结一次，总结后除租费、薪金、各项杂费等支销外，所得余利共分作12成，以其中1成为董事长之花红，以2成4厘为常务董事所得花红，以1成作为董事6人之花红，以6厘作为监事2人之花红，以7厘作为经理之花红，以3厘作为副理之花红，下余6成按股分给各股东。关于事务员之花红，待年终由董事会议决，由盈利内提出若干，按劳绩由经理分配之。该厂之花红，无论股东及职员概不得预支。各事务员不守规范或辞退者，所有花红一律不给。

第二次，1934年苗杏村等购得民安后，制定的盈余分配办法是：该厂股东之股息，按常年五厘计算，自收到股金之日起，开始计息，每年终结算发给，但工厂无盈余时，不得以本金支付。年终结算除一切必需费用开支外，所余纯益，先从总数中提出1/10作为公积金，次发股息。其余再作12成，以2成2作为董事长、常务董事、董事及监察人之酬劳金，以 1 成 8 为经理、事务员之酬劳金，下余 8 成按收到股金数目及日期平均分配给各股东，于每年召开股东会议时支领。关于董事长、常务董事、董事及监察人所得之 2 成 2 再分作 22 分：董事与监察人共得 10/22，董事长及常务董事所得 22 分之 12 分再分作 12 分，董事长得 12 分之 4，常务董事 4 人各得 2/12。董事及监察人所得 22 分之 10 分再作 10 分，董事得 10 分之 7；监察人得 10 分之 3。经理和事务员应得之 1 成 8 再作为 10 分，经理得 10 分之 3，事务员得 10 分之 7。事务员所得 10 分之 7，按薪金多寡比例分配。关于职工奖金若干，由经理酌量分配之，但未届分配日期，无论股东或职工概不得先支预借。凡职工未届年终或解雇或辞职者，所有利益概不支给。

第三次，中华人民共和国成立后，私营成记面粉厂于 1951 年制定的盈利分配办法是：该厂在年终决算后，如有盈余，除缴纳所得税和弥补他年亏损外，以总数中先提取 15% 作为公积金，以为扩充事业及保障亏损之用。提取公积金后的余额，按 6 厘先分股息。如无盈余或有亏损时，其应发的股息得于有盈余的年度弥补亏损后，酌情补发。经过提存公积金、分派股息的余额，按下列各款分配：（一）股东红利及董事、监察人、经理等人的酬劳金共得 60%；（二）改善安全卫生设备之基金共 15%；（三）职工之福利基金及职工奖励金共 20%；（四）技术改进研究费共 5%；（五）盈余分配以不影响经常生产及业务经营为原则。关于第一款的支配由股东会决定之，第二、三、四款的支配，由劳资协商会协商决定之。

成记的几项制度与职工福利：当时的工作时间定为每日十小时，必要时得延长二小时（用餐及短时间休息在内）。关于职工之奖惩是按工作之勤惰，逐月考查成绩，据此，每半年发奖金一次，厂方认为品行恶劣者，予以免职。厂内组织有消费合作社，以日用品廉价配给职工并办理储蓄，以备子女教育及婚嫁之需。

成记面粉厂的危亡及新生

1937 年"七七"事变后，济南沦陷。在日本铁蹄践踏下，灾难深重的成记先后被暴力"军管"，被强迫"合办"，当时其物料被劫运一空，财产被全部占用，人员被任意摆布，自主权被强行剥夺。就是厂名也被擅自更改为"泰丰面粉股份有限公司"。厂方丧失权益，受尽凌辱，董事长苗杏村因此忧愤而死，闹得成记人财两丢。此情此景，令人不堪回首。成记遭此灭顶之灾，竟达 8 年之久。

1945 年 9 月，抗日战争胜利后，国民党山东省政府派员接收了泰丰面粉公司（即成记），进厂的"劫收"大员们胁迫资方串通一气，伪造报表，隐匿敌产，索取贿赂，大肆贪污。在其贪赃枉法、大发国难财的情况下，1947 年宣布敌伪财产处理完毕，发给证书，正式还给资方自营。当即由成记代表向国民党经济部申请登记，当奉核发登记证在案。至此，成记之产权收回了。同时，将"泰丰面粉股份有限公司"仍改为原名——济南成记面粉股份有限公司。成记似乎复活了，但是，由于国民党反动派的黑暗统治，政治腐败，民生凋敝。加以供销范围缩小，成记之处境每况愈下，困难重重。当此之际，又因该厂受国民党反动宣传的影响，经董事会决定，将未安装之 6 部制粉机及其他机械和部分辅助材料，陆续运往南京，企图逃避解放，并想在南京建立分厂。还以搞行商为名，调走大量资金，抽去了部分管理人员和工人，我就是当时被抽调的管理人员之一。但是解放战争进展迅速，济南解放后，旋即淮海战役取得胜利。国民党中央所在地南京亦朝不保夕，因而分厂不能建立。此时，驻南京的成记负责人苗筱航又将部分辅助材料运往上海，再度企图逃避解放，但结果仍是枉费心机。上述成记运往南京、上海两地之部分机器及零件，新中国成立后于 1950 年由济南市人民政府工商局出具证明书，才由成记派人前往南京、上海运回济南。

在济南解放前夕，小麦来源减少，各种物品也日益缺乏，以致物价飞涨，人心惶惶，面粉的原料奇缺，资金浮动太大，生产陷入半停半开状态，经营萧条，困难踵至，这样，成记完全在危难困境中挣扎。尤其不幸的是，1948年9月济南战役中，成记惨遭战火，损失奇重。当时占据在成记厂内的国民党军队，由于驻制粉楼的和驻营业室的两部分军队发生内讧，双方各用机枪小炮互相对射，致使该厂20多间营业室和13间仓库全被焚毁，室内所有账簿、文件、家具等物都付之一炬，更惨的是当蒋军败逃时，纵火焚烧了制粉楼，致使五层制粉楼及楼内的全部机器设备（24部钢磨及其配套设备）和几千包小麦均被焚毁。至此，成记面粉厂成为废墟，陷入危亡境地。

1948年9月，济南解放后，成记获得了新生。成记由于在济南战役中遭受战火之灾，给再度复工生产带来了极大困难。全厂职工热烈响应党和政府"发展生产，繁荣经济"的号召，积极参与建厂复工，以实际行动支援解放战争。资方代表苗永荃也积极参与建厂复工活动。在党和政府的正确领导和大力支持下，成记很快得到修复、整顿并开机生产。至10月份即能进行批量生产，日产量达到1790多袋，有力地支援了解放战争。当三年经济恢复时期，该厂在党的"公私兼顾、劳资两利"的政策指导下，生产不断提高，体制日臻完善。到1951年，日产量达到3400袋，比1949年10月的日产量增加了一倍。根据形势发展的需要，1951年10月，成记与山东省合作总社组合联营。公私联营后，在供、产、销诸方面都纳入了国家计划。1955年济南市所有私营企业都热烈响应党的号召，积极接受社会主义改造，纷纷申请，要求公私合营。当此之际，成记也在联营的基础上申请参与合营。于1956年1月，政府批准了公私合营。公私合营后，全厂职工总数150多人，公方和私方均有各自的代表任职共事。那时的实际生产能力，每接时钢磨日产量约近12袋，全月总产量约8万多袋，质量合格率达90%左右，出粉率（粉麦之比）也达90%以上。自1956年1月开始合营至1962年5月停产时，平均年产量为2.4多万吨。其年产量为该厂私营时期的3倍，为联营时期的1.5倍，大大显示了公私合营的优越性。现在的济南挂面厂，系济南市粮食系统的骨干企业，它的前身就是成记面粉厂。

（潘精良　整理）

附录：

成记面粉公司和民安面粉公司租赁合同

立合同　业主民安面粉公司　以下简称　民安
　　　　租户成记面粉公司　　　　　　　成记

兹凭中友介绍，将民安所有地基、厂房、仓库、全部机器、家具以及凡关于粉厂全部物件尽行租与成记。双方议妥各项条件列下：

一、关于全部房产机器等项，一经民安移交清楚后，所有用人及营业进行，概由成记自行主持办理，民安不得过问。

二、民安原定之商标及牌号照旧沿用，但须加"成记"两字以示区别。成记如愿自出牌号，听其自便。

三、民安应将全部房产、机器家具等项造具清册二份，经成记照册逐项点收无讹后，双方签字盖章，各持一份，以俟解除合同时，双方仍照原册交接。但中途如遇天灾事变人力所不能防预之损失，成记不负责任。

四、成记自开机之日起，每制粉一袋，应提银洋四分付与民安作为租价。在合同有效期内六年，双方对租价不准增减。制粉数目，每年总额约在一百二十万上下，如面粉多出时，亦照原价增加。每月底核算一次，成记与民安所派之监视人，各自列表报告民安各股东。

五、前项资产交成记接收时，由双方派人会同工程师，将全厂机器检点一遍，如有应加修理以及添补材料更换零件、皮带、纱绢等项，由民安担负，但须先由成记垫款，由成记应缴租价内尽先扣除。开机出粉后之随时修理或改装以及添换皮带、零件、纱绢等项消耗费用，概由成记自行开支。如开全机时，机器上所缺之备棍以及机件之修理或添造房屋，应先通知民安股东同意后共面作价，民安不得借故推诿致误应用，该款若干先由成记垫付，自租价内尽先扣除以清手续。

六、成记租用期限，自民安将资产完全交成记接收之日起，以六年为期。在六年期间，民安不得随意辞退承租户。等期满之后，民安继续出租时，于同等条件之下，成记有优先承租之权。

七、自本合同成立起，所有民安欠内欠外等项，由民安自行负责清理，概与成记无关。双方除由实业厅备案外，并须登报公布。

八、民安全部资产，自完全移交成记接收之日起，由成记代为照数垫款，保险期保险费由民安应得租价内尽先扣除，保险单应交民安代表人收存。其货物保险由成记自行办理。

九、漂粉、缝袋两机为必须之品，应由成记代为添设，需款若干，由民安应得租价内尽先扣还。

十、本合同经双方签字盖章共写二份，各执一份为证。

十一、成记应缴民安租价，每年分两期缴清不得拖欠。

十二、成记代民安所垫各款，由民安应得租金内尽先扣清。

十三、关于租物之房屋捐款，由出租人民安负担，其营业税由成记完纳。

十四、在租赁期间，双方均不得借故收回或解除契约。

十五、民安与成记契约解除时，所有民安原有之机器全部以及房屋家具等项，照件造具清册点交清楚，如有遗失损坏等情况，由成记负责修补之。

十六、民安所用机器厂房及一切应用物件，如有损失或添补等项，统由民安一次修理添补齐全，由成记按件点收清楚。以后倘机器上之损失修理或添补，归成记负责办理，与民安无干。

十七、本合同以双方签字后为有效。

业主民安面粉有限公司股东代表人　张子志　王子春

租户成记面粉公司代表人　苗杏村　王星斋

介绍人　苑详甫　朱子芹

民国二十一年四月一日　　　　　吉　立

成通纱厂的创建与发展

张德忱　张佐卿

张维盛字德忱，现年 84 岁，在进成通纱厂前，先在同聚福杂货店，继在同聚长粮栈任职。1932 年入成通纱厂后，先做些建厂时的征地等工作，后任会计。1933 年 5 月任会计主任。到 1948 年 9 月济南解放时，原副经理张景韩去台湾，同年 10 月经董事会改选被任为副经理。1984 年离休。

张经邦字佐卿，任原成通纱厂庶务主任，现已 79 岁。13 岁时与苗海南在桓台县立第二高级小学（在桓台县索镇，苗的故乡）系同学，1932 年（时年 16 岁）到济南后，于同年 6 月 15 日成通纱厂建厂时，由苗介绍入厂。入厂后干些装车、卸车和建房监工等工作。1933 年成通投产后，于同年 7 月被任命为庶务主任。1937 年 12 月，日军攻入济南，成通军管后，张离开该厂，在他 25 岁那年，成通纱厂王冠东回桓台探亲，又动员其回厂复职。至 1976 年退休，于 1985 年改为离休。

现在我们俩就成通纱厂创建与发展时期的一些大事，通过回忆，作出如下概述。

一

济南成通纺织有限公司（以下简称成通公司）创办于 1932 年，1933 年 5 月正式开业，厂址在济南北商埠，即现在济南第四棉纺织厂厂址。

成通公司是山东苗氏资本集团在他们所经营的同聚长粮栈和成丰面粉公司得到一定发展的基础上，经过多年筹划而建成的。

苗氏资本集团的一支，始于苗世厚。他原是桓台的一个商贩，后在洛口经营公聚和粮栈，兼营高利贷。胶济铁路通车后，又到济南开设恒聚成粮栈，代客买卖粮食，中间获利颇巨。加之受到广东客商的扶植，为广商收购花生向南洋输出，发展很快。1919 年，苗世厚去世后，其弟苗杏村及其子苗兰亭继承了他的事业，为了扩大经营他们的粮栈，在社会上广泛开展了活动。1930 年军阀韩复榘统治山东后，苗杏村又结交韩复榘，当上了山东省参议员和济南商会会长。随着苗杏村社会地位的提高，他的营业扶摇直上，获利愈多，资本愈加雄厚，成为桓台人在济南经商的一个大资本家。

苗氏资本集团的另一支，始于苗星垣。起初他由苗杏村介绍来洛口学生意，后由桓台北辛庄财主张鸿基扶植，与王冠东在济南经营泰华粮栈做粮食买卖。1918 年后又与王冠东同桓台县睦和村大财主张仲磐经营同聚长粮栈，生意兴旺。1921 年，苗星垣又与王冠东、张仲磐联合苗杏村合伙成立了"成丰面粉有限公司"。这是桓台资本家大结合的开始。他们在经营"成丰面粉公司"时，对另一民族工业——纺织业，已跃跃欲试。同时在英国学纺织的苗海南又于 1932 年春回国，于是积极筹备创建成通纺织公司，并订立招股简章，正式发起筹资集股。此时，正值"九一八"事变后，外侮临头之际，成通资本家以实业救国的口号，号召资本家投资。当时有些股东的入股，与苗家的鼓动和宣传是分不开的。

二

根据 1932 年成通纺织公司发起人所订的招股简章规定：成通公司为股份有限公司，总资本为 150 万元（银元），分作 1.5 万股，每股为 100 元，并规定由 50 名发起人担任 36 万元。虽然这些发起人都是济南许多大商号的东家，但股本也不能一次收齐。由于一时筹集起这么多的资金有困难，他们采取多分股份，广泛招股，一边生产，一边继续招股，以利润再投资，逐步补充资本等办法。当时统计股东户头多至 431 户，其中，桓台籍股东占了 276 户，在总股 1.5 万股中占了 7773 股，而这 7773 股中，苗家就占了 2112 股。其他股东包罗了许多非桓台帮的大商号、银行、银号以及许多棉花、棉布、盐务商人、农村财主、城市律师等。

按招股简章规定：出资 2 万元（即 200 股）者有资格当选董事；出资 4 万元者有资格当选为常务董事。选上董事或常务董事的，可先交一半股本，每年都有优厚的车马费。据 1937 年统计，除交通银行认了 381 股外，还有寿光籍的 491 股，章丘籍的 561 股，历城籍的 36 股，广东籍的 235 股，即墨籍的 279 股和东元兴的 10 股。除了吸收大股外，还吸收了大量的小股（主要是社会上的游资）以充实资本。

同时，成通公司为取得政治上的靠山，还通过董事长、当时济南商会会长苗杏村把山东省政府主席韩复榘拉作发起人之一。

三

自 1932 年 7 月开始，成通公司在济南北商埠小清河畔（即今之工向河）着手购买地皮、建设厂房，同时购买机器设备和准备招聘主要技术工匠。

全部厂房的建筑经过六个月，于 1933 年初夏基本完成，分设纺场、铁工部和原动部三个生产部门。1932 年冬，所购买的机器陆续运到，这些机器大部分是细纱机，多从上海怡和洋行以三年为期赊来的，此时全厂计有 2000千瓦发电机一部，锅炉一部，纱锭 14800 枚和铁工部的几部车床。

铁工部的机器全是由成丰面粉公司搬来的。技工由成丰面粉公司的铁工部负责培训，纺织技工则由苗海南负责招聘和培训。苗海南曾亲率新招到的20 多名工人，到当时设备较新颖、技术较先进的青岛日本纱厂接洽实习，但日方为压制我民族工业的发展，拒不同意。苗海南不得已改到华商办的华新纱厂联系，因他与该厂经理有一面之交，所以进厂还算顺利。在培训中，他采取了全面分工、分组、各掌握一门技术的方法。所以当培训结束时，这20 多名工人，基本上掌握了从清花到成包的一系列工序的专门技术。苗海南视这批工人为日后技术上的骨干，在培训中，给予他们在生活上较优厚的待遇。

此外，苗海南在青岛培训技工时，还从日商钟渊纱厂购买了部分摇纱机，结识了该厂摇纱车间领工王纪三，苗想请王来帮助建厂并设法代为招聘一部技工。王满口答应，并说："离开日本厂到中国厂，在名声上也好听。"苗又应允王纪三来厂后，给他较为优厚的薪水和一笔相当可观的年底奖金，同时可以照旧当领工（即把头）。于是王纪三就在各处活动联系。后来王按照苗的要求，秘密地联系了 10 个人（清花、钢丝、摇纱、粗纱、细纱各 2 人）并言妥来济南后每人每月工资为 45 元，比他们在钟渊纱厂的工资高 10 元。

这批工人动身来济南时，为了不让日本厂的爪牙发现，不敢在沧口站上车，而从青岛站秘密上车到达济南。到成通后，即着手安装机器，可是他们只会装日式机器，对于成通所购的英式机器无能为力，苗海南本人虽是留英学纺织的，但也没有多少实践经验，所以在安装过程中，仍借重于苗在南通纺织学院几个同学的协助。后来，通过原钟渊纱厂 10 名技工的介绍，又请来了 20 多名技工。这些人后来大部分都成了各车间的领班，而第一批来的则分别担任各工序的工务员和领工。

机器安装起来后，接着大批招收和训练工人（主要是纺纱女工）。到

1933 年投产时，当时全厂职工有 600 多人。第一任董事长是苗杏村，经理是苗海南，副经理是张景韩，监事是苗兰亭和胡益琛。

四

1933 年正式生产后，起初正值纱价下跌，棉价日涨，棉纱产量不高而成本颇大，因此未见效益。至 8 月初，工人技术能力逐渐提高，生产管理日臻完善。所以从 9 月以后，产量日增，由每日平均产 16 支纱 20 件，逐渐增至 46—47 件。从 1933 年 7 月 4 日起至 12 月止，产量的增加几乎是直线上升的，每件成本也由开机时的 40 余元减至年末的 30 元左右，年终公司盈利总数达 6.8 万元。

1934 年度，纱价又一度衰落，棉花价又增，这种棉贵纱贱现象，使一些资本较弱的厂子无法维持。华北各地纱厂面临危亡之秋。成通公司在此困难时期，由于工人技术大大提高，厂方加强了对工人的管理，所以生产仍日益增加，年终决算仍获利 10 万元（100542.02 元）。1935 年获利 10 万元以上（107038.63 元）。

1936 年因局势较为平静，秋收丰稔，农村经济复苏，购买力上升，棉花有供不应求之势。成通公司在这年营业报告书中曾这样写道："入秋以来，新棉上市，价尚平和，纱价之涨，实出人意外，本厂遇此千载一时之良机，全体职员更加努力，奋发增加生产，按 16 支纱计算，每日产纱至 57 件之多，每件成本仅 30 元之谱，迄今年年终总结所获纯益则达 37 万元，开近年来未有之新记录。"到 12 月，每件纱的成本只合 26.8 元。这是成通开机以来最赚钱的一年。于是各大股东更加积极筹备资本，争认股份，至此，各人股东的股份扩大到苗杏村 702 股，苗星垣 799 股，王冠东 819 股，张景韩 400 股。其他许多股东也将所得红利和股息投资入股或补其原认股数，一些高级职员也纷纷投资。所以这一年是成通公司发展史上的"黄金时代"。到了 1937 年初，股金不仅全部收齐，并且超过了 150 万元。在这期间，成通公司得心应手地运用了边生产边补充资本的办法。

五

成通公司自开机生产后，所用棉花除由公司派人直接向济南各棉花商行购买外，还派专人深入产棉区如高唐、蒲台、博兴等地直接采购，这样既可保证原料来源，又可降低成本。为了加速资金周转，库存棉花只保持用20多天，当秋棉上市时，公司就抓紧压价收购一批好棉花，纺好纱，以便在秋末冬初棉纱旺季时高价出售，而在棉花供应紧张时，就改纺霜黄棉（又称次白棉），以维持工厂继续开工，因为这时正是各大棉商抬高棉价之际，成通对棉商这一手是早有准备的。

成通主要产品是16支纱，大约有80％的成品在本市出售给纱商，其中有20％—30％的棉纱供给几个面袋厂制粉袋用，其余则在兖州、邹县、曲阜、滕县等地设立代销处推销（代销手续费为2％），运费由公司负担。另外，还派人到曲阜、兖州、临清、昌乐、潍县、高密、益都等地直接推销。因为成通所产的16支细纱，规格较好，其所以在潍县销路很广，就因为潍县等地有76万台土织布机，能争得一些主顾。成通公司所产的16支细纱的质量当时在济南三个纱厂（成通、成大、仁丰）中居首位，故销路很广，以致日纱商也感到惊奇。至于销路广的另一个原因，也由于成通资本家善于联络交往，互通经济情报，因而有利于经营活动。但就全国民族工业总的情况来看，1933年到1937年间的民族工业一直是处在经济危机之中。由于帝国主义疯狂地向我国倾销商品，掠夺我国资源，特别是日本帝国主义更大力在中国扩张其纺织工业。1936年，中国纱厂受日本纱厂严重威胁的就有上海振华、同昌两厂，唐山华新厂，天津华新等共六个厂，纱锭共18万枚锭。为什么中国的纺织工业在日本纱厂的竞争下空前衰败的时期，成通纱厂仍能获得较顺利的发展呢？主要有以下几个方面的原因：

第一，也是最基本的原因，是由于当时劳动力亢塞，成通公司可以以最低的工资来招募和选择工人，尤以招募适宜于纺织工业的青年女工为多。成通公司从第一年开始，就接受了大量的女工，到 1937 年全厂工人共 1150 人，而女工和童工就有 950 人，占工人总数的 82.6% 强。成通公司还以当时的民族危机，提出"共维国难"和"与外资竞争"等种种口号，通过实行考勤奖、年终花红等方式，调动了工人的生产积极性。

第二，成通公司采用了边生产边补充资本和自力更生自制生产机器设备的经营之道。以经理苗海南为首，竭力主张盈利再投资扩大再生产。每年的公积金占红利的 1%。每年的股东股息和红利的利用，都要服从扩大再生产的需要，有时甚至全年的全部酬金、股息和红利都一律入股。

与此同时，成通公司由于扩大了铁工部的生产能力，又能买到钢铁，利用从青岛和成丰公司等处招来的技术人员，大力仿制各种纺织机器以装备自己。这种自力更生成套、全面生产各种纺织机器（包括马达、电机等）的做法，是其他纺织工厂所不能比拟的。自制机器成本要比进口的便宜得多，更重要的是可以根据自己的需要来生产，而不至于造成资金积压，还能使公司的生产设备不断得到补充和更新。

第三，成通的股东中，有许多是花纱布庄的商人，他们能随时掌握花纱布市场的行情进行交易。另外，成通公司的股东又有一些是经营面粉公司的，这些面粉公司所需要的面粉袋，以前全赖外购，成通成立后，面袋厂当然就包销成通的面袋布了，面粉袋不需要好布，成通公司就向农村低价采购来次白棉作为原料，当时成通所产之"泰山牌"粗纱，就是掺入了次白棉所制成的产品。成通公司与济南复聚泰、同顺等面袋厂订立合同，由成通供应"泰山牌"粗纱，由他们加工成面粉袋。合同规定，不管纱价涨落如何，均按比市价低 3% 的价格提供，成通销在这方面的棉纱为总产量的 20%—30%，而这方面的顾主又是稳妥的。此外，成通为适应农民和各土织布厂的需要，向他们直接推销用次白棉纺成的纱，也是较受欢迎的。1936 年成通赚钱最多，与大量利用次白棉也有一定的关系。

第四，成通公司在管理企业方面，有一套管理办法。经理苗海南兼总工程师直接管理全厂，尽量缩减非生产性开支。全厂各科营业人员不过二三十人，而且尽量让股东来充任。同时还通过亲属、同乡亲友关系，以小恩小惠笼络各级职员，把亲信、亲属安插在各车间、各科室，形成一套严密的管理网络。

例如当时的主要技术人员（姜式彬、王励轩、蔡砥言）都是苗海南的同学，与苗配合得很好；工务人员和领班，都是苗海南从青岛招来的。这批开厂的技工，经理对他们一直笼络得很好，使他们愿为成通尽心卖力。

至于成通公司开厂后，生产一直得到顺利发展的原因，在1935年公司营业书上作了如下分析："对于生产如何增加，消费如何节俭，机器如何改善，考勤如何从严，工作如何比较，成品如何精良，莫不黾勉从事研究，整饬内部。虽罹水旱频仍，花贵纱贱，营业困难之秋，犹可以支持稳度。"不但免于倒闭，还获利10多万元。

六

成通公司在招收工人时，对纺织女工规定以13—30岁的青年女子为对象，所以招来的大都是15—25岁的未婚青年妇女。报名后经过挑选，发给临时入厂证，称为"临时工友"，这就是所招的"试工"。在试工期间，食宿由厂方供给，概无工资。试工三日（即察看三日）后，须再考验其智慧能力（即所谓"验工"），对愚顽不易训练者，则取消其临时入厂证，经考验合格者，则须填具自愿书并找保证人填写保证书，始得发给工折，进厂食宿，转为"养成工"。养成工的养成期为三个月，在"养成期内不准随便退厂"。规定"在三个月内如有退厂情形，保证人须负责缴纳训练时期的津贴"。还规定"三个月养成期满后，经考验合格，充为正式工友，照个人能力给予工资"。此外，工人每月工资内还要"扣两日工资作为保证储蓄金"。

铁工部及纺织场保全上的学徒工，多来自桓台的青年农民。根据学徒暂行规定第二条："学徒工入厂一个月后，须填写保证书与志愿书"，"在工作时间和纪律约束上与其他工人相同"，学徒工无论在厂内厂外见到职员与师傅必须鞠躬，徒工在人格上直接隶属于师傅，还须为师傅做些家务活。每个学徒工一般必须经过三年时间，才能转为正式工人。在这一时期内，不管技术如何"均应受技术教育，不得违抗"（学徒暂行规定第十二条）。同时规定："学徒工非得经理许可，不得聚会。"学徒工一律在厂内食宿。

招募工人时厂方为工人制好了"契约书"，其内容如下：

> 今得为贵厂工人，愿与保证人连署誓约，严守贵厂所定的一切规则及其他通知命令，并服从上司指挥，专心勉励业务。如有违犯时，情愿受即使开除或贵厂所规定之处分，或由贵厂押送衙署究办，亦毫无异议。

> 成通纱厂　本人
>
> 保证人　　左拇指印
>
> 　　　　　右拇指印
>
> 中华民国　　年　　月　　日

成通公司在工厂管理通则第十条规定："工友下班出门时，须在本厂指定之处受检查。"并在检查简则第一条中首先写道："货物出门及普通工友放工出门均须检查。"工厂管理规则第二十八条规定："工友上厕所亦须受看厕所者之检查。"检查简则第七条规定："检查所得之罚款，由工务处酌情赏于检查人。"

工资分为计件工资和计时工资两种。计件的如成包、摇纱等，计时的如铁工、保全。1933年开机时，工人工资最高为15元，最低者为3元，平均为7元，在发工资时在工人应得之工资内，除扣除饭费外，并根据职工储蓄暂行规定第四条："每月扣除6%的工资作为强制储蓄金，扣除二天的工资为保证储蓄金。"强制储蓄金遇有婚、丧、生育、伤、病、年老方可支出；保证储蓄金则于每年底发还。如遇开除，则概行充公。此外，还有其他罚款等。

成通公司所实行的工资制度，依照人事关系的亲疏，分为三级：一级是资本家的亲友、亲信；二级是高级职员的亲友和资本家从青岛招来的技工；

三级是一般工人。同等性质和劳动强度的工作，由于亲疏不同，工资也不同，一级和三级工人的工资之比，则是三比一或四比一。

成通公司还规定男女有别，工友宿舍管理第三条规定：男女"界限极严，不得稍有混杂"。工厂管理通则第 37 条规定："男女工友在厂内工作，不准互相闲谈，务各保重。"

1937 年"七七"事变后，随着济南的沦陷，成通公司的生产迫于停顿。在迄后 8 年的日伪统治时，被日军"军管"和"中日合办"，成通公司的生产逐渐萧条。日本投降后，国民党"光复"，成通又遭到"劫收"，渡过动荡的 3 年，直到新中国成立后才获得新生。

（吕荣华　整理）

成通纱厂的萧条与新生

张德忱　傅德馨[*]

一、沦陷时期的成通纱厂

（1937.12—1945.8）

（一）济南失陷与日军军管

1937年"七七"事变后，济南局势日益紧张。同年8月12日因玉符河决口，济南洪水为患，成通也遭水淹，院中水深五六尺，被迫停机。9月12日大水退去，9月20日继续开机生产。这次水灾使成通损失33万元以上。当时平津一带战事紧急，但济南市面却呈现了一派虚假的繁荣现象，所以11月、12月两个月成通仍然盈利126243.87元。

11月15日晚，正当工人交接班之时，黄河洛口大桥被炸，人心惶惶。当时有不少工人自动离厂，成通不得已于16日宣告停机。同时传闻国民党政府要搞"焦土抗战"，于是成通急于把存放在交通银行的600多件棉纱移存到万字巷仓库。还有一批存在交通银行的棉花，本来已借好复成信仓库准备移存，但交通银行却不理睬，于是有402包棉花成了所谓"焦土抗战"的

---

* 作者傅德馨当时系成通纱厂经理苗海南的秘书。

牺牲品。

洛口大桥被炸后，日军尚未过河，在一些人看来，认为形势缓和了，是纱厂大获厚利之时，成大纱厂决定开机。成通比成大离黄河还远，所以也随之开机。到 12 月 25 日济南局势又紧张起来，国民党政府进入工厂布防，于是成通又再度停机。过后两天（27 日），韩复榘的第三路军逃之夭夭。当时济南一片混乱，小偷、流氓、抢掠之风到处盛行。如茂新面粉厂就被抢劫一空，成通公司因事先有了准备，才得以幸免。国民党军队放弃济南后，日军侵占了济南。这时成通的生产完全停顿下来。

1938 年 2 月 9 日，青岛日商丰田纱厂代表山田等五人来济南成通，声称奉日本军部令接收成通一切事务，经理苗海南回答说："本厂资本系小商人集股而成，与成大情况不同，请为转达特务机关长官，说明实情。"次日日特务长官又召见苗海南说："本军对贫民生活问题，急需设法维持，而贫民生活又多赖于各大厂维持。所以军部叫他们到厂接管，因系奉有使命，不得拒绝。"14 日以后，山田等三人即催原业主速作交代，成通托济南维持会顾问丰田从中解说，董事王玉岩也托人周旋，但都白费心机。在财产难保的情况下，成通于 2 月 19 日召开股东会商讨对策，但是股东有的东逃西散，有的不敢露头，因此到会者无几，但会议还是开了。有的说："我们厂小，股本不大，应请求日方照顾。"有的说："既属代管，待将来大局稳定后，或收买或合作还不一定，一俟大局稳定后必另有办法。"惶惶然莫知所措，讨论了一番之后，谁也拿不出好办法，但总的精神不管什么趋势，只要能有利可图，还想办下去。结果于 3 月 1 日清账造册完毕，在日本特务机关派员监督下，由成通董事长苗杏村与日商丰田纱厂代表三田省三签字盖章，随即由日本特务机关将成通交给日商丰田纱厂代管，至此，成通纱厂就开始了日军的所谓"军管时期"。

在日军军管和后来的"中日合办"时期，成通原业主都被赶出大门。原业主把董事会的召集地点和办公地址，改在同聚长粮栈（这里是"桓台帮"的一个聚会地点）。在此期间，他们商讨了几件大事：第一，关于运往西安之机器是出售还是自己办厂或是与别人合股建厂；第二，商洽"中日合办"

成通公司之一切事宜；第三，"中日合办"后与日军如何打交道，成通原股东如何分红等事宜。

此时，董事会已失去它应有的职能，所以，从"七七"事变前的1936年改选以来，到1942年3月18日，才由董事会提出改选，因为这时已进入"中日合办"时期，人事上不能不有所变动，而且原董事长苗杏村，已于1941年去世，新董事长也应相应选出。于是在4月10日，假伪济南市商会开临时股东会议时，改选了董事会。选出的常务董事仍是过去成通公司的实力派，苗星垣、苗海南、王冠东、王扶九、张景韩、张念初等；新任董事长由前任董事长苗杏村之侄苗兰亭继任。苗兰亭任董事长，除了是因袭他叔父的权势外，更重要的还是因为他此时已是济南的伪商会会长。

（二）筹建第二厂计划流产

济南沦陷前，成通原业主对筹建西安厂仍不灰心，1937年9月27日召开临时董事会，商榷筹建事务。会上意见有分歧，西运或留济争执不休，以致机器装运西安之事迟迟未能进行。后来战事吃紧，又不得不慌忙装箱，装好一部分后，铁路运输已不畅通。当时国民党山东省主席韩复榘曾勒令西运，并拨来许多空车皮，在匆忙中只装运了一部分，且多残缺不全。当时运往西安，完全是无计划的，有成品，也有半成品，所以运往西安后也无法开工，所有机器一直寄放在西安成丰面粉公司里。后来被政府强买去24台马达，给价仅为12000元。到1940年2月间，西安成丰来信，说大兴纱厂想买这部分机器，成通厂接受了上次官府勒价强买的教训，怕当地商人勾结官府低价强买，不敢再放置下去，赶忙召开董事会。派耿培甫、张岩祥去整理机器，以备出售。早在事变以前，成通欠成丰77000多元，这时西安有一锅炉省煤机，价值10万余元，决议将此机抵押给成丰。总之，成通不得不卖掉这批机器。同时，在济南也出售给中国银行一部分机器，还有一部分车床卖给了西安成丰，共得157万元，由各股东分掉了。

对西安建厂一事，各股东之间意见不一，苗家力主迁往西安，筹建新厂。而大股东张景韩等不愿去西安办厂，力主卖掉机器，弄钱到手。在这种情况下，筹建西安第二成通纱厂，也就告破灭。

（三）所谓"中日合办"

1938年末，日本丰田纱厂"代表"三田省三开始与成通原业主"协议合作"，这就是所谓的"中日合办"。"中日合办"是日本帝国主义用来侵略我国的毒辣手段，这不仅是经济掠夺，更主要的是迫使中国工矿企业为日本侵略战争服务。

"合作"对于成通原业主来说无疑是被迫的，痛苦的。但在那种情况下，他们认为"合作"总比没收好。当年开厂时那种带有民族意识的"挽回利权"的口号和不允许外资参加、防止合并的意图，此时也只好收起来了。

1. 商洽"合办"的经过

自1938年来，日军丰田纱厂代表三田省三向成通原业主提出"合办"后，曾经一度洽商，但未得结果。

1939年上半年，丰田纱厂代表三田省三又旧事重提。成通董事会委派苗海南接洽合作事宜，并加派王扶九、李寿三、苗兰亭等协助。因当时不易召集董事会，就由他们组成小组会，进行商讨。讨论的主要问题是按原价还是按现价来估算成通全部财产总值和济南失陷时成通在交通仓库被焚的棉花损失等。后来，因中日"双方条件相差太远"，没有取得结果，但双方谈判仍在继续。

对于合作，在成通内部的分歧也很大。在董事会上讨论计算成通资产总值时，有人主张既然日方提出合作，那么我们就按原价计算；有人则认为应按现价计算；也有的认为原值、现值都写上，搪塞一下；而苗兰亭则认为搪塞不得，应认真计算，以示"开诚布公"。至于苗海南，因曾留学过英国，被日人视为英美派，所以在1940年4月召开的董事会上表示："个人稍回避，由他人前进，以作拖延。"他的态度遭到苗兰亭的拒绝，只好硬着头皮，负起谈判的重任。

1940年5月间，苗兰亭、苗海南又被迫与日本人浅井继续接洽合作事宜。浅井将成通的全部不动产及货物等只作价390万元，并要将其中250万元作股金，95 万元作还债之用，余 45 万元打算合作后从每年盈余项下提取十分之一还给，以作为 1937 年、1938 年、1939 年三年的一分红利分发。他们回来向董事会一转达，大家都不同意，要求仍以二分红利计算，要他们再进一步与日人交涉。6 月，初步与日人议定：全厂作价 380 万元，先交 190 万元作股本，至合同签订后，再拨 90 万元，合作后再拨 100 万元。当时由日商丰田纱厂将此案向上海总公司报告。

这时成通原业主争执的不是合作与不合作的问题，而是如何计算资产总值、如何分劈红利的问题。这两项一直是商榷讨论的中心，也是合作推迟的原因。

到 1941 年，经再三折中，至 7 月初，才与日商丰田纱厂议定：成通全部财产作价 320 万元，除了 135 万元作资入股外，其余在新公司成立后再交成通。但到签字时，日方又变卦，不愿提现款，于是又作罢。成通董事会撤回了代表成通去谈判的苗海南、苗兰亭的委托书。

以上是日本丰田纱厂与成通原业主在"合作"问题上的商洽过程。到 1941 年 7 月，伪华北政务委员会正式颁布"军管工厂发还申请手续规程"，伪山东省公署训令成通原业主着手申请发还，办理期限 6 个月，至次年 1 月为止。这时，日本丰田纱厂代表三田省三暗自向苗海南、苗兰亭表示："倘若日军部叫你们与日商合营时，你们可向军部负责人说：'你们愿与日商丰田株式会社合作，如果成功，我送你们每人 4 万元。'"这是日商之间的抢夺，是丰田资本家收买中国资本家的第一手。在日军紧逼、伪政权威胁和丰田纱厂的收买下，成通原业主着手填写发还报告书，同时又继续与日商丰田纱厂洽谈"合作"事宜。当然，与日商合作是大多数股东所不愿意的，既担心被日商兼并，又考虑到这种合作是不光彩的，因为没有别的出路，所以一直拖到 12 月 13 日才将申请合作之呈文交给有关当局。

在这份呈文中，成通原业主将成通动产与不动产，包括地皮 157 亩、房屋 964 间、全部机器 2 万锭及其附属条件，并原动部 2680HP 透平发电机一部、棉花 575382 斤（被焚之棉不在内）、棉纱 586 大件以及各种材料等等，估价为 11589468.15 元（伪币）。后来日本特务当局以所填价值过高驳回，并勒令删去价值比较表、四年来估计盈利表、移交花纱材料表各一份，将全部动产与不动产现值指定为1382035.90元（伪币）。日本特务机关当局已不再像以前那样"客气"了。12月21日，日本特务机关又召集各厂负责人，由矢本中佐"训话"，将成通全部财产作价103万元，勒令与日本丰田纱厂合作，违者即为建设东亚秩序之障碍。苗海南听了觉得作价太少，股东们不会愿意，表示自己不能做主，要回去召开股东会议商议后才能决定。矢本中佐对苗说："说股东不愿意，乃阁下不乐意吧！假若没收的话，又将怎样呢！限你五日订立合同，签字后再召集股东会议追认即可。"日本丰田纱厂代表三田省三见成通原业主对作价103万元极不乐意，便私自拿出35万元交给成通股东作为补助费，这是三田省三的第二次收买。随后丰田纱厂之另一代表山田又答应将军管四年来的盈余四分之一计约85万元，提交成通原业主，这是第三次收买。

在日本军事当局的压力之下成通原业主于27日召开董事会议决定："唯有屈服听命"，与日本丰田纱厂签订了"合作"合同。

2. "合办"的股份和人事

合办后的资本总额为270万元，中日各半，同额出资，股份分为5.4万股，每股为50元，以中国联合准备银行券为准。这些股份中有株式会社丰田纺织厂专务取缔役西川秋次26100株（株即股，下同），成通公司董事长苗兰亭（代表成通原业主）2600株，苗兰亭200株，三田省三200株，苗海南200株，三好静一郎200株，山几保太郎200株，张景韩200株，秋田一100株，王扶九100株，胡益琛100株。

董事会的人事安排是：董事长：华人1人；常务董事长：日人1人；董事：日人3人，华人2人，共5人；监察人：华人2人，日人1人，共3人。形式上董事长由华人担任，监察中也有华人二人，实际上华人一点权力也没有，实权掌握在日人的常务董事和日人经理手里，而成通原业主只有俯首听命而已。这是日本帝国主义对华北经济侵略掠夺的缩影。

合办合同呈报北平的日本大使馆备案，于1943年批准后，成通公司正式由中日双方各出五人所组成的董事会接管。从此，成通公司进入了"中日合办"阶段,直到 1945 年抗战胜利,国民党山东党政接管委员会接收为止。合办初期,每年结账两次,按股分劈红利,成通原业主的红利提出后,就在"同聚长"召开会议分给各股东。1944 年 5 月,日军三田省三"以兀军用"为名,批去 10400 锭纱机及各种机器 248 台,再加上此时日军末日将临,农业生产遭受摧残,棉源不继等原因,成通处于瘫痪状态,成通原业主再不能照例从新公司分得红利了。自 1944 年 4 月至 1945 年 8 月,没得到一点红利。在这期间,既无款项活动,又无事情报告,所以一年多来未开董事会。到 8 月间召开董事会时,原业主所据有的资金仅有 2 万元和少量物资了。

"合办"初期,日军把铁工部作为军械修理场所。到了末日,竟以细纱机作为废铁,供军事需要,破坏纱机和附属设备。到日本投降转交时,全厂能开动的机器只有 5000 锭了。

二、国民党统治时期的成通纱厂

(1945.8—1948.8)

1945 年 8 月日本宣布投降后,国民党官僚资本集团以"胜利者"自居,赶到收复区来"劫收"胜利果实。日军用野蛮残酷的手段从中国人民手里掠夺去的财富,从民族工商业家手里抢去的企业、银行等,又转入以四大家族为首的官僚资本集团手中,使民族工商业在"接收"的名义下,又遭受了新的迫害。成通公司也成为国民党反动派的"劫收"对象,成通公司原业主同国民党接收机关进行了钩心斗角的争夺。

(一)设法申请赔偿损失

1945 年 8 月抗战胜利,10 月 4 日国民党山东省党政接收委员会,委派成通原经理苗海南为监理人,开始从日人三田省三手里接收成通公司,并向三田省三递交备忘录。备忘录主要内容是厂内一切权益事项,必须经过苗海南的同意才能办理。在国民党敌产处理局认定"该厂系被迫合营，日人并无投资"的申请之后，将企业全部移交原成通业主。

以后，成通资本家又向国民党当局提出了赔偿沦陷 8 年期间损失的申请。

自 1937 年济南沦陷日军统治成通，到 1945 年 10 月 4 日原业主接收为止，成通公司原业主的损失很难精确地计算出来，据 1946 年成通原业主向国民党山东党政接收当局申请要求补偿日军所造成的损失统计，成通 8 年损失计为 324401252 美元（其申包括被日军拆去的纱机、棉纱、棉花、机器、厂房折旧等）。在这些损失中，对日后恢复生产关系最大的是 1944 年 5 月被日军拆运青岛的大批机器。成通自 1946 年 2 月起就向国民党山东省党政委员会、青岛敌产处理局和申纺公司青岛分公司等方面提出申请，要求丰田纱厂补偿这批机器，但此时的丰田纱厂早已为国民党的中纺公司所接收，因此，这一申请于 1947 年 7 月被中纺公司驳回。其他各项损失的偿还，尽管也写了不少呈文，但这时国民党反动派正忙于大打内战，所以成通企业主申请赔偿损失之事最终宣告失败。

（二）修制纺织机械，生产逐步恢复

1. 满目疮痍，困难重重

1945 年 10 月 4 日，资方代表苗海南接收成通公司，当时公司情况很混乱，日军只留下 8000 锭，而实际能开动的仅有 5000 锭，其他机器也残缺不全，加之国民党的大小接收人员从中把持，胡作非为，更给公司带来许多困难，成通原业主对当时工厂的描绘是"说是自己的，又像是国民党的，说是国民党的，又像是自己的"。

成通原业主收回成通后，召回了沦陷前的各科室营业人员和被视为有发财能力的各车间工务人员（特别是开厂时从青岛来的一批职工）。成通企业主对他们许愿说："你们是开国元老，有我们苗家吃的，就有你们吃的。"有些老工人是闻讯自己回来的。当时全厂科室计有职员 65 人，工人 356 名，此外还有日籍人员 44 名。

在召回职工的同时，厂方又着手整修生产设备，到 11 月份，就从刚接

收时的 5000 锭增至 8000 锭，日产棉纱 2 件。此外，在日军占领期间增设的 60 台丰田自动织布机，开动了 58 台，日产棉布 20 匹。

抗战胜利后，官僚资本持大量法币到收复区来，大肆收购物资囤积居奇。所以当时原料来源更为枯竭。成通所用的棉花原系济南市纤维公司配给，该公司所有存棉只给成通也不敷三个月之需，煤炭更为缺乏。到 11 月 20 日，国民党山东省党政接收委员会接收成通时，所有棉花只够 14 个月之用，所有煤炭只够一个月之用。自 11 月 21 日至 28 日共计产纱 20 件，棉布 272 尺，售 6 号更生布 600 尺，用棉花 10915 斤，可是购进的棉花只有 2102 斤；用去煤炭 119 吨，而购进的煤炭仅 50 吨。尽管厂方力图恢复生产，但由于原料奇缺，生产不得不缩减，以致找回的职工不得不随之裁减，12 月 27 日一日就解雇职员和工务人员 7 人。

就生产能力来说，据当时 8000 锭纱机估算，若增加工人到 1000 名，则可全部开机，预计可日产棉纱 15 件，为当时的 3 倍；如加开夜班，即可增产到 25 件，达到当时产量的 5 倍（1945 年 11 月 28 日成通接收委员会向国民党山东省党政接收委员会的汇报）。

当时，法币在与伪币兑换中提高了它的购买力，物价曾一度下跌，厂方当然急于趁此时机购买原料，但苦于手中无钱。11 月 20 日接收时，仅收到法币 2007238 元，黄金 56 两，伪币 39747.32 元，而库存的棉纱、布匹又不愿在低价时出售。为此成通在 12 月 13 日向国民党山东省党政接收委员会要求借法币 1000 万元，以便周转，但结果不仅没有借到款，国民党山东省党筹委会还以该会生活困难，要成通补给他们 2 万元法币。在此情况下，成通除了请求将所接收之各种棉布成品以及各种与生活方面无直接关系的物品陆续出售，换购原棉、燃料，以作资金周转外，厂方不得不将接收的 56 两黄金陆续出售，换得法币 5395050 元，用于购买棉花、燃料。

当时煤炭供应同样入不敷出，11 月 21 日存煤为 400 吨，每日需消耗 17 吨之多，至 12 月初，只存煤 200 多吨，仅能供十数日之用。可是国民党第十一战区副司令李延年却要成通拨借 5001 吨煤给济南市电灯公司，拨 100 吨煤给铁路局。若如此，成通则将一命呜呼，后经几度请求，才得幸免。

至于棉花的供应，则更困难。一直为济南各纱厂供应原料的伪济南市纤维公司，又为接收大员所接收，改为山东棉花公司，摇身一变成了国民党的财产。12月22日接收纤维公司委员会临时办事处召集成通、仁丰、成大三厂代表开会，要各厂代纺该公司所存之棉花，实际上，这些棉花早已于抗战胜利前由伪纤维公司售给各厂，并且已付了部分款了，接收大员却将这些棉花当胜利品接收过去，并交给各厂代纺，这分明是又敲了一次竹杠。

总之，接收初期的公司情况，其董事长苗星垣在1947年6月10日给青岛区敌产处理局济南办事处的呈文中作了一些描述："经敌八年之摧残，千疮百孔，满目凄凉。机械之残余，形同废铁，若不大力修理，难以资用。其他，如厂房之漏洞，设施之残缺，在在需款，当时既无充裕资金，难于维持开机。"

上面还只是敢于启口的部分情况，至于国民党接收人员的敲诈，官僚资本集团合并的野心，伪接收机构的胡作非为，接收纤维公司临时委员会的花招，以及国民党军政当局的勒索等等，无法向上陈述，成通厂已完全处于垂危挣扎的地步。

2. 初步复苏，产量回升

成通的产权确定后，意图迅速恢复生产，但每进一步都是困难重重，除资金短缺、煤棉来源枯竭外，棉纱的销售也十分困难。由于国民党对解放区封锁，棉纱不准外销，仅能在济南市销售，销量十分有限。至于铁工部制造机器所需的钢铁材料，经过日本人的8年掠夺，只能从小商贩手中购得一些在战火中留下的破铜烂铁，而成通厂要恢复旧观，就必须依靠铁工部来修整和制配纺织机器。

1946年7月，成通的生产才得到初步恢复，这时全厂职工人数为928人，工人的人数虽只有接收时的两倍，纱锭也仅从8000枚增至9200枚，但棉纱产量却升至接收时的6倍。这是因为加开了夜班和增加了工人的工作时间。

到1946年9月，棉纱日产量上升到20.5件，据这时的工厂登记表记载："全年的产纱总数为5400件，棉布为114000匹，总产值为888525000元（法币）。"

棉花来源多由商人从本省夏津、高唐等地采购，成通再从他们那里购入。

成品的销售除大部分在本市外，亦经中间商人之手远销曲阜、泰安、兖州、滕县等地一少部分。

9月份的收入总算达到平衡，并得56537875.6392元的纯利，银行存款697871080.32元，此外还有外欠部分现金与金条，从这些看，资金周转方面已不成问题。

1947年又继续恢复，到这年3月统计，有14000锭纱机（其中8000锭为英国进口，自制6000锭）、60台丰田自动织布机，平均日产棉纱为30件，棉布为70匹；原料为脱里斯棉花，每日需13000市斤，用畜力车自鲁西购入；燃料用煤每月需580吨（每吨价为12万元），购于淄川、博山；公司总动资金为36亿元。至5月，纱锭增至15000锭，年底，全厂纱锭增至18400锭。

全厂职工人数亦有增加，计有职员128人，年薪总数为41.5亿元；工人总数（全年平均数）为1491人，年薪总数为63.5亿元（平均每一个工人工资只为职员的13.1%）。到这年12月统计，工人总数为1182人，大大少于全年平均数。生产量也低于全年平均数。

3. 赶制机器，纱锭大增

成通的生产能力所以能够迅速恢复，在很大程度上是依靠自己能制造机器。1945年10月4日在原业主接收工厂时，厂中仅存纱锭8000枚，能运行者5000枚。为赶修机器，尽一切能力扩大铁工部的生产能力，1946年3月花了2331万元，从文德铁工厂和大通铁工厂买来了一些铁工设备：旋床、刨床、钻床、马达等。后来又从成丰面粉厂贷来30多部车床，这样铁工部的生产能力大大提高。铁工部200多人，日夜开班赶制，此外，成通厂还委托本市10多个铁工厂和五六个翻砂厂为本厂制造纺织机器。

在机器制造中碰到的最大困难是五金材料奇缺，市面上的条铁、熟铁很少，钢材更为缺乏，唯有一些旧机器铁尚能买到，但这些机器多是白口铁，用过一次坏一次，有的铸出来就车不动，不能加工。因此，成通于1947年5月间请求国民党济南当局，要求配给细纱锭子钢和粗纱锭子钢及钢丝布等，未得答应。后虽在上海办事处买到点，但铁路运输已转入战时状态，没能运回。同年8月，成通又申请国民党第二绥靖区司令部发给由张店购生铁30吨的许可证，结果仍未答复，成通厂曾动议要求购买青岛丰田纱厂，因出售办法未定，没有实现。

由于钢铁奇缺，只好用代用品，把原有的几百张铁架床都用起来做机器，三角铁买不到，就用生铁做；细纱机上的滚筒，本应用马口铁，而改用白铁。即使这样的代用品，也只能从五金行、外埠行商等几条渠道费尽力气才能拿到手。但不管供应多么困难，铁工部从未停工待料，可见成通对铁工部的生产抓得是相当紧的。

在制造机器过程中，有两个有利条件：一是技术工人尚多；二是日军在1944年5月间拆运成通的10400锭纱机，尚未运走。在此以前，日军还从青岛运来大批小型纱锭，成通就可以任意去掉原有大型的，而改用小型的。这些现成的纱锭，已经构成了制造机器过程中的大部工艺过程，所以这是极为有利的。

成通到1948年8月计有20600锭纱机，除去原有的9200锭外，这期间，自己所造的有10400锭，其他必要的辅助机器也有相应增加。这些新造的机器，虽是仿英国进口纱机之型号，但质量很差，声音很大，耗电量也很大，纱机转速只不过200/分钟，生产能力较低，断头率极高。副经理张景韩曾说："好坏不管，只要能出纱，运行半年后，即使敲成一堆废铁，也够本了。"

（三）竞选国大代表，招架各种勒索

成通的几个大股东，为了应付国民党反动派无止境地敲诈勒索，使成通不致在工商业的一片倒闭声中关门，不得不进行一些政治活动，以谋得一点政治资本作为靠山，在选举伪国大代表时，经理苗海南也同其他伪国大代表竞选者一样用了同样的手段参加竞选，但结果却只落得个候选人的资格。

到后来，济南战事吃紧，国民党面临溃灭，工人运动日益高涨，这时国民党极需一些商界的头面人物在他们的各种组织中挂名，苗海南随即被国民党挂上"济南市警察局福利辅导委员会"委员的头衔；1947年12月被国民党山东省警察局组织的"义勇警察指导委员会"聘为委员，出席了12月14日在皇亭广场举行的义勇警察入伍仪式；同年12月28日成立的国民党济南消防设计委员会，也拉苗为委员。很明显，国民党是利用这些商界有影响的

代表人物，来充当他们愚弄群众、安定济南局面的工具。

尽管成通企业主进行广泛的政治活动，并受国民党的支持利用，但国民党还是毫不客气地向成通厂大肆敲诈。1946年9月30日，济南双十劳军筹备会以劳军为名敲去100万元（伪币）；山东省革新运动委员会借蒋介石"六秩华诞"，提出什么"献校奖学"，要成通最低捐款1000万元；1947年3月又通过济南商会搞什么劳军，要成通捐布鞋1056双，袜子528双；同年7月国民党济南警察局福利指导委员会，以筹募基金为名又敲去5000万元；更荒诞的是1947年5月4日国民党济南市政府社会局开展"集体结婚"运动，也要成通献锦旗、银盾、银杯作纪念。除了捐献，还有所谓"惠予廉价出售"，要成通按批发价的8折、7折甚至5折的价格，售给纱布，显然这又是一种无情的敲诈。1948年3月12日，国民党山东保安司令部要成通"允平价售给无牌号12磅白布1500匹，以备急用"。同年4月4日，该部特务大队更是毫不客气地要成通"破除价格，优待售给质量最好的白洋布20匹"，成通厂只好"按三厂以往旧例"，仁丰为8匹、成通为7匹、成大为5匹照给。更露骨、更野蛮的一次要算国民党特务所办的《新生报社》，以武力挟逼来向成通借钱，经理说没有，报社记者竟拿出手枪，往桌上一放说："不借就把这支枪卖给你……"吓得经理以8件纱赔了不是。

成通在这些敲诈勒索下，进退维谷，难以应付。当时他们有三怕：一怕来电话，二怕来信，三怕请客，届时他们只好推辞有病。1948年3月，经理苗海南在山东抗战烈士遗族会写来的要求赊给棉纱的信上批道："关于买纱事，来电话时，即说副理赴上海，经理患病，候经理病愈再说……"在苦恼时，他发誓说："子子孙孙千万别再办工厂了。"

（四）担心停机停产，联合递呈建议

成通1945年接收到1948年1月，生产的恢复发展达到了最高峰。再往后，便日益萧条，濒于停产的边沿。

首先是棉源枯竭。据成通的一个呈文统计，4月份济南市存棉，三个纱厂纺用不足一月之需。当时棉源不济的原因，主要是国民党中纺公司的垄断。

中纺公司由国民党政府拨款大肆抢购棉花，仅在济南购棉就达 3000 余包。因而成通、成大、仁丰三厂不得不联名呈文于国民党济南战时动员指挥部和国民党山东省建设厅，要求将这些棉花挪借，以济眉急，否则生产将停顿。后来虽经一再请求，还是以"奉政院令不准挪借"而告结束。

其次是人员大增，成本增高。从农村逃来的地主、富农、还乡团等投奔到成通，如 4 月份日产纱仅 23 件、白布仅 80 匹，而全厂工人总数却高达 1582 人。

再则由于资金外流，银价吃紧，资金不够周转。当时各银行因战事紧急，不愿贷款。在这种情况下，成通厂联合成大、仁丰向国民党当局提出六点建议，

1. 借用或代纺中纺公司在济之存棉。

2. 按"配棉审核简章"规定，纱厂不足一月之需时得申请配给。

3. 查核本市存棉不够本市各厂一月之需时不准外运。

4. 配给印棉及美棉。

5. 严禁高价收花，垄断市场。

6. 减低税收。

成通厂幻想依靠济南战时总指挥部的势力，并诉之"倘被迫停工，数千职工及数万眷属，均将流离失所，影响社会秩序，实非浅鲜"的道理来乞求援救，仍想维持生产与中纺公司竞争。

首先，请求借纺或代纺中纺公司的棉花被拒绝。此时，中纺公司除数千包棉花运出外，仍继续放价抢购市场棉花。这样就造成"不但市面存底越来越少，且以国家资本垄断市场、商品等"（成通、成大、仁丰联合呈文）。对此，成通、成大、仁丰及山东裕鲁公司，"为避免竞争，除统一调剂外，统一收购。"又于 5 月 1 日，组织了"济南各厂商联合收花处"（设于裕鲁公司），向济南当局提出三点建议：

1. 济南三纱厂每月实际需棉花量暂定为 140 万市斤，如每月收花量超出三厂月需量，其超出数由裕鲁公司及三纱厂各半分购，但各纱厂如不愿收购余额时，仍应交裕鲁公司收购，统一外销。

2. 暂以本办法公布之市价为标准，不得再行提高，必要得由防守司令

部拟定合理价格，强制收购，交联合收花处，按规定比例分配。

3. 本市经营外销之外商，先共同在防守司令部登记，并取具妥保。由本市外销物资，须经防守司令部批准查验，并须规定每月最低限度换回棉花1000包，运到后即填表报告，必须售给本市厂商联合收花处，如逾期不交花，到后售给其他厂商时，防守司令部得撤销外运执照，予以严厉之处罚。

成通等厂殊不知国民党全国花纱布管理委员会早已垄断了全国的花纱布的产销，规定："经营棉花买卖业务之行号商贩，须将所购得之棉花，依该当地价格售予本会收花机构或其他委托机构及受委托之纱厂，棉商同业公司不得囤积或私售。"这就给成通等厂的三点建议判了"死刑"。后来，国民党花管会又规定：设在产棉区未经指定代纺之纱厂，须凭本会核发之采购证（当时济南没有该会办事处，各项业务归天津办事处管辖），到指定区域照规定价格凭证自行采购应用。其实这完全是欺骗，因为当时济南已成孤城，下乡自由采购早已成为过去的事了。后来三厂代表马伯声又与花纱布管委会商妥代纺，但实际上当时代纺办法尚未公布，济南又不是拟行代纺的地区（拟行代纺地区当时是浙江、安徽一带）。国民党还企图用限价配售来稳定市场，但在局势动荡的济南，通货膨胀、物价狂涨、金融破产，不可能限价配售，且限死棉纱价格，使纱布成本大大增高，所以2月20日，成通又联合成大、仁丰联名请求解除限价配售办法，恢复自由销售。

在此期间，还一度有信赖官僚资本集团多少配给些外棉的幻想。7月间，印度棉花两次运抵天津，共6000包，但第一批全数为中纺公司所占，第二批棉花也不供应济南企业，于是信赖国民党政府配给外棉的幻想又破灭了。8月间又有一批美援棉花，曾使济南各纺织业者为之振奋。8月5日国民党山东工业会在给济南各厂的通知中说："现据上海报载，关于美援棉花现经'美援运用委员会'决议，由国内各厂换取纱布，行销南洋各地，更与土耳其有输往棉纱协定，本市各纺纱厂亟应将成品情况，平日向上级反映，准备我会员之产品驰骋于国际市场，俾与工业先进国家作一角逐。"这种空头召唤，对于民族资本家只不过是精神上的安慰而已。

6月间，成通、成大、仁丰三厂联名呈文国民党山东省政府，"征收棉花特捐有碍生产"请求"准予豁免以维生产"。得到的答复是"事关交通，碍难照准，仍希共体时艰，勉力缴纳，以应戡乱急需为要"（见成通存档，借棉花卷中仁丰致成通函）。

这时，苛捐杂税也随着反动统治危机的来临，不仅数量加重，而且花样翻新，什么防预费、绥靖特捐、缮靖费、出伙费、慰劳费、民训义警费等等，各种苛捐杂税占总成本的90%以上。此外，稀奇古怪的掠夺也层出不穷，据成通、仁丰、成大三厂的一份呈文中记述："本市军政部所属之被服厂，订三厂20支纱，共280件，每件给价少于30万元，计三个厂损失8400万元，该厂又于昨日来各厂门口，扣留三厂市间购入之棉花。"

济南解放前夕，国民党当局加紧构筑工事，还成立什么"济南市工事构筑委员会"，大拆民房、厂房等。1948年4月间，成通纱厂男工宿舍的西墙、北墙被拆除，后由于厂方的哀求，才免于再受损失。为了搞军事运输，国民党当局要各厂派工人当搬夫，"违者以贻误战机论处"。成通的600名男工，全部被派去出夫，严重地破坏了生产。

对于工厂赖以生产的发电用煤，也是国民党当局掠夺的主要对象。他们以种种借口"借"用煤炭，一次"借"达40吨之多，供应电力公司。同时山东绥靖统一指挥部又规定，日有煤超过10吨者限6月5日以前呈报防守司令部，又曾两次从成通拉去12吨煤。1947年10月以后，令各纱厂、染厂、面粉厂"限期每日筹集10吨，由商会负责，运到国民党飞机场"。

成通公司从1947年1月到1948年5月，共被掠去61168844980元，其中有种种名目稀奇的捐税和摊派。

以上事实，就是国民党政府对成通濒于停产时提出的六点建议及其他一切请求的回答。到1948年7月，生产下降，用棉量从过去的每月551000市斤，减至每月473000市斤，销路也从过去的兖州、曲阜、潍县、周村紧缩至仅限于本市，银行也不再贷款，完全靠自力苦撑，于是经营脱离正轨，主要业务转入黄金投机和囤积五金器材等，由于抽走大量资本，生产陷入一片混乱。

（五）昔日资本组合，今朝各分东西

"桓台帮"属资产阶级上层，拥有500万元资本[1]，是山东最大的资本集团。实际上"桓台帮"又分为两个系统，一是以恒聚成粮栈、成记面粉厂和成大纺织公司为主要企业的苗世厚、苗杏村、苗兰亭系统；一是以同聚长粮栈、成丰面粉厂、成通纱厂为主要企业的苗（星垣）张（仲磬）王（冠东）系统。这两个系统随着利害得失的加深，矛盾早已表面化了。但对成通来说，最关紧要的是苗、张、王三家早已结成的"同志堂"的分裂。

"同志堂"是"桓台帮"苗、张、王的经济联盟。苗星垣、王冠东在桓台大地主张鸿基授金经营的泰华粮栈发家后，与张鸿基拉拢的桓台另一大地主张仲磬一起开办同聚长粮栈。张家资本雄厚，王、苗二家系举人和贫民出身，家底不厚，但有经商能力。苗、张、王同盟成立时，曾有过誓言：凡三家要办之工商业，必须一齐出力，不能私自经营，各家有钱，也必须归"同志堂"汇总，统一支配。后来张仲磬去世，由其子张景韩继承。论世辈张仲磬与王冠东、苗星垣算是同辈的老世交，所以张去世时，将景韩托与王、苗二家，要他们视为亲骨肉，扶植教养，以维持发展"同志堂"的事业。后来这三家也确实合作得很好。1933年筹建成通时，王、苗部分股金由张家垫出，在北商埠天桥东街等地购买和建筑大批房产，也全系"同志堂"所共有。

到1937年"七七"事变后，特别是在日军逼近济南战事吃紧时，成通企业主的矛盾就从在西安设厂这一问题上表现出来。由于没有办大企业的条件，只好各自另行打算，大都转向小本经营，分别设立一些铁厂、面粉厂和粮栈等。王冠东在这个集团中，不但资格老，而且一直是决策者，许多计策多出自他一人。1945年他去世后，失去了骨干，该集团活动的中心——同聚长粮栈，也因国民党挑起内战，粮食来源困难而告破产。随着同聚长粮栈的垮台，这个集团的裂痕日益加深。继承王冠东事业的是他的弟弟王扶九，他是从事法律诉讼的，早年留学日本学法律，对"同志堂"的其他成员不放在眼里，在这种情况下，合作已名存实亡。自抗战胜利到济南解放，这个集团

---

[1] 樊百川：《试论中国资产阶级的各个组成部分》，载中国科学院历史研究所第三所集刊第三集。

的分裂已完全表面化，相互间钩心斗角。在这一斗争中，苗家一直处于优势地位。这时公司中苗星垣任董事长、苗海南任经理，兄弟二人操纵公司大权。但张、王二家也不落后，与苗家明争暗斗。苗家据职尽量将资金外调，把资金投放到银号、铁厂、面粉厂等，还把资金外调去谋取私利，如投资文德铁厂，原是以成通公司名义投资，后将这批投资收回，由苗星垣自己再投资补充，这样文德铁厂就转入苗家手中。

1948年秋，成通纱厂召开了董事会，会上各怀算盘，暗自思谋，从当天下午直吵到第二天10点多钟。会上争论的中心问题是如何瓜分和抽走资本。经过十分激烈的斗争，最后确定：由苗、王、张三家平分黄金。还剩下60条金子，后来被王扶九劫去台湾。"桓台帮"就这样散伙了。

济南解放时，张景韩、王扶九都带款逃往台湾，苗家兄弟决定留在济南，所以始终没有把机器设备外运。到解放军解放济南时，苗星垣已去南京，苗海南因事前在上海接触了共产党的地下工作人员，听到了一些共产党的关于工商业政策的宣传，因此决心留下来，迎接解放军入城。

（六）分析形势特点，试析盈利原因

从1945年10月成通原业主接收成通开始，至1948年9月济南解放，为时共2年零10个月。在这期间，尽管经营不顺利，困难重重，但成通在设备和工人人数上都超过了1937年的水平，纱锭数和工人数分别从1937年12月的19000枚、1300人，增至1948年8月的20000枚、1552人。因为国民党挑起内战，济南一直处于战时状态，棉花的供应、棉纱的产销和燃料的供给等等，都不如以前，所以到1948年8月为止，棉纱日产量一直没有达到战前的水平（47件），其最高日产量仅只36件，然而公司仍年年盈利，仅1947年一年分红，如折合人民币达49515.10元，1948年8月又分红利，计301091.50元。为什么在全国民族工商业濒临倒闭之际，成通仍得以恢复，并年年有盈利？为什么棉源不济，时有停机，成通又得以继续生产，而没有倒闭？析其原因约有以下几方面。

济南成为孤城后，棉花等原料都直接操纵在投机商手里，中纺公司持其

大量资本抢购囤积，甚至外运津、沪，在这种情况下，成通依靠中间商贩购棉销纱。当时解放区极需城市的工业产品，特别是棉花、布匹等日用品，允许商贩运入一定的商品和运出一定的农产品，如棉花等，所以成通一直没有因原料不继而停机。

由于战争，军用面粉需要量大增，相应的面袋的需要量也大大增加，各面粉厂购纱自制面袋，这给各纱厂、织布厂带来了生意，因而销售量日增。

由于投机商人大量囤积棉纱，因而各小织布厂棉纱紧缺，所以各织布厂多加入济南纱布业同业公会，由该会与各纱厂联系，优先向织布厂售棉纱，这也是成通棉纱得以销售，利润得以保证的一个方面。

由于物价狂涨，币值猛跌，成通厂采取了棉纱换棉花的办法，通常一件纱要以 700—800 市斤棉花的代价出售，而实际上每件纱只用花 350 市斤，这样既解决了棉纱的出售和棉花的购进，又稳拿了大量利润。

此外，由于当时通货膨胀，物价飞涨，有现钱的人为了避免钞票成为无用的废纸，也尽量设法把现钱变成可靠的实物，其中有不少人买了棉纱或棉布，而他们所购之纱、布，又多系暂不提货，寄放于厂中。由于顾主交了现钱，又暂不提货，这实际上是吸收了社会上大量的游资，这也是成通在当时较恶劣的条件下，能维持发展生产，并获得一定利润的原因之一。

公司的管理经营方面，完全由几个大股东直接掌握，这种权力的高度集中，在当时来说是有利于经营的。苗星垣以董事长身份，控制公司的大权，资金的利用、红利的分劈等全由他一人做主，副理张景韩专事跑外，往返于津、京、沪、济之间，把济南的粮食运往青岛，从天津运来棉纱又转运上海，再用这些资金购钢材、钢丝等，凡经营大权由他一人把持，而曾留学英国的苗海南则以经理的身份专事技术和进行交际活动。被誉为公司"开国元勋"的张德忱、张佐卿，则分管财务和庶务大权，他们都是成通企业主十多年来的老搭档和得力的助手。

迫于当时形势，成通还寻求过其他牟利道路，如抽走资金、囤积五金器材、进行黄金投机等等。这些活动对弥补生产萎缩带来的损失，也起一定的作用。

成通企业主进行这些活动时，需要职员为其保密，他们实行了一些收买拉拢职员的办法，如 1947 年终，主任一级一人给 3.5 件棉纱，还经常给各科主任以犒赏，使其主要下属死心塌地地为成通公司效劳。

三、解放后的成通纱厂

（1948年9月至公私合营）

（一）复工生产，安定秩序

1948 年 9 月 16 日起，中国人民解放军经过 8 天的激烈战斗，于 9 月 24 日解放了济南。成通公司从此摆脱了束缚，成为新中国国民经济的一部分。10 月 11 日，市工会派了一个工作组，到厂了解情况。次日，济南特别市军事管制委员会派孟繁柏、李春之、何迟宁、郭英等为驻厂军事代表，进厂工作，第三天宣布复工。

济南解放前夕，成通企业主将大批资金外调，董事张景韩、王扶九等劫持大批黄金逃往台湾，结果只剩下厂房和机器，并在交通银行负债 20 余万元（人民币）。就在解放之初的几个月里，成通面临极大的困难，济南军管会积极扶助工厂复工，给予 4 亿元（北海币）低微利息的贷款，并进行统购包销，供应棉花，统售棉纱（供应军用），把成通厂外存放的 842 件棉纱，2251 件白、青布全部予以统购。以后又按四定标准，以每件纱 600 至 800 斤棉花供应原棉，比应需 380 斤棉花高出约一倍。同时在 1948 年 12 月 19 日组织仁丰、成通、成大三厂成立联合办事处，统一购棉、统一售纱。统一购棉使原料和资金问题基本得到解决。通过以上措施，把成通从奄奄一息，当天进棉当天加工的危难窘境中挽救了出来。

复工之初，由于匪特的造谣中伤，全厂 1750 名职工在复工时只剩下 600 人左右，生产秩序极为混乱，军代表入厂后，宣传党的政策，批驳谣言，制定约法八章，要大家各安职守，照常供职，并宣布废除十一小时工作制，暂时实行九小时两班工作制。厂内迅速成立了护厂大队，工人王东皋担任队长，其任务是反破坏、反抢劫，保护机器、财产、粮食，口号是保卫胜利果实。他们组织起留厂的600多名职工，确保了工厂的安全，成为复工生产的开路先锋。

1949年春，通过酝酿，厂内建立了职工代表会，5月，建立了职工代表会的基层组织——职工小组，全厂1816人中有1589人参加了职工小组。1949年6月15日至17日，召开了成通第一届工人代表大会，会员1398人，占职工总数的71%。年底，参加工会的职工增至1813人，占职工总数的99.18%。年底成通厂内还成立了中国共产党支部委员会，各车间成立支部。在党团工会领导下，工人以战斗的姿态投入紧张的支前生产。

1950年，政府组织三大纱厂（包括成通）设立联购原棉办事处，保证了工厂的正常生产。省市花纱布公司在成通最困难的日子里（5月、6月），给予加工原棉80万斤、1195件的任务，人民银行给予贷款20万元（折新人民币，息率是月息折实1.2—1.5），使成通顺利地渡过了难关。

厂内订立了劳动公约，推行了标准工作法。自此次布降至十分之一，皮辊花从307磅减至261磅，每月省工16个，每件棉纱由原棉600斤降至300斤，操作方法也有所改进，布场出现能看2—3台织布机的能手。1950年下半年开始，纱布场改为八小时三班工作制，生产效率更是提高，为国家创造了更多的财富。公私兼顾，劳资两利政策的贯彻，引起了企业主的极大兴趣。企业主看到有利可图，也以全副精力经营企业，派人驻上海交易所掌握价格，防止因金融物价波动，而使生产和产品销售遭受损失。济南纱布销售困难，便运往天津销售，换来大批钢材生铁，供铁工部制造机器，充实生产设备。1950年全年各支棉纱比1949年增加15%，布场增加35.6%，纯利增加107万元（1949年是2万多元），相当于解放前最好获利年份40万元的2.7倍。1950年成通纺织厂共购置新旧布机195台，布机单独马达160台，连原有布机共255台，纱机本厂添造4160锭子，连原有的共24800锭。

成通企业主过去二十年来惨淡经营，几经波折，理想一次次破灭，想不到现在在劳资两利政策下，生产得到空前发展，美梦变成了现实，他们喜出望外，称这一年为黄金时代，衷心地拥护党和政府的领导。

（二）改进管理，生产发展

成通纱厂解放后在各方面都有所变革，以机构为例，早就担任了华东军政委员会委员、山东省政府副主席的成通经理苗海南，在共产党的帮助教育下，很快接受了新的管理方法，向国营企业学习，对行政机构作了不少的改变，如废除工务委员会，扩大厂务委员会的权力，吸收职工参加企业管理等。

成通厂的工资制度，厂方在1949年作了一次调整，全部人员每月平均工资100斤小米，这比1948年每月平均80斤小米，比日军统治时期最高每月平均60斤小米已有所增加。1950年下半年，企业经营管理好转，厂方又作了一次调整，拿固定工资的除按职发薪外，全年工人每人面粉16袋，职员每人18袋（称为饭费），全年每人发制服两套，新年每人发面粉一袋半、廉价布27尺，4次发布头共48尺，褥单7尺，蚊帐1件，过年奖肉2.75斤，24次犒赏肉共9斤。此外，中秋、端午节有节奖犒赏肉、毛巾和肥皂等。不拿固定工资的每人半年得红利布49.62尺，冬季煤100斤。

1951年12月25日，依据中央纺织工业部公布的棉纺工人工资制度方案，成通厂劳资协商会议制定了厂内工资方案。新的工资标准，计件工仍是以定额为依据，计时工以技术水平为根据，按八级工资标准评定。按月八级工资标准是：一级50分，24.21元；二级58分，28.08元；三级66分，32.62元；四级76分，36.80元；五级88分，42.61元；六级101分，48.94元；七级117分，56.65元；八级135分，63.35元。1952年10月，又按国家规定，按23级的工资标准，调整行政管理人员和工程技术人员的工资。

工资调整后，计件工、计时工增资1442人，占总人数的92.2%，增加工资分17.298%，工程技术人员和管理人员增资156人，占总人数的81.25%，增分20%。

1949—1953 年的工资比较表

年份	工资总额（元）	全部人员平均工资（元）	工程技术人员平均工资（元）	生产工人平均工资（元）	是 1949 年平均工资的 %
1949	61000	33	179	28	
1950	480000	254	1200	198	770%
1951	872000	441	1886	346	1336%
1952	1289000	622	1902	524	1890%
1953	1378000	572	1300	526	1739%

从 1951 年下半年起，国家批准了成通的申请，由一半加工、一半自纺交付统购，到主要产品的全部加工，基本解决了企业经营的困难。1951 年到 1953 年各种产品产量有所提高：1951 年增加纱锭 5200 枚，奠定了 3 万枚锭子的基础；新建八寸槽，可日产 1009 匹的染厂开始生产青蓝色布。1952 年改进了摇纱机及其他机件多种，加装布机 116 台，奠定了 214 台布机的基础。

1949—1953 年产值产量和利润

项目 ＼ 年份	1949	1950	1951	1952	1953
总利润（元）	22969	1098112	115929	1505483	1826389
总产值（千元）	8540.83	9271.80	9023.46	14954.00	17776.80
劳动生产率（元）	5615	5516	5186	8181	8510
棉纱产量（件）混算	11896.97	12715.61	11711.22	17856.87	20909.90
	12436.07	13818.97	12846.14	20193.42	22444.27
棉布产量（件）混算	824276	1115714	1261213	2363870	4472367
	826597	1120400	1266560	2373798	4491151
色布（公尺）	—	—	749909	3397170	5276640

注：按 1952 年不变价格计算。

1949—1953 年主要经济指标

定额名称 ＼ 年份	1949	1950	1951	1952	1953
纱锭每个（混合）	18.66	18.26	18.72	18.73	23.37
锭时产量（标准）	19.58	19.85	20.57	21.63	25.26
布机每台（混合）	2.571	2.887	3.189	3.415	3.593
时产量（标准）	2.578	2.889	3.202	3.429	3.608
每件棉花拈用生棉	212.06	207.46	212.88	209.94	211.46
每千公尺布纱线量	136.65	122.74	140.41	136.29	138.13
每件棉纱用电量				239.82	256.20
每千公尺用电量				195.48	102.41

1949—1953 年职工人数、主要机器设备和利用情况

年份	生产人员	生产工人	职工人数	工程技术人员	纱锭（枚）	布机（台）	精锅机（台）	卷染机（台）	纺机利用率（％）	纺机运转率（％）	布机运转率（％）
1949	1866	1625	1955	31	24000	60	1	10	84.11	73.03	79.25
1950	1740	1499	1826	32	24800	60	1	16	84.12	78.66	89.47
1951	1841	1597	1986	34	24800	84	1	16	79.55	78.82	79.66
1952	1905	1603	2040	68	24800	199	1	16	93.43	92.82	97.08
1953	2490	1848	2413	86	24800	199	1	16	98.21	94.68	97.60

注：机器设备已装数。实际设备到 1952 年为纱锭 3000 枚，布机 255 台。卷染机到 1952 年 8 月 16 日修整大致就绪，开工生产。

从以上三表来看，1949—1953 年成通厂在产量、质量、生产效率、机器设备和使用等方面，逐步好转，职工人数逐年增加。尤其是从 1951 年以后（1951 年因上半年一半自营、一半加工，全年总产值比 1950 年稍为下降），发展更为迅速。需要注意的是，1952 年生产时间只有 10 个月（停工两个月学习），但生产仍有很大发展。新中国成立后，成通厂未出现赤字，年年有盈利，年利直线上升。

（三）公私合营，股权确定

1953 年 12 月 10 日到 1954 年 4 月 20 日，成通厂资方先后三次向市工商联、市财政委员会和统战部申请公私合营。当时成通厂归青岛纺织管理局领导。1954 年 5 月 15 日政府批准成通厂实行公私合营，正式宣布将成通纺织股份有限公司改为公私合营成通纺织染厂。公私合营后，公股占全部资本的 62.6%，私股占全部资产的 37.4%。整个企业的生产和流通纳入了国家计划的轨道。

公私合营以后，原资本家除继续取得资本的股息及红利外，仍可在工厂任职，但已不是以资本家的身份，而是成为企业的工作人员了。

（吕荣华　整理）

附录：

（一）创办济南成通纺织股份有限公司招股简章

创办济南成通纺织股份有限公司缘起

挟武器以凭凌其祸显，恃经济以侵略其害隐。祸显者，咸知抵抗以相救，害隐者，多自忽略而习安。相救或可以自拔，习安则麻醉沉溺而难返吁。孰知经济侵略之为害，其烈更倍蓗于兵士武器哉？夫经济侵略不一端，而为日用所必须，输入中土之广、最惊人者莫（过）棉纱。若统吾国纱厂共有锭子二百五十万有奇，而日本在华纱厂锭子约一百七十余万，是吾国民衣料之源，除英美各国之棉纱布匹不计外，泰半为日本棉纱所供给。即（以）吾山东论之：沧口、四方共有日本纱厂六，共锭子三十五万，占百分之八三强，乃中国自办者，仅有济南鲁丰、沧口华新两厂，共锭子六万八千，占百分之一七弱。按（民国）二十年份山东产棉之统计，约一百五十万担（每担百斤），运济南者八十万担，运天津者五十万担，由胶济铁路张店、周村等站去青岛沧口、四方者约二十万担。济南之棉亦十分之九去青岛，是鲁省所产之棉除去天津及鲁丰、华新厂中所用者外，有十之六七仰日本纱厂为尾闾，查济南每年销纱约三千二百万磅（即八万大件），鲁丰所产者仅占十分之二三。山东产布以潍县为最，约有布机六万台，其纱料完全仰给于沧口、四方日厂之所产。鲁省全境触目市场几无处而非日本纱，甚至河北延至沧县，江苏延至徐州、宿县，所需纱布亦多来自沧口、四方之日纱厂焉。吾鲁一省漏卮之深，每年行销日本纱布价值在四五千万元之钜。鲁省如此，他省可比例而得，中国财力几何？其不贫而困耶！同仁等，懔强邻经济侵略之患，慨民生凋敝之惨，爰集资创办纱厂，藉供社会之所需，冀挽利权于万一。济南地绾南北，交通四达，且为鲁省产棉聚处，花纱布庄多至百余家，原料之取给，成品之销售，金融流动周转灵栖，较之其他都市均有莫大之便利，故奠厂址于济南北商埠小清河畔，（冀）利其水运资其便，定名为成通纺织股份有限公司。
当斯外侮临头，共维国难，挽回权利，实为扼要之图。兹经慎密之考究，初
步建设先置新式纺机一万锭，更置新式透平发电机一千五百启罗瓦特，以备
逐渐扩展，纵至纱机四万锭、织机五百台，马力亦不虞其缺，如此初步概算
约计需洋百万元，预计自营业开始，每年获利约得五十万余元，前途之发展
讵可限量。邦人君子其有一巩固中国经济，提倡国货，兼谋民生事业之企图
者欤？盍兴乎来，谨将节（简）章即厂址房舍，新式纱机一万锭、透平发电
机一千五百启罗瓦特之概算书附列于后。敬祈垂察。

发　起　人

王星斋	陈迈千	李萱之	耿振青	张九如	耿筱琴
解心斋	苗兰亭	孟懿斋	逯岳东	李槛泉	韩秀泉
张念初	王福亭	李寿川	苗杏村	王玉岩	孙梅村
胡益琛	王冠紧	车百闻	王华亭	车乃仓	徐建三
慈显廷	成逸庵	王泽庵	成鸿如	苗海南	牟杰三
高戟门	黄吉甫	王扶九	张景韩	荆子谦	王润青
王冠东	巩润川	于乐初	梁锦川	冯念鲁	周品三
伊华亭	伊连峰	李蒙山	赵梅岑	辛雪舫	苗星垣
宗聘卿	田子兴				

（济南国棉四厂　提供）

（二）济南成通纺织股份有限公司简章

第一章　总　则

第一条　本公司定名为成通纺织股份有限公司。

第二条　本公司为提倡国货，挽回利权，兼谋民生事业之企图，以棉料纺织供给社会需要为宗旨。

第三条　本公司厂址设于济南北商埠小清河间，以期机器需水便利、交通运输敏捷。

第四条　本公司采用英国最驰名大工厂所出之新式坚牢纺织机一万锭，及世界最著名、最新式之透平发电机一千五百启罗瓦特，以备逐渐扩充至纱机四万锭、布机五百台为限。

第五条　本公司遵照公司法，呈准实业部登记。

第六条　本公司商标以柏鹿、击馨、木铎、泰山、鹊华各牌为记，呈准商标局登记。

第七条　本公司凡关于应行公告事项，则登山东省政府公报及山东有名之报纸公告之。

第二章　股　资

第八条　股资总额定为一百五十万元，计分一万五千股，每百元为一股，发起人担任股本七十六万元，缴足后即行开办。余股继续招足，股银以济南市面通用银币为准。

第九条　本公司组织为股份有限公司，股东所缴股本银数外，不负任何责任。

第十条　本公司股款收到时，所有正式收据，或由发起创办人所推定之筹备主任签字盖章，或由指定委托某处妥实商号代收处之签字盖章，以俟本公司落成注册开办后再写正式收据、填换股票以昭慎重。

第十一条　本公司股票概用记名式，倘有遗失，当事人应报告本公司，并须将遗失股票之金额号数刊登本省有名之报纸声明，经满一星期后，无其他纠葛再出具殷实铺保，方得补给新股票，但每票应交纳手续费五角及印花费。

第十二条　本公司股东不得中途退股，如有转让他人者，须经本公司认可方为有效，但让受者概以中国人为限，倘有蒙混情事，一经查实，即将该股份没入公积。

第十三条　本公司股票以票载姓名为标准，如股东有以股票作抵押情事致发生诉讼行为或其他纠葛者，本公司概不负责。

第十四条　本公司股票如有买卖、让受、更换姓名情事，应照章规定办理（股票背面刊载章程）。

第三章　营　业

第十五条　本公司营业年限自开办第一年起至三十年为限，期满之前一年营业继续进行与否由股东会议决之。

第十六条　本公司期满续办时，呈请注册核准后各股东或增入或退出任其自便。

第十七条　本公司于营业期满前三个月应招集股东临时会，公推五人为清理人，结束完竣后通告各股东所余款项，按股分还。

第十八条　本公司办事细则、营业手续及一切应行事宜，应由董事会议决执行，不必通过股东会。

第四章　职员责任及权限

第十九条　本公司设职员如左：

董事长一人

常务董事八人

董事十八人

监察人二人

以上均由股东会选举之（详解见本章第二十七条）

经理一人

副理一人

由董事长及常务董事提出，经董事会通过任用之。

事务员若干人

由经理、副理任用之，但须经董事长同意。

第二十条　董事长负统辖本公司一切事务之全权，有监察督理一切之权，常务董事襄助之。

第二十一条　董事有卫护监督营业之权，如有重要事件，董事长、常务董事得提出董事会议决之。

第二十二条　监察人有查覆本公司一切账簿财产之权，对于董事所造具之各种表册簿据文件应核对调查签押盖章，以备存查。

第二十三条　经理有主持一切营业事务之权，副理襄助之。

第二十四条　事务员得随时受经理、副理之指挥分任各部营业事务。

第五章　选举及任事

第二十五条　本公司选举概用不记名联级投票法，投票时如本人不能亲到，得具委托书委托代表人，但代表人以直系亲属及本公司之股东为限。

第二十六条　本公司选举权以一股为一权。

第二十七条　本公司选举时须三十日以前通告各股东，届期股东到过半数（以股数论）即行投票选举。先选出董事二十七人，监察人二人。董事长及常务董事由董事二十七人自行投票选举之。

第二十八条　董事长、常务董事及董事均任期三年，监察人任期一年。期满后被选均得连任。如任期未满有因故退职者，应由临时股东会补选之，但任期得与前任合并计算。

第二十九条　董事长及常务董事非有二百股以上之股东，董监事非有一百股以上之股东均不得当选。股东有二十股以上者即有权查账。

第六章　股东会与董事会

第三十条　本公司股东会计分常年、临时两种。（甲）常年会于每年阳历二月间开股东会一次。（乙）临时会董事长、常务董事及董事认为公司紧要事项，或经全体二十分（之）一以上股东提出理由，书于董事会，均得召集临时股东会议决之。股东有因事不能到会者不得发生异议。

第三十一条　本公司董事会以到会过半数即得议事件。未与会之董事不得发生异议。

第三十二条　本公司董事会每月初旬开例会一次，如有特别事故，董事长及常务董事得临时招集之。

第三十三条　本公司董事会董事得亲身莅会，不得委托代理人，但委托本公司本届之董事不在此限。

第七章　决算及纯益分配

第三十四条　本公司股息按常年五厘计算，以收到股本之第二日为起息之期，每年终总决算后发给。但公司无盈余时不得以本金支付。

第三十五条　本公司按阳历每月结账一次，选具月报清册以备查核。每年终总结一次。除股息、薪金、伙食及各项杂费支销外，所得总纯益，先提出十分之一作机件房产折旧，但折旧不付机件房产损失时，得由董事会决议酌加，以资弥补，并例酌提备奖职工特别花红若干，用示鼓励。其余共作二十成，以二成为公司公积金，以二成四为董事长及常务董事之花红，以二成二为监察人、董事之花红，以一成四为经、副理及事务员之花红，下余十二成按收到股本数目及日期平均分配于各股东，每年于股东常会时即同时通告支领。

第三十六条　董事长及常务董事应劈之二成四作为百分，董事长得百分之二十，常务董事得百分之八十。监察人、董事应劈之二成二作为百分，监察人得百分之十八，董事得百分之八十二。经、副理、事务员应劈之一成四作为百分，经、副理所得百分之四十五又作为百分，经理得百分之六十，副理得百分之四十，事务员所得百分之五十五及备奖职工特别花红若干，均由经、副理酌情分配之。

第三十七条　本公司末届分红之期，无论股东及职工概不得先支预借。公司职工或解雇或辞职，所有花红概不支给。

第三十八条　本公司公积金除补助营业、弥抵损失外，至营业期满时始得分劈。但历年公积金若干，须逐一详注于账簿，以凭期满清算时，查照各股东入股之数目及年月日计成分配，营业人员不得享此权利。

第三十九条　本公司营业器具及开办费得于每年终纯益项下递补减原价十分之一至补全为止。

第八章　附　则

第四十条　本章程自注册备案后发生效力。倘后如有不适宜之处得由股东会随时议决修改，呈准实业部备案。

设计资产概算书

一、厂基　用地皮九十官亩，每亩洋三百五十元，约合洋三万一千五百元。

二、建筑　纺纱机及清纱机房共一百四十间，每间洋三百五十元。共约洋四万元。

发动机房、锅炉房及烟囱共约洋一万三千元。

货房四十间，每间洋五百元，共约洋二万元。

营业房二十间，事务员宿舍三十间，共五十间，每间洋二百元，约共洋一万元。工人宿舍一百五十间，每间洋一百元，共约洋一万五千元。

以上建筑总共约洋九万八千元。

三、纺纱机　十六支纺织机一万锭，全价约价洋四十二万元。

四、发动机　一千五启罗瓦特透平式发动机及发电机，全部约价洋十一万元。

五、电动机　电动机全部约价洋二万五千元。

六、锅　炉　锅炉一部约价洋三万元。

七、设　计　安装运输、喷雾器及其他装置等费约价洋三万五千五百元。

以上七项共约大洋七十五万元。

营业损益预算书

按纺纱机一万锭，每二十四小时（算一日），能产十六支纱三十九大件，暂以此一日之产量为计算损益之基本标准。

（支出项下）

一、原料：每日产纱三十九大件，每件约用棉花三百五十斤，共用棉花一万三千六百五十斤。平均每斤棉花价洋四角，共支洋五千四百六十元。

二、物料：每日产纱三十九大件，计用五金材料、机油、煤炭、皮带、包报等项，每件均费洋十二元，共支洋四百六十八元。

三、工资：每日产纱三十九大件，每件费工资洋十元，共支洋三百九十元。

四、营业费：每日产纱三十九大件，计用利息、薪金、膳费保险及杂项开支等，每件均费洋十三元，共支洋五百零七元。

五、统税：每日产纱三十九大件，每件纳税洋八元五角八分，共支洋三百三十四元六角二分。

以上五项总共支洋七千一百五十九元六角二分。

（收入项下）

一、纱价：每日产纱三十九大件，每件卖价洋二百二十四元，共收入洋八千七百三十六元。

二、杂益：每日约产废花、纱头等一千三百斤，每斤约价洋一角，共收入洋一百三十元。

以上两项总共收入洋八千八百六十六元。

总上收支两抵每日净得纯益洋一千七百零六元三角八分，每月照开工二十九天计，共得纯益洋四万九千四百八十五元零二分。

（济南国棉四厂　提供）

（三）成通纱厂训练大纲

纱厂招考养成工条件

（一）年龄　钢丝十七—二十二，棉条十七—二十二，粗纱十七—二十，细纱十四—十七，抽纱十五—十八。

（二）身长　钢丝六十吋以上，棉条六十一吋以上，头贰粗六十吋以上，叁粗五十八吋以上，细纱五十六吋—五十八吋。

抽纱五十七吋—五十九吋。

（三）绝对生手（绝对没有在任何工厂做过工）。

（四）身体健全。

（五）天足。

（六）剃发。

（七）目力好。

（八）手指灵活。

（九）未结婚。

（十）非聋、哑、癫、驼背、跛脚与狡猾者。

（十一）最好新从乡下来（倘有烫发、涂粉、着高跟皮鞋者亦不采用）。

钢丝部

第一日　（一）召集训话指示厂规（择要）。

　　　　（二）导入车间指示危险处所。

　　　　（三）机件物品名称之认识。

　　　　（四）棉条接头方法。

第二日　（一）机件名称考查是否已认识。

　　　　（二）机上接头。

　　　　　　　A. 龙头与压棍间之接头。

　　　　　　　B. 道夫与压棍间之接头。

　　　　（三）棉条筒调换及搬运手法。

第三日　（一）棉条筒与并条连络关系说明。

　　　　（二）煞头连接方法（抄钢丝时用）。

第四日　（一）下脚回花说明。

　　　　（二）后半部揩车及扫地方法。

第五日　（一）前半部揩车动作。

　　　　（二）后半部揩车及扫地方法。

第六日　（一）前数日工作之考察。

第七日　（一）换花卷方法及支数记号之认识。

第八日　（一）抄钢丝开车方法。

　　　　（二）抄钢丝关车方法。

第九日　（一）清扫时间表说明。

（二）前后门落棉及各处尘棉之收拾工作。

第十日　（一）钢终部注意事项说明。

　　　　（二）练习工作。

第十一日　（一）第二次考查（以后每星期考一次）。

第十二日　（一）由指导员指定工作学习。

第二星期后　学习管理四至六台。

第三星期后　练习管理六至八台，并派做夜工练习。

一月满期　考查方法合格并能管理十台以上者准予毕业。

细纱部

第一日　（一）指示厂规。

　　　　（二）导入车间指示危险处所。

　　　　（三）机器物品名称之认识。

　　　　（四）压头方法。

第二日　（一）扫地拣油花。

　　　　（二）接头方法。

　　　　（三）皮辊罗拉及锭子卷附花衣与回丝之处理方法。

　　　　（四）虾米螺丝板之清洁。

第三日　（一）下脚名称之认识并说明来由及清洁之利害。

　　　　（二）上下木杆清洁方法。

注：第一星期多做扫地拣下脚工作。

第四日　（一）粗纱装法及红绿筒管之分别。

　　　　（二）支数识别及钢丝圈号数说明。

第五日　（一）车顶整理（每日由指导员派赴各机学习整理此后每加清扫工作一种连同学习）。

　　　　（二）坏粗细纱之整理法。

第六日　（一）木锭脚与车面板之清洁时间及方法。

　　　　（二）落纱生头动作。

第七日　（一）皮辊架及皮辊之清洁方法。

　　　　（二）皮辊及皮圈之处理。

　　　　（三）粗纱搬运方法。

第八日　（一）考查接头及清洁木杆方法。

第九日　（一）卷取车头及车肚之飞花。

　　　　（二）考查去头方法。

第十日　（一）清扫时间表之说明。

第十一日（一）分段方法。

第十二日（一）其他注意事项说明。

　　此后由指导员每日按时分配学习、揩扫接头、生头等工作规定，每星期考查一次，一月半后，试管一木杆并派夜工学习二月，期满如接头生头能达到十个以上并能做十五个木杆者为合格，准予毕业。

（济南国棉四厂　提供）

苗海南与成通纱厂

文　舒

早年经历

苗海南生于1904年，兄弟三人，他最小。大哥世恭一生务农；二哥世德（星垣）在济南经商。他靠二哥的资助，从小学直到上完中学。1923年在省立第一中学毕业，经人介绍入一家私人银行当学徒，干了一年。因二哥倾心实业，第二年秋支持他考入南通纺织学院学纺织。1928年毕业后，他考取英国留学补助费生，进入英国皇家第六纺织学院（即曼彻斯特纺织学院）工程科学习。1931年毕业后，他按其兄意图在英国各大纺织中心考察，还到纺织机械制造厂实习，全面学习建厂经验、机械制造和经营管理。

1932年苗海南回国。他与兄面议后，得知日本人管理纱厂的方法高于英、美，就打算到青岛日本人办的纱厂去实习。日本人知他是留学英国学纺织的，多方阻拦，不让进厂。海南化装进入日厂，也被发觉逐出，只好进青岛华新纱厂。半年时间里，他一面在华新厂考察实践，一面通过行业关系，与日厂中有技术的华工取得联系，交上朋友，通过他们了解日本人的管理方法和技术特长。

成通纱厂的兴办

1932年6月，苗星垣、苗杏村堂叔兄弟再次合作，发起创办成通纱厂。当时为了多筹集资本，在招股简章中规定，个人入股，包括劝股，满4万元者可成为常务董事，满2万元者可成为董事或监事。后来成通董事会达到50余人之多，就是这个原因。不长时间凑了75万元，计划安装1万枚纱锭。因资金仍不足，由苗杏村赴上海托荣宗敬担保，向英国怡和洋行赊购了1万枚纱锭的全套设备，并向安利洋行赊购了1500千瓦的大型发电机一部。海南运用学到的技术，在成丰面粉厂铁工部设计制造出细纱机40台，并亲自动手建机房、安机器。1933年5月正式投产。

成通开办资本75万元中，成丰面粉厂的董事们共投资56万元，占总资本额的75％。当时，成通有29名董事，其中17名是成丰的董监事；这就形成了以成丰董事会为基础的成通董事会。成通董事会由杏村任董事长，星垣任常务董事，海南为经理兼总工程师，张景韩为副理，王扶九掌握了驻厂常务董事的实际大权。

成通各重要部门的职务也由成丰面粉厂、同聚长粮栈调来的亲信充任，从而形成了苗、王、张在成通纱厂的核心权力。

投产之初，生产骨干是海南带着到华新纱厂实习了几个月的20名工人。这些人当时都说学会了，可工厂投产时，却出问题不少。多亏海南结识了日商钟渊纱厂的领工王纪三，通过他联系了日厂10名技术工人，按工种分为清花、钢丝、摇纱、粗纱、细纱等。把这些人请到成通后，比在日厂多加10元工资，月工资达到45元。随后通过他们从日本人厂内拉来20多名技工，定为月薪32元。这批熟练技术工人成了成通纱厂的骨干，生产开始走上正轨。成通计有纱锭14800枚，工人600余。

成通从开业到年底，盈利6.8万元。第二年（1934年）棉贵纱贱，山东其他纱厂都无利可赚，而成通仍获利10万元。第三年，因《何梅协定》签订，日本人在华北控制经济，有些纱厂关了门，成通仍盈利10余万元。第四年棉花大丰收，棉价下跌，成通一年纯利达37万元。海南一直主张以盈利再投资来扩大再生产，每年的公积金只占红利的1.1%。1936年成通达到经营的鼎盛时期后，许多股东都见利眼红，海南就利用这一形势说服股东，将红利扩充股数，一些职员也纷纷入股。年底统计，资本积累已超过150万元。1937年，即成通建成后的第五年，上半年仍获利不少，下半年因"七七"事变，天灾停机等，损失33万元，但全年算账仍盈利34万余元。截至1937年底济南沦陷前，成通纱厂共有英国造纱机38部、纱锭14800枚，自制纱机11部、4800锭，两者合计，共有纱锭19600枚，职工达1150人。

成通在创建过程中，星垣、海南兄弟艰苦创业，配合默契。建厂时，全厂只有一台锅炉。按照惯例，必须两台锅炉交替使用，便于清除炉锈和维修，不致停产清刷。星垣根据办成丰面粉厂的经验，拍板决定先用一台锅炉干起来。他的经验是，锅炉中的蒸馏水不放掉，并不断增加蒸馏水，就可少生水锈，延长清刷的时间。后经连年使用，未发生问题。

星垣一到成通纱厂就先进车间，锅炉和发电机是他最关心的地方。对于新上的设备，他都亲临现场，自己测算核对。在试车前他先检查一遍，连个螺丝钉也不放过。一次要修一条循环水沟，他交代不准使用石灰。翌晨，他在下游发现水有白色，当即查问。施工人员说，昨晚收工时，有人不慎将石灰筐掉在沟中。但他仍不放心，到现场亲自查看，才未追究。

海南每天总是拿一半时间转车间，各个生产环节无处不到。他听听机器声音，就能知道哪个部位出了毛病。1934年，成通铁工部为制造纱机平台，从英商怡和洋行购进12英尺龙门刨床，试验效果不佳。海南知道后亲自检查，并找英商交涉退货、索赔。开始英商不认账，海南拿出合同指出：合同规定是英伦产品，实际却是香港制造的。英商理屈词穷，只得如数退还价银，赔偿损失费2700元。就在和英商打官司期间，海南和铁工部的技工一起制造了一台12英尺的龙门刨床，并改英货平形底盘为蝙蝠弧线形底盘，把结固的方形螺丝改为圆形花螺丝。英商来运退回的刨床时，发现了这台龙门刨床，认为是仿制的，提出专利权问题。海南当即指出，成通自制刨床是结合瑞士和日本的产品研制而成的，当场让英商看与英货的不同之处，英商无言答对。

成通纱厂的经营管理

成通除直接向市内各棉花商行购买棉花外，还派专人深入产棉区如高唐、蒲台、博兴等地直接采购，这样既可保证原料来源，又可降低成本。为加速资金周转，棉花平均库存期只保持20多天。秋棉上市时，成通抓紧压价收购一批好棉花，纺好纱，以便在秋末冬初棉纱销售旺季时高价出售；而在棉花供应紧张时，就改纺霜黄棉（又称次白棉），以维持工厂继续开工。因为这时正是各大棉商抬高棉价之际，成通对这一手是早有准备的。

成通主要产品是16支纱，大约有80%成品在本市出售（其中20%—30%是供几个面袋厂制粉袋用）；其余则在兖州、邹县、曲阜、滕县等地设立代销处推销（代销手续费2%）；另外还派人到兖州、曲阜、临清、昌乐、潍县、高密、益都等地直接推销。成通的16支细纱在潍县销路很广，因当地有76万台土织布机，正适用这一规格的棉纱。

从"九一八"事变到"七七"全面抗战爆发，日本帝国主义在军事侵略的同时加紧对我国经济的渗透，特别是大力扩张棉纺工业，使我国棉纺织业受到严重威胁。而成通纱厂恰在这一时期获得较快发展，分析起来，大概有下列几个原因：

1. 大量廉价劳动力的使用。成通从第一年起就大量使用女工。1937年时，全厂1150名工人，而女工和童工就有950人，占工人总数的82.6%。

2. 较高的积累率。以海南为首，竭力主张盈利再投资，扩大再生产。每年的股东股息和红利的使用，都要服从扩大再生产的需要，有时甚至全年的全部酬金、股金和红利都一律入股。

3. 自力更生自制生产设备。成通由于扩大了铁工部的生产能力，又能买到钢铁，还有一批技术人员，就大力仿制各种纺织和动力机器，成本较进口货低，也较实用。

4. 与粉业、花纱布业的天然联系。成通的股东中，有许多花纱布庄的商人，了解市场行情，在购入原料和销售产品两方面都能较好地把握时机。另外，成通的股东中还有不少经营面粉厂的，每年需要大量面袋布，自然又给成通提供了一个稳定的市场。面粉袋不需要好布，成通就低价采购次白棉，制成泰山牌粗纱，供面袋厂使用。成通与济南一些面袋厂订有合同，不管纱价涨落如何，均按比市价低3％的价格向他们提供泰山牌粗纱，供他们加工面粉袋。另外，成通为适应农民和各土织布厂的需要，向他们直接推销用次白棉纺成的纱，也是较受欢迎的。1936年成通盈利较多，与大量利用次白棉也有一定的关系。

5. 管理机构精干。经理苗海南兼总工程师直接管理全厂，尽量缩减非生产性开支。全厂各科营业人员不过二三十人，而且尽量让股东来充任。同时以小恩小惠笼络各级职员，将亲信、亲属安插在各车间、科室，形成一套严密的管理网络。

曲折的历程

1937年"七七"事变后，济南局势日益紧张，8月玉符河决口，成通纱厂被淹停机。一个月后大水退去，又开机两个月。11月，黄河洛口大桥被炸，工厂宣告停产。12月济南沦陷。1938年3月，成通被迫接受"军管"，由日本军方交给日商丰田纱厂代管。

济南沦陷前，成通董事会中曾有人提议筹建西安成通纱厂。苗氏兄弟倾向于这一意见，但因内部意见不统一，迟迟没有进行。待战事紧张，匆忙装运一部分机件去，也是残缺不全，不能形成生产能力，一直寄放在西安成丰面粉厂内，后都卖掉了。

从1938年末起，日本丰田纱厂就一直在筹划所谓中日"合办"成通纱厂事宜。"合作"对于成通原业主无疑是被迫的、痛苦的，但在当时情况下，他们认为"合作"总比没收好。当年开厂时那种带有民族意识的"挽回利权"的口号和不允许外资参加、防止合并的意图，此时也只好收起来了。

经多次谈判，都因双方条件相差太远而无结果。最后，在日本军事当局的压力和丰田纱厂的收买下，1942年底，成通原业主被迫与日本丰田纱厂签订了"合作"合同。合办后的资本总额为270万元，中日各半，同额出资。形式上董事长仍由华人担任（苗兰亭），监察中也有华人二人，但实权掌在日人常务董事和经理手中。合办初期，每年结账两次，按股分劈红利。成通原业主的红利提出后，就在同聚长粮栈召开会议，分给各股东。但从1944年4月至1945年8月，没得到一点红利，既无款项活动，又无事情报告，一年多未开董事会。到1945年8月间召开董事会时，原业主仅据有资金2万元和少量物资。

"合办"初期，日军把铁工部作为军械修理所。到了末日，竟以细纱机作为废铁，供军事需要。到日本投降时，全厂能开动的机器只有5000锭了。

1945年8月日本宣布投降，10月苗海南代表成通原业主接收成通自营，曾多次呈文向国民党当局提出要求日方赔偿八年期间损失的申请，终无结果。接收初期情况，正如董事长苗星垣在给青岛区敌产处理局济南办事处的呈文中所描述"经敌八年之摧残，千疮百孔，满目凄凉。机械之残余，形同废铁，若不大力修理，难以资用。其他，如厂房之漏洞，设施之残缺，在在需款，当时既无充裕资金，难于维持开机。"这些还只是敢于启口的情况，至于接收人员的敲诈，官僚资本集团合并的野心；接收机构的胡作非为，军政当局的勒索等，更是防不胜防。

在资金短缺、原料来源枯竭、产品销售困难的情况下，星垣、海南兄弟竭力恢复生产，修复旧机器，赶制新机器，增招工人，筹措资金。1946年夏，生产初步恢复，工人增至920余，纱锭9200枚。1947年底，工人1182人，纱锭18400枚。

从1945年10月接收成通到1948年9月济南解放，为时共两年零十个月。

尽管经营并不顺利，困难重重，但成通在设备和工人人数上都超过了战前水平。纱锭数和工人数分别从1937年的19600枚、1150人增至1948年8月的2万枚、1552人。因为国民党挑起内战，济南一直处于战时状态，棉花的供应、棉纱的产销和燃料的供给，都不如以前，所以到1948年8月为止，棉纱一直没有达到战前日产量47件的水平，最高日产量仅36件。然而，公司却年年盈利不少。这是什么原因呢？分析起来，除了苗氏兄弟主观经营的努力外，一个重要原因是当时的畸形经济形势，使棉纱成了人们存储保值的重要实物，引起了畸形的销售畅旺。

为了谋得一些政治资本以保住企业，苗海南也不得不进行一些政治活动，被军政当局挂上了各种头衔，还参加了竞选伪国大代表，结果却仅得了个候选人资格。

前文所提到的苗、张、王三家组成的资本集团也在剧烈的社会动荡中发生分化。最初是在"七七"事变后西安设厂问题上，苗氏兄弟与张景韩（张仲磐之子）产生分歧。抗战期间，企业被迫"军管"、"合办"，各家转向办一些小工厂、粮栈。1945年，重要决策者之一王冠东去世，继之的王家代表王扶九，自恃是日本留学生，不把其他成员放在眼里，集团裂痕加深。集团的活动中心——同聚长粮栈，也因国民党挑起内战，粮食来源枯竭而告破产。从抗战胜利到济南解放，这个集团的分裂已完全表面化。在斗争中，苗氏兄弟始终处于优势地位，掌握着企业的领导权。

1948年秋，成通纱厂召开董事会，苗、张、王各家的人都有自己的打算，从下午直吵到第二天上午10点，争论的中心是如何瓜分和抽走资金。最后确定，由三家平分黄金。

济南解放时，张景韩、王扶九都去了台湾，苗氏兄弟决定留在国内，所以始终没有把机器设备外运。

新中国成立前后的思想转变

解放战争后期，苗海南看到国民党大势已去，既有对国民党的不满情绪，又有不了解以至害怕共产党的心情。他的一首五言诗正反映了当时的心境：

徒倚江南路，嗟麟识道穷。

三春浑夏日，一雨便秋风。

青鸟书难寄，黄粱梦正中。

孤云何所托，舒卷任西东。

恰在此时，他在上海接触到了中共地下党人士，看到了宣传共产党工商业政策的小册子，因而打消了去台湾的念头，决定留在大陆，继续搞企业。当时国民党严禁物资北运，他买通了第二绥靖区的检查机关，在1948年6月间，将积存在上海的200万美元的生产性物资运回了济南，随后，偕夫人回到济南。济南解放后，海南积极配合驻厂军代表工作，工厂很快复工。

1949年，海南一次认购胜利折实公债15万份。1951年5月，为支援抗美援朝，成通纱厂捐献战斗机两架。在中国共产党领导下，海南思想逐渐觉悟，也很快接受新的管理方法，对工厂行政机构、管理方法作了一些改进。工人生产积极性也普遍高涨，生产不断发展。到1953年，有纱锭24800枚，职工总数2400余人。

在社会主义改造运动中，海南认真学习了党在过渡时期的总路线、总任务和党对民族资产阶级改造的方针政策，董事会共议申请公私合营之事，遂向党和政府提出正式申请。1954年5月，成通被批准公私合营，正式宣布将成通纺织染股份有限公司改为公私合营成通纺织染厂。

海南先后担任华东军政委员会委员，华东行政委员会委员，山东省人民政府副主席，山东省副省长，第四届全国政协委员，全国工商联常委，中国民主建国会中央委员，山东省一、二、三届人大代表，政协山东省第一、二、三届委员会副主席，山东省工商联主任委员，民建山东省工委主任等职。十年动乱开始他受到迫害，1966年10月3日在青岛去世。1978年7月18日，中共山东省委、省政府主持，在济南英雄山召开了苗海南追悼大会。

以愉快的心情接受社会主义改造

苗海南

　　已有22年历史的私营济南成通纺织染厂，已于本年5月15日承蒙人民政府批准为公私合营了。这是本厂空前的一件大喜事，也是本厂建厂以来的最大光荣。这个大的转变，已使成通纺织染厂改变了原来的资本主义生产关系，而变成一个直接得到社会主义经济领导的新的企业了。随着生产关系的改变，我们全厂的面貌将为之改观，企业和资本家个人将得到进一步地改造，对社会主义工业化将贡献出应有的力量，因此我自己感到十分光荣和愉快。

　　在这欢欣愉快的日子里，回忆过去，看看现实，展望将来，令人不能不有所触感。在本厂建厂22年以来悠长的岁月中，它曾经过了旧军阀韩复榘统治时期的种种压迫，也曾经过了日伪统治时期被拆走大批机器和国民党反动统治时期的花样翻新的敲诈。那时虽想尽办法挣扎求存，但终是气息奄奄，朝不保夕。这一部辛酸的历史和今天本厂的兴盛气象，真是一个强烈的对比。自济南解放以来，在中国共产党和人民政府的正确领导下，在国营经济的领导与扶持下，在全体职工的热情劳动下，本厂的情形就和以前完全不同了。产量一直在直线上升。特别是自1951年下半年全部走上加工订货的国家资本主义中级形式以来，因企业性质已不同于一般资本主义经济，且中间又经过了伟大的"五反"运动教育，和在中国共产党、工会的领导下进行了民主改革与生产改革运动，及广大职工开展了劳动竞赛运动，使产品质量和产量均不断提高，企业呈现了新气象，企业盈余也逐步增加，不但资方每年分得了股息和红利，并将原有纱锭从20600锭增至3万锭，织布机由60台增到255台，还新建了每日能染1000多疋布的染厂。随着生产的发展，厂子扩建了，职工福利也有了些提高。以上这些成绩，是与中国共产党和伟大的人民领袖毛主席的英明领导、人民政府和国营经济的领导扶持，以及全体职工忘我地劳动分不开的。回忆过去的辛酸历史，看看现实的繁荣气象，使我对共产党和伟大的人民领袖毛主席永远不能忘怀。

尽管解放以来成通纺织染厂有了很大的发展，但是陈腐的、过了时的生产关系却严重地阻碍着本厂生产力的发展；资本主义老一套的经营作风，仍然不能完全去掉；生产管理制度很不健全，生产中也时常发生事故，因而就限制了生产力的发展，限制了企业的潜力的发挥。如与国营和公私合营的工厂相比较，就表现了成本高、产量低、资金浪费大。

通过总路线的学习，我等的思想觉悟有了提高，并深深地认识到：只有按照总路线所照耀的方向去争取走上国家资本主义的高级形式，企业和个人才能得到进一步地改造，才能在伟大的社会主义工业化中贡献出自己应有的力量。在思想觉悟提高的基础上，本厂根据原股东大会的决议，在全体职工的积极要求下，又加本厂尚有一部分敌产亟待处理，便向济南市人民政府申请公私合营。在被批准公私合营的消息公布后，全厂职工情绪都沸腾起来了。各车间日夜地订生产计划，作出保证，来迎接这一大喜事。由此更可以证明：新的生产关系确实可以解放出被旧的生产关系所束缚着的生产力，新的生产关系确实可以克服旧的生产关系下不能克服的矛盾。这的确富有现实的教育意义。

国家对私营工商业改造的最后目标，无疑地是走向社会主义社会。因此我们必须认识到：私营企业走上国家资本主义的高级形式，这不过是企业和个人的改造向前迈进了一步，还不是最后的改造。最后的改造是将企业改造为社会主义性质的企业，个人改造为社会主义的劳动者。要达到这个最后的目的，还需要一番苦练、苦学的阶段。千百年来私有制的旧习惯是很可怕的，资产阶级唯利是图的本质要根除是艰巨的。正本清源，如不从思想深处将唯利是图的本质挖掘出来，那么企业和个人的改造是不可想象的。公私合营后，有了公方干部的直接领导，这是一个绝好的有利条件，私方人员应认识这一有利条件，衷心地向公方干部学习，主动地接受其领导，接受其改造，树立正确的领导与被领导的关系。当然在业务经营上、技术改造上，有利于生产的正确意见，还需要坦白诚恳地提出来，共同研究，以便搞好生产，完成国家交给我们的生产任务。

公私合营后，随着企业性质的改变，私方代表更容易和职工接近，因此私方人员也要认识这一有利条件，向工人们学习，学习他们的大公无私精神和优良作风，这样才能心悦诚服地接受工人阶级的领导，并逐渐清除资产阶级的思想意识，最后达到"阶级消灭、个人愉快"的理想境地，使自己成为一个光荣的社会主义劳动者。在企业方面，应积极创造条件，以完成社会主义的改造。这是我们的目标，我们要艰苦地奋斗，我们要以坚定的信心努力以赴。

在5月30日本厂公私合营的庆祝大会上，本厂职工们回忆了过去的痛苦，对比了现在的幸福生活，展望了将来更幸福、更美满的社会主义生活，并提出了搞好生产、降低成本、提高质量和技术革新等各种保证。工人们这种搞好生产的决心和热情，使我个人受到很大的感动。

本厂自5月15日改为公私合营以来，我深深感到厂中的整个空气有所不同了。在公股代表和上级领导机关坦白胸襟的感召下，我自己感觉到增添了无比新生的力量；对个人改造及企业改造增添了百倍的信心；对处理问题有了更大的勇气。总之，处处体会到：生长在毛泽东时代是幸运的；我们能参加到贯彻总路线这一光荣行列里是极其光荣的；按照总路线所指引的方向前进，前途是光明的。

让我们在这温暖的、愉快的、欢欣鼓舞的心情下，在光芒万丈的总路线灯塔照耀下，靠拢人民政府，靠拢共产党，朝着社会主义社会这一伟大目标奋勇前进吧！

注：本文摘自1954年6月6日《大众日报》第三版。

成大纺织厂前后见闻记

都武阳

　　我现年 83 岁，在英国留学时与苗海南是同学。苗海南建成纱厂后，我应聘任成通技师，苗杏村租鲁丰纱厂办成大厂后，我应聘任成大厂长，因此对成大有所了解。

　　成大纺织厂，原系鲁丰纱厂，即现在的国营济南第一棉纺织厂。成大（原鲁丰）始建于 1915 年，迄今已有 70 年的历史。经历了北洋军阀、日本帝国主义和国民党的统治时期，新中国成立后，才获得新生。从此，企业得到发展，设备不断更新，人员也有所增加，目前已成为拥有 10 万纱锭的规模相当可观的大厂。

一、原鲁丰概况

　　原鲁丰建于 1915 年，时值第一次世界大战爆发，由于帝国主义忙于战争，暂时放松了对中国的经济侵略。大战期间，外国商品输入逐渐减少，因而中国的民族工业，在速度和规模上发展都是空前的，尤其是纺织、面粉业发展更快，被认为是中国民族资本发展史上的"黄金时代"。

　　原鲁丰，系由前山东实业司司长潘复倡议，与当时的山东巡按使蔡儒楷、泰武将军靳云鹏等人发起，并打起实业救国的旗号，通令各县招股集资创办的。县知事由公款认购股票，并劝导商民入股。山东107个县，共招募股款40余万元。其中以郯城县招募股款最多，因而该县县知事，得到前山东巡按使公署的通令嘉奖。嘉奖令云："为鲁丰纱厂招股一案，该知事募集现洋3000元，又公债票8700元，计逾原额几至三倍。足见热心实业，劝导有方，深堪嘉奖，应予记大功一次，以览观感，仰即知照，此批。"同时潘复也在平津一带广事号召。个人认购最多者，为张巡使（据查可能是张勋），王占元（湖北督军）、靳云鹏等。资金为120万元（官民合股），全数官民各半。资金凑集后，即勘厂址于济南市北之林家桥，购地220多亩（官亩）。此处靠近津浦铁路，这时津浦已全线通车，南北商贾云集，交通非常方便。根据生产需要，建房1300余间（含厂房539间）。在进行基建的同时，即向英国厂商订购赫赤伦敦纺织机器，纱锭16000枚。1919年基建工程竣工，机器运到，是年9月开机，为山东纱业界之嚆矢。

时值第一次世界大战初停，纱业机会甚好。可以说，鲁丰一开门，生意兴隆，财源茂盛。因而鲁丰又于1923年，添购纱锭1万枚，建成第二厂（与原厂毗邻），资本为100万元，是年冬开机。后又添置纱锭2000枚。这时两厂即拥有纱锭28000枚（又一说28016枚），日产棉纱75件，后又添设机织部。当时鲁丰有打棉机2部，混棉机4部，梳棉机91部，棉条机87部，头号粗纱机9部，2号粗纱机13部，3号粗纱机36部，精纺机96部，摇纱机250部，打小包机18部，打大包机1部，引擎2部（900马力），锅炉5台，磨电机2部。此外，如铣床、刨床、翻砂、木工设备，应有尽有。由于设备齐全，为大量生产棉纱提供了可靠的物质保证。当时年产棉纱2万件，总值450万元左右，年产白细布4000尺，总值2万元左右。

鲁丰纱厂从1923年后，即逐步走下坡路，不得不将全部资产，向山东省民生银行抵押借款以维持生产。至1935年，由于不断借款，本利归结积欠即达70万元之巨，可谓债台高筑。是年底不得不宣告停业倒闭。鲁丰纱厂的倒闭，不是偶然的。表面看似乎是因物价不稳，经济困难，以致亏损，复加机器老化，生产效率低下，资金不足等原因，而处此绝境，其实不然，根本问题应归结于以下几个方面。

鲁丰纱厂系军阀、官僚资本经营的企业。这是尽人皆知的。这个厂子的董事不是将军，就是督军，管理人员多系当过校尉军官和县长的人物。说来也是笑话，经理到厂，传达要高喊"将军到"，职员则站班行礼。他们只会摆官僚架子，不会经营企业，十几年的工夫，不仅赔进去一个厂子，还欠下了民生银行 70 余万元，此其一。不少职员和所谓的管理人员，不是因生产需要，靠真才实学为厂招收录用的，而是凭借相带或其他关系进厂的，光吃饭不工作，此其二。管理人员，养尊处优，饱食终日，不问生产，但要领取高薪及车马费等，由于这一大笔开支，造成了工人的工资不能下发，而引起过工潮，此其三。在生产上，管理人员，高高在上，把工人视为奴隶，用鞭子指挥生产，驱赶工人为他们卖命，致使工人出工不出力，白耗电跑空车。他们却热衷于吸鸦片，打麻将，逍遥自在，此其四。上述四条，就是倒闭的症结所在，也是鲁丰的致命伤，因而一个当年号称本省最大企业的鲁丰纱厂，就好端端的被这伙官僚政客给断送了。

二、成大的来历

1935 年冬，鲁丰纱厂宣告破产倒闭。全厂 1600 多名工人顿告失业，连同工人家属即达五六千人之多，无法生活，于是工人推举代表，一日数次到省府请愿，要求迅速开工，解决吃饭问题。这时山东省政府主席韩复榘，找到苗杏村，提出将鲁丰租予成通纱厂经营。韩为什么提出将鲁丰租予成通经营呢？其原因有三：①韩迫于社会压力，急于解决工人失业问题；②恐怕鲁丰落于日人之手；③成通纱厂办事谨慎。当时成通的董事长是苗杏村。韩一向对苗杏村印象很好，彼此关系也不一般，这与当时的实业厅厅长王芳亭有关。苗杏村与王芳亭过从甚密，王认为苗杏村是济南有代表性的实业界人物（既有工业，又有商业）。于是王芳亭便常在韩复榘的面前提起苗，韩知道有这么一个人物。另外，还有一个主要原因。当时韩与蒋介石意见不合，韩给蒋去电报，假意辞退第三路总指挥和省主席职务，电报发出后，三天没有消息。当时的情况是各省主席凡有呈请辞职的，蒋都回电表示挽留，而这次蒋不回电，即有意去掉韩。于是，苗杏村带头，约集山东士绅百余人，去电挽留，蒋为符合民意复电留住，因此，韩得以保住宝座，所以韩对苗杏村特别感谢。韩曾亲自提议让苗当了省府参议，两人过从甚密，无话不说。此时韩复榘愿将鲁丰租予成通，其原因就自不待言了。关于成通租鲁丰的问题，经过董事会的同意，即由苗杏村代表成通，与民生银行签订租赁合同，以每月租价3000元，承租鲁丰全部资产进行生产，定名为成通分厂，成通承租鲁丰后，正值花贵纱贱，又加内部管理混乱，到1936年9月，成通即亏赔9万多元，这时引起了董事会的非议，不少人要求退租。在此情况下，苗杏村感到为难，遂找到韩复榘。韩不能强迫成通继续承租，但又无法应付工人的请愿，最后，提出让苗杏村个人承租。韩向苗说，你当不了成通的家，还当不了你自己的家吗？苗当时虽有此意，但感到实力不足，便向韩说明了困难，韩即当场表示，由韩找王向荣与苗杏村研究（王系财政厅长兼民生银行总经理）。苗杏村也开过几次家庭会议，一致认为，基于以上三个原因，韩复榘绝对不会让这个厂垮了。你不接，会有别人接，怕错过机会。同时他们也看到，纺织业的不景气（花贵纱贱）是暂时现象，至于鲁丰的亏赔，主要是内部问题，只要改善管理，还是有利可图的。考虑再三，最后决定倾家以赴接鲁丰。这才与民生银行副总经理宋谷雨，签订了租赁和贷款合同。主要内容：①民生将鲁丰全部资产，租于苗杏村经营，改名成大纱厂，月租价仍为3000元，租期暂定一年；②民生贷于成大信用透支30万元，另以苗杏村在成记全部股权及房产，向民生银行抵押借款50万元；③民生派会计员、仓库管理员驻厂监督，组织生产。

苗杏村个人租下鲁丰，没有技术人员，商得苗海南的同意，把成通分厂人员全部留下；我是成通纱厂工务长，与苗海南国内国外两次同学，技术较好，月薪70元，成通不放，后以300元高薪，取得苗海南的同意，叫我任厂长。

俗话说，头三脚难踢。苗杏村为了改变厂风，打开局面，亲自召开座谈会，听取职工意见。他发现原鲁丰纱厂，因管理方法陈腐，激化了厂方和工人的矛盾。要缓和矛盾，必须从改变管理办法入手。他通过调查发现，原鲁丰规定：女工产期不发工资，工人吃饭不停车。为此引起了工人的不满，曾派代表向厂方提出抗议，厂方不但不予答复，反而开除了一些工人，解雇了怀孕的女工，因而激起了广大工人的极大愤慨，连续罢工7天。最后迫使官僚资本家潘复签字，答应了工人们的合理要求。这些情况苗杏村知道后，便采取了一系列缓解矛盾的措施，对各部门的主任、组长，增加菜金；对工人提高计件工资标准，扩大福利设施。这些做法果然有效，刺激了生产，增加了利润。当时的产量，由鲁丰时期的日产16支纱60件，提高到73件。在市场竞争上，把16.5把的16支纱，改为16.8把，让用户多得三绺纱的实惠，同时还注意精选原料，提高质量。因而凤山牌棉纱，在市场上打开了销路。这年纱价开始回升，苗杏村看出了这个势头，便放手储存原料，到年终结算时，仅两个月的工夫，即获利15万余元。

在成大的发展史上，曾为产权问题争吵不休，乃至诉诸法律。现将这场官司的因果作一概述。上面已经提到，原鲁丰纱厂，系潘复、靳云鹏等人以股份有限公司名义开业的。由于不懂商情，欠债累累，无法周转，从1933年开始，鲁丰商得民生银行的同意，以厂产抵押借款至120万元，结果仍难维持生产。1935年冬，因厂内生产不景气，生意萧条，到年底竟连工资都发不下去了，为此厂内发生了工潮。同年10月间，由于该厂乞求，又继续借款，用以支持业务，并偿付工资，不料该厂一蹶不振，所借之款，亦消耗殆尽，仍无办法。这时厂经理祝燮臣，鉴于厂子陷于绝境，即与靳云鹏商议，私自将鲁丰卖于日本"东洋纺织株式会社"，暗价260万元，业已成交。这样鲁丰既可还债，个人又可将余款私分，一举两得。谁知此事被政府侦知，严令禁止，阴谋未遂。这时民生银行总经理王向荣闻讯，看到鲁丰所借款项无力归还，如听任其盗卖，会直接损及民生银行债权，即诉向法院以求保障。同时呈准省府于1935年12月27日，派人到厂监视，后经法院依据民生银行与鲁丰纱厂所订抵押合同之规定，依法对鲁丰全部财产，予以审查扣押，并宣告其破产。旋即由法院函请省建设厅，派人到鲁丰纱厂实地勘估，核定最高价为756393.60元。监定价格分三次拍卖。结果因标价太高，无人问津，方由成通承租等事。

1936年3月，省府财政厅、建设厅与高等法院，同奉省府之命，会商处理民生银行与鲁丰纱厂债务问题。会商结果，依据民生银行借款合同之规定，处理其担保抵押品。1936年4月27日，济南地方法院，经查明事实，将鲁丰纱厂全部资产依法拍卖，偿还民生银行及其他债务。苗杏村以75万元取得鲁丰全部产权。但鲁丰纱厂股东靳云鹏，于1936年5月21日及6月4日，两次到高等法院提起上诉，说苗杏村以75万元之数，即获得价值200余万元之鲁丰全部财产，同一债务，政府对鲁丰则蓄意为难，又派人驻厂监视，又勒令停机，立逼现款，对苗杏村则无不通融，实属不公。法院以其理由不足，均予驳回，维持原判定案。

潘、靳等人又于1936年11月10日及11月30日，两次到高等法院，对其破产物品，价格之监定加以抗诉，请求提高，但又以理由不足，被驳不准。1937年2月6日，地方法院又出公告拍卖，仍以价昂无人承购。1937年6月，奉省府命令，由苗杏村以合法之手续，将鲁丰纱厂之全部财产作价760191.68元，卖于苗杏村个人为业。此外，苗杏村还为鲁丰担还零星债务9万余元，共计85万余元，至同年7月27日价债双清。民生银行乃向苗杏村订立了"绝卖契约"。苗杏村亦于是日获得该厂合法产权，并向法院过户备案。当时《济南晚报》曾登载过这项消息。

三、成大的结局

1937年"七七"事变，玉符河决口，厂子成了一片泽国，损失极大。水退之后，正在进行抢修时，战火烧到黄河北岸，生产无法进行。是年12月27日，日军侵入济南，29日即派兵进驻成大，翌年2月宣布军管。苗杏村对这种情况，无可奈何。后因受不住日军的极度压迫，忧愤成疾，遽尔身亡。

日军管时宣布为"军管理鲁丰纱厂"。明明是成大，为什么又出现了鲁丰的名字呢？有两个原因：① 1935年，日商"东洋纺"，曾在凤凰山私自购买土地，准备建立纱厂，苗杏村了解后，报告了韩复榘，迫使日商退地，为此，日军怀恨在心，②平津失陷后，靳云鹏曾控告苗杏村霸占鲁丰，向敌伪政权提出诉讼，并与"东洋纺"签订过中日合办鲁丰纱厂的合同草约，这时派张燕青（新民会长）来济向日军特务机关控告。后来经过成大提出证件和特务机关查对档案，并通过伪警察厅长张亚东，向日本特务机关长渡边花了5万元（伪币）的贿赂，才承认成大的所有权，改为"军管理成大纱厂"。

在日军管时期，成大纱厂遭受破坏极其严重。在鲁丰时期，拥有纱锭28000枚。1944年，日本帝国主义穷兵黩武，制造枪炮缺乏钢材，便对各厂纱锭大加破坏，成大纱厂被砸坏运走8000多枚纱锭。更有甚者，以鲁丰纱厂机器老化不能使用为名，拆毁成大纱锭1万余枚，厂内纱锭毁坏殆尽。当时全厂日产棉纱不到一件。其余机器也被破坏，残缺不全。织布机虽早由天津购进浦拉提和哈特尔两种，但尚未安装，也各损失280余台，能用者仅100余台。厂内号称1300余间房舍，在日管时期，坐视倾圮，任其倒塌，不加维修，有的房屋，少门无窗，仅存四壁，成了一堆破砖烂瓦。桌椅床张、办公用品等也遭破坏。当时厂内仅有资金8.4万元（伪币），次棉8万余斤，粗劣棉纱17件，这就是成大在日管时期的全部家底。厂内不仅无流动资金，相反，负债2400余万元。职工生活苦不堪言，每日计口授食，不得一饱，此即成大军管时期的概况。

1941年及1942年底，日军先后宣布对成大、成通纱厂和成丰、成记面粉厂的军管结束。军管结束后，日军部分配了所谓军管时期的红利，按日方规定，苗家分红利101万元，当时由苗杏村的侄子苗兰亭，持证去北京日军总部领取红利，苗兰亭经过多方奔走，花了8万元的运动费，才领了出来，回到济南后，即被"兴农委员会"（日伪政权清理民生银行债权机关）将93万元攫去，抵拨了成大、成记对民生的欠款，分文未得，还赔上了路费。

军管结束之后，日军利诱强迫实行"中日合办"。其实这个问题，在军管前及军管时期，不止一次提出过。日军为与成丰面粉厂合办，曾拿出千万元来，名曰"手续费"，对李锡藩等讲"答应合办有你们千万元的好处，还表示中日亲善，不然也得合办。"对成通也不例外，日军拿出10万元，强制签订了中日合办契约合同。开始规定日方资金占60%，华方占40%，后来由于伪实业和"兴亚院"认为不符合"平等"原则，改为中日各半，所谓日方投资，实际上是他们军管时期，利用我们原有的设备，进行生产所创利润。

所谓合办，实际上与军管无异。董事会是有名无实的组织，日本人不仅在董事会的人数上占多数，而且在合办合同上规定，经营管理权归日方常务董事兼厂长负责。当时成大纱厂，虽派华方代表，但在厂内无事可做，日军当面对华方代表讲，你们不必来上班，到时候来领钱就行了。在合办的几年里，苗家只是按股权领取红利，别的问题无权过问。在合办时期，机器损失严重，到日军临近崩溃时，更将成大一部分纱锭破坏，用以铸造枪炮。后经再三交涉，日军从天津调来一批纱锭，补充了成大设备。

纵观成大纱厂70年的历史，情况变化是极其复杂的。开始以潘复为首创办的鲁丰纱厂，以兴旺开业，以倒闭告终；继鲁丰倒闭，该厂先为苗杏村承租，后又为其购买，改名成大纱厂，曾一度呈现兴旺景象；在日军管和"中日合办"时期，企业一直趋向没落；日军投降，成大为国民党所"劫收"，成为官僚资本，企业一蹶不振。新中国成立后，在人民政府领导下，现已成为山东省现代化大型纺织工厂。

（苗望德　整理）

西安成丰面粉厂的创立与经营

于秋圃[*]

西安在 20 世纪 20 年代，虽然已是西北各省的政治经济中心，但由于交通闭塞，文化教育落后，经济发展迟缓，工农业生产不振，所以人民物质生活程度远不如沿海各地。即以日常食用的面粉而论，仍沿用着人工及畜力磨制，间有市商从外地运来机制面粉，但人们误认为有异味不敢大胆食用。陇海路通车后交通逐渐发达，市场日趋繁荣，机制面粉才开始有了销路。当时在"开发西北"的口号下，外地一些工商业者陆续来到西安投资开办面粉厂。1937 年前后，机制面粉才逐渐为一般市民食用。继之地方人士亦不断兴建开业。到新中国成立前，已有大型面粉公司 10 余家，中小型面粉公司 10 余家，从业人数 2000 余人，月产量数 10 万袋。除供应西安市民及附近县份食用外，还远销徐州、蚌埠、天津等地。其中最大的一家即为西安成丰面粉厂。

成丰面粉厂，系山东桓台人苗杏村、苗星垣 1921 年创办于山东济南。由于他们的精心筹划，刻苦经营，业务不断发展壮大，资本积累日益增加，到 1932 年又创建了成通纺纱厂，当时在济南已形成资力雄厚，设备齐全，技术优良的大型企业。苗星垣本人，并没留学外国，完全是依靠自学，苦心钻研，努力实干，才获得了一定的专业知识。

---

* 作者系西安成丰面粉厂副理于乐初之侄，曾任该厂工务、庶务股长。

　　由于苗星垣有办实业的抱负，在当时的国民政府高唱"开发西北，振兴实业"的口号下，他看出在西安办企业有前途，决定在西安创设成丰面粉厂和成通纺纱分厂。他选定了具有实干精神经验丰富的得力助手于乐初为西安成丰厂的副经理，由他负责筹备兴建。经理由苗星垣自己兼任，资金由济南总厂拨出100万银元独资经营。1931年在西安市玉祥门外勘定了厂址，以每亩地价二三十元购买地皮70余亩，立即动工兴建，1935年8月竣工。建成的厂房除面粉厂以外，还包括纺纱厂。面粉厂先行开业，纺纱厂的机器及一切设备，也陆续由济南运至西安，准备安装投产。但"七七"事变爆发，济南沦陷，交通阻塞，未运完的机器，无法续运西安，纱厂只得暂时停办。

　　西安在成丰面粉厂未创立前，尚无机器面粉业。继成丰之后，如雨后春笋，逐年均有大中小型面粉公司兴办开业。

　　西安成丰面粉厂的磨粉机为双机，当时在西安市为独家，产量也居第一位。机器设备都系济南总厂自行监制。发电动力系在英国定制的涡轮发电机，功率为2000千瓦；锅炉亦系英国拔柏葛锅炉厂出品，性能良好（原计划是与纺纱厂合用，后因纺纱厂停办，光面粉厂日用电只250千瓦。而西安市发电厂电力不足，便由成丰每日供电200千瓦）。大型40寸钢磨25部。在当时西安市所有面粉公司的设备方面，数成丰最好。

　　成丰创立时，西安市的人口不足百万，加上行销外地，日产量1万袋，按当时的情况是比较适应的，后来由于各面粉公司陆续开设，产量大增，产销不能持平，有些过剩，遂减开半机，日产4400余袋。

　　成丰所有人员配备，均由总厂调派，西安成丰厂无权任用职员，只设副经理一人，负责全盘业务，下设业务处，有业务处长一人，助理一人，处理对内对外的一切日常业务，并分设会计股、庶务股、工务股（下辖木工车间、机修车间、动力牢间、制粉车间）、文书股、麦栈、粉栈等。共有职工200余人。

　　西安市民开始很不习惯食用机制面粉，以为机制面粉有铁锈味，不如石磨面粉好吃。为了打消人们的怀疑，打开不习惯食用的局面，成丰采取了赠送纸袋粉供人尝试的办法，进行宣传。每袋装机制面粉数斤，沿街叫喊，送人品尝，不取分文，并广为讲述机制面粉雪白、干燥、干净、卫生等优点，并四处设立代销点，从而打开了销路。不仅供应西安市民及附近咸阳等县，还远销徐州、蚌埠、天津等地，业务蒸蒸日上。抗日战争爆发，成丰受战争影响，物资缺乏，政府迫令磨制军粉，致产量停滞在4000袋左右。特别是1943年初由于机件摩擦，致使麦栈起火，酿成火灾，烧光了制粉楼全部，损失极为严重，业务暂告停顿。经过一年多的努力，只恢复了原设备的一半。复业后，主要以磨制军粉为主，只生产少量商粉。此时由于政府限价，亏损甚巨，每供应面粉10袋，就得折赔3袋。到1947年2月间，爆发了轰动全国的黄金潮，几天之内，黄金上涨几倍，导致物价愈益狂涨，小麦价格亦随之猛增。磨制商粉系政府规定，每日除磨制军粉外，必须磨制商粉供应市民。但商粉价格要按政府限价出售，而购进原料小麦，政府却无法控制。在此情况下，其他面粉公司磨制的商粉，有的私下以黑市价格销售，折算原料小麦，尚有盈余。成丰副理于乐初秉承总厂意旨，为维护公司信誉，商粉仍按限价销售，没有去搞黑市交易。

成丰的原料来源，原系派专门采购人员，分驻铁路沿线各地，如产麦地区的绛帐、郡县、虢镇、渭南等地，由当地粮行集中收购，陆续运到西安。麦栈储存小麦，经常保持在10万包左右。抗日战争后，成丰以磨制军粉为主，军粉小麦由政府拨给，每日磨制商粉的原料小麦由厂派人临时收购，小麦进价高昂，面粉限价卖出，每月磨制供应商粉经常为数万袋，亏损巨大。

西安成丰厂在抗日战争八年过程中，业务经营勉强支撑，没有任何发展。磨制军粉的换值为每百斤军麦，上交75斤面粉及部分麸皮，其中略有剩余，用以贴补商粉及维持公司员工生活。此时的成丰卖出商粉已无牌号，统为通粉，每袋40斤，其他面粉公司也多系以通粉应市。

副理于乐初为人谦虚谨慎，严以律己，对人诚恳。其在厂日常生活，如上下班遵守时间、伙食饭菜、居住房屋等。均与职工（上至高级职员，下至拉车工人、炊事人员）同甘共苦，因而深得职工信赖，视之为忠厚长者，也影响着工厂职工，无不兢兢业业，努力实干，使成丰面粉厂在古城西安开设十数年，获得社会上较好的声誉。西安解放后，由于他为人正派，也获得党和政府的信任，在政治上给予极大的荣誉，曾当选为西安市历届人民代表，西安市工商联历届委员。

在旧中国企业中的劳资关系，始终存在着不可调和的矛盾和尖锐的斗争。成丰的资本家采取了种种方法，以缓和矛盾，如表面上把企业的利润，同工人的切身利益结合在一起，实际上在利润分配方面另有手法。他们的管理方法，从表面上看起来是以情感人，待遇优厚，关心工人生活，其实对待职员和工人的待遇是不一样的。从现象上看，工人的工资高，月工资有拿百数十元的，最低的工资也拿几十元。职员的待遇低，月工资最高不超过 30 元，最低只有五六元，每届年终工人发放双工资，或加发两个月工资以及年终奖金，职员没有。但企业年终的分红工人却不能享受，职员可以参加分红，在当年赚取的纯益利润中，提出少部分，再分成若干份，按每个职员的工资每元一份，数目亦相当可观，名为工人工资高，奖金多，实际上到年终总算起来是相等的。这都是资本家笼络职工的方法。

成丰对工人管理不设工长，而是直接由业务处管理，发放奖金和其他实物是比较认真的，是按劳分配，有多有少，发完后的名单，业务处的业务长还要亲自检查，发现有徇私情事，立即纠正。

成丰对工人的福利补助，和职员也不相同。工人如遇婚丧大事有困难者，给予困难补助，职员不能补助。其他伙食、住房、医疗、洗澡、理发等，所有职工均一视同仁，由厂全部供应。

成丰对职工学龄子弟入学比较关心，因厂址在郊外，距离一般学校路途甚远，1944 年在厂内设立了成丰子弟小学，起初规模较小，到 1947 年扩建了校舍，设置了四个初小班级，入学儿童百余人，全部免费。聘请专职教师5 人，每月工资由厂发给，学生学完初小课程，再转入一般高小。这一设施，使职工皆大欢喜。

总之，西安成丰面粉厂在解放前，由于稳步实干，在旧中国多次经济浪潮中，未遭破产。但因遭受灾害，实力亦不若初创时雄厚。西安解放后，由于成丰全体职工的共同努力，生产设备完整无损。在党的正确领导下，全厂职工的劳动热情不断提高，很快恢复发展了生产，直到公私合营。

（晋震梵　整理）

苗星垣与成丰面粉厂

文 舒

合伙开办同聚长粮栈

苗星垣（世德）生于清光绪十七年（1891年），10岁上私塾，14岁因家贫辍学，15岁起给富人打短工。开始因体力、技术都不强，只干一般农活。到18岁那年，技术学好了，力气也大了，耕耩锄割、扬场上垛都干，一年里干了近300天。但全年的工钱折算，只能买到30斗红高粱。家里人商议，打短工收入少，不如外出学生意。在19岁那年，他由堂兄苗德卿介绍，到济南公聚祥粮栈当伙计。1912年苗星垣进利成粮栈当练习生，一年后提为职员。连干三年，学会了珠算，增长了不少经商的知识。后两年，他担任外跑，联系生意，在粮行交了不少朋友。

1915年，苗星垣应聘担任泰华粮栈副理，因善于依据粮食的丰歉调整运销计划，并结交了一批东北粮商，获利丰厚。1919年，泰华因股东矛盾而分伙，星垣分得红利3000银元。

1920年，星垣与王冠东、张仲磐集资2万元开设同聚长粮栈，将原泰华粮栈的东北粮商的生意独揽下来。因东北粮商资金雄厚，运销量大，两三年间同聚长获利即达数万元。随后，花4万元在经三路纬四路建起了营业大楼。

"五四"运动时，星垣是商界代表，后被选为济南各界评议会理事，还发起创办过《大民主报》。由于这些社会活动，星垣结识了一批上层人士，如山东督军田中玉、东莱银行经理于耀西等，于成为他后来发展事业的依傍。1920年，他担任官商合办的赈务会的车运处处长，由于有调车运粮的方便，自己的粮业生意从中获得许多方便。

同聚长的开设，在苗家是异军突起之势，从此逐渐形成了以苗星垣、苗海南兄弟为主，结合王氏兄弟（王冠东、王扶九）和张仲磐的企业集团，并开始与苗杏村的企业竞争，苗家资本集团遂有大、小苗家之分。

开办成丰面粉厂

1921年，星垣与堂兄杏村共同发起创办成丰面粉厂，先集资7.5万元买地皮，由杏村到上海求助于荣宗敬，向洋行赊购了机器，由苗星垣和王冠东等负责筹划施工。杏村任董事长兼总经理，星垣任董事兼经理。

成丰厂1922年正式投产，计有钢磨7部，日产面粉2000包，当年结算获纯利7.5万元，大部移作投资，年底增股募集资金达32万元。第二年又增股募集资金达60万元，增添钢磨19部及蒸汽引擎等，当年获利10万元，全部用于增加设备。第三年（1924年）第三次增资，吸收了军阀官僚的大量投资，劳逊五（交通部次长）、成逸庵（青岛警察厅厅长）等人也进入成丰当了董事。这一年，成丰由于扩展太快，基础薄弱，又兼当时平津市场外粉充斥，周转一度失灵，各钱庄纷纷要收回贷款。在此情况下，乃由董事车百闻邀得东莱银行经理于耀西投资2万元，并给予200万元的信贷透支，使成丰厂渡过了难关。于耀西也因此而获得董事长的职位，于是成丰出现了一个企业两个董事长（苗杏村、于耀西）的畸形状况。这一年，成丰增资达100万元，年底结算获利24.7万元。

于耀西进厂后企图揽权，苗（星垣）、王（冠东）和于的矛盾日益尖锐。迫至1929年，于因汉奸案（"五三"惨案时曾任济南市维持会会长）坐牢。出狱后，他的东莱银行经理职务被解除，人势两失。这时，成丰面粉厂已取得成逸庵的泰丰银行为后盾。在董事会改选中，于耀西落选，遂退出他在成丰的股金。

1929年，成丰面粉厂再次扩建制粉楼、修建仓库，增加马力，并将修机部扩建为铁工部，自制磨粉机6部。至此，成丰共有钢磨25部，日产面粉8000余包，是年盈利超过30万元，成为全市设备最全、产量最高的面粉厂。

1934年，苗星垣筹建西安成丰面粉厂，资金由总厂拨出100万元。苗星垣兼任经理。副经理由他在打短工时就很知己的同伴于乐初担任，具体负责筹建事宜。1935年8月竣工，有大型钢磨25部，日产粉1万袋，后因陆续建起一批面粉厂，供过于求，遂减半开机，日产4400袋。

经营管理特点

1. 艰苦创业，亲自动手。星垣出身贫苦，平日常说："不受苦中苦，难得甜上甜。"他深知自己五年私塾的底子不足以应付办工业，特意到齐鲁大学旁听了两年理化课程，以提高理论水平，还订阅了一些技术书刊。建厂时，他与工人一起打地基，搬砖瓦，安机器，积累了很多实践经验。

1929年挖引擎前面的大井，他亲自下井察看进度和质量。锅炉是全厂动力的关键，每次维修时，不管温度高低，他必亲自进管道检查。新买进的英国产大刨床，经检查系假冒产品，他坚决予以退货。后来他亲自去上海绘图，回厂自制，效果良好。日产电机价格高昂，想仿制却卸不开，他指示砸烂外壳，探知究竟。仿制的成品，除外壳略厚外，其功效与日机无异。在挖电机底座地槽时，水将结冰，工人不愿下水，他带头跳下水去。他每晚批复大量电信，还要到各部检查生产后方肯休息。

2. 制度严密，职责分明。成丰在经理之下设业务总处，负责生产计划，监督制粉质量，联系各地代理店和接待业务宾客。每晚召开营业会，制定次日计划，会议记录送经理过目。月终结算造损益月报表报董事会，年终印制报告书提交股东大会，以支发股息、红利。业务处下设文书、会计、出纳、营业、麦栈、制粉、庶务各股及铁工部、汽车队。这些部门都有规定的业务范围，还要对经理负责，严守日月报制度。

3. 广招人才，重用技师。星垣任人唯贤，先后选聘了20多名工程师和技师，按专长分管各个生产部门。他根据需要，不定期地召开技术人员的技术促进会，研究生产中的问题，对贡献大的技术人员给予重奖。

他选用人才有独特见解。自1930年开始，不论职员还是工人，进厂先干零活，经过一段时间的磨炼才考核转正。练习生则由铁工部工人中选拔吃苦耐劳、道德品质好的。这些在人事账上都有详细记录。他还常从倒闭的商号中物色人才。他认为，即使倒闭的商号，也会有精明人。他常说："至亲莫如仁人"，"远地有贤我不知，近邻我知我也用"。

他重用人才但决不姑息迁就。制粉技师韩允卿，自恃技术高明，不服从分配，不认真管理生产，星垣在自己赴申新粉厂学会了制粉技术后，坚决辞退了韩。

4. 把握行情，预测市场。成丰在各地设有一些采麦分庄，随时报告当地行情信息，并规定了严格的报告制度，还派专人收听上海的国际麦粉行情和动态。每年麦收前后，他派人去各地了解丰歉情况，作为决定收购价格的参考。当时济南共有7家面粉厂，日产粉三四万袋，各厂相互竞争，按市交易所麦价核算，获利甚微，有时每袋粉还赔几分钱。为何成丰还会连年获利？原因之一恐怕就是它所进的麦价格较低。

5. 结交名流，取得援助。成丰厂的匾额，是山东督军田中玉所题，借此扩大了影响。在采购机器上，得到荣宗敬担保，几次赊购，解了资金不足之难。在投资、贷款上，先后得到东莱银行于耀西、泰丰银行成逸庵的支持，也陆续取得中国、交通等银行和许多银号的贷款。

劫难与新生

济南沦陷五个月后，即1938年5月，成丰面粉厂被日军实行"军管理"，6月，三井洋行接办，由下属的三吉粉厂（后改为东亚面粉厂）"代为管理"。

成丰被军管后，股东和董事们只有靠西安分厂救济了。当时西安常有日机轰炸，星垣担心分厂毁于炮火，幻想求助于美国。1939年9月，总公司派人赶赴上海与美国人阿尔满（上海《申报》馆董事长、兼业律师）商定起草"抵押协约"，写明西安分厂"挂美国旗，门口张贴美国领事馆告示"等。正当准备签字之时，西安一家挂意大利国旗的工厂遭日机轰炸被毁。成丰董事们如梦方醒，立即电告上海，停签与美国领事馆的抵押契约。

1942年"军管理"结束，日方强迫实行中日"合办"。偌大一个成丰面粉厂，仅作价54万元。名为合办，实际中方毫无权力，身为中方副经理的苗星垣也只得忍气吞声。

1940年星垣与表弟孟冠美创办文德机器铁工厂，曾制造了部分纺纱机件，但因日军禁止输出，只得靠修配零活维持生计。

这期间，星垣还办过几个粮栈，但在当时的形势下不可能有大的发展，甚至连维持都很困难。从他一开始经商就合作的合股人王冠东，也在1943年的所谓"抓暴利"狂潮中被日军逮捕入狱。经多方花费，王方才出狱，两年后病故。

苗星垣还在济南多处购地近200亩，不知内情的人猜测他想改行干农业了，其实他已送三子永淼去美国学电机制造，买地是为将来办厂之用。但是，他终究未能办起新的工厂。

抗战胜利后，成丰面粉厂于1947年被发还自营。但通货膨胀，捐税重重，小麦缺乏，获利甚微，为消除股东不满，只得将面粉分劈。

济南解放前夕的1948年9月21日，成丰面粉厂制粉楼被国民党军炮火击中，厂内一片火海，25部钢磨及全套制粉设备损坏殆尽，工厂成了一片废墟。

1948年9月24日济南解放。当年11月，成丰面粉厂在人民政府领导下着手修复，历时一年，于1949年12月试机投产，7部钢磨日产面粉5600包。

1954年5月，成丰面粉厂被批准公私合营，星垣任经理。1956年12月，星垣任济南市粮食工业公司副经理。1958年病故。

为人点滴

苗星垣与苗杏村的经营作风和生活作风各不相同。杏村善于用人，不拘小节，因而常常取得手下人的信赖。星垣凡事都要亲自实干。

星垣可说是苗家自学成才的佼佼者。他喜欢读书，探求新知识，曾到齐鲁大学旁听了两年理化课程。他曾用瓶子装水，到齐鲁大学找教授和化验员，研究锅炉用水问题。西安成丰面粉厂，从筹建到开工仅用了8个月，也因他是技术上的内行。成丰面粉厂的粉仓，是他自己设计的木架，一位建筑工程师看了连声称妙，还要拜他为师。

星垣在用钱上处处精打细算，一个百万富翁，不仅自己烟酒不沾边，对家人要求也十分严格，家中自种菜园，养着猪、鸡、羊、兔等。虽办着面粉厂，家里还备有磨坊，供家人自己粉碎加工粮食吃。家中除了他母亲、长嫂和他夫妻吃面粉外，其他人一律要吃粗粮。日伪时期，有一次胞弟海南偷着买了10袋面粉，准备自家食用，星垣知道后大为恼火，说海南是要造反了，并责其立即将面粉退走。

但是，星垣为培养技术骨干却很舍得花钱。送海南赴英学纺织，送三子永淼赴美学机电制造，都是他的主意。他亲兄弟3人，共有子侄14人，每星期他都要过问学习情况，检查学习成绩。他在办企业中饱尝了文化低的苦楚，故对子侄们的学习抓得特别紧。他曾说过：家富了，孩子们难免有些娇嫩，一块铁只有百炼千锤才能成钢。假日或星期日，他都安排子侄们到铁工部参加劳动。他认为只有劳其筋骨，才能磨砺意志，只有打掉其娇气，将来才能成为有文化、有技术、能创业的人。

星垣手下用了许多家乡人，但据知情者透露，有三个村的人他不用。一是东镇村（索镇以乌河为界分东西两村）高家的人不用，他年轻时在东镇高姓财主家当过三年短工，因怕人知道自己的坎坷经历与身世，故而不用；二是楼子庄张家的人不用，因从事军政的人员多，怕不好管理使用；三是马家庄王家的人不用，因他读私塾的恩师王贡忱是马家庄人，对王家后人不便严格要求，故而不用。总之，他喜欢用老实可靠、怎么说就怎么听的人。

西安成丰面粉厂的回忆

王星辰

我是桓台县马家庄人，今年86岁。我在索镇二高上学时，苗海南是我同级同学。1932年苗家创办济南成通纱厂时，苗海南任经理，我的内弟张景韩任副经理。由于内弟的推荐，我于1936年到西安成丰面粉厂任职。

苗星垣因为和苗杏村创办济南成丰面粉厂和成通纱厂获得成功，兴办实业的宏图大愿愈来愈盛，视野也越来越宽阔，又加那时国民政府高喊"开发西北""实业救国"，苗氏兄弟也定了个"大西北计划"，拟从西安至兰州，每个重要城市都创办一个成丰面粉分厂和成通纺织分厂。先是从西安面粉厂下手的。西安成丰面粉厂由苗星垣兼任经理，于乐初担任副理，贾顺符任业务长，我曾任过文书。据说当时集资100万元，于1934年底在西安市玉祥门外买地皮70余亩，从1935年1月份开始兴建，到8月份投产，其速度之快，西安各界人士无不惊服。1937年正当着手创办西安成通纺织分厂时，遇到抗日战争爆发未能如愿。

西安成丰面粉厂，吸取了济南总厂过去的经验，采取了边基建、边投产，加速流通，逐步扩大的办法。从基建开始，苗星垣便把主要精力放在西安，偶尔到济南走走，他从一砖一瓦动工开始，直到机器安装完毕。8月份投产时，从济南总厂运来的老式引擎1部，36寸的钢磨8部，日产面粉2000余袋（每袋44.5市斤）。职工80余人，其中职员30余人。除副理于乐初主持日常工作外，全厂的产、供、销由业务长贾顺符负责，下设文书、庶务、工务、麦栈、粉栈等股。一年后就有了新的变化，生产规模逐渐扩大，人员也不断增加。这时又购进大型发电机 1 部（美国产），功率为 2000 千瓦，打谱创建西安成通分厂后两厂合用。又增加了大型 40 寸钢磨，这时共有钢磨 25 部，除增加了动力设备外，又增设了铁工部。职工人数也增加到 200 余人。因推销机粉阻力大，销路不理想，只开半机，日产粉 4400 余袋。

西安成丰面粉厂从创建到公私合营，近 20 年的时间，据我回忆是两头好中间差，而这个"差"又不是一般的差，时间达 10 年之久。现分三段作简述：

凡事开头难，西安成丰面粉厂创建时，城内市民吃的是石磨面粉，因为成丰是西安第一家开业的面粉工业，机制粉上市销路不好，有人说有铁味，有人说有锈味，甚至怕中毒不敢食用，这一消息传给了苗星垣，他从济南赶来西安，研究办法打开局面，当时定了四条：一是贴广告作宣传；二是蒸了馒头放在厂门口请大家品尝；三是到市内各机关、商店、工厂、学校等单位送样品，和石磨粉样品作对比；四是用小纸袋加印说明，装上一公斤面粉，到集会地点散发。这些办法果然见效，不过月余即打开了局面，由滞销变成了畅销。到 1936 年进入了生产的兴旺时期，工厂在外地广设收麦栈庄，主要在绛帐、郡县、虢镇、渭南等地。麦栈存麦常年保持在 10 万包以上。由于货源充足，生产达到了顶峰，开全机日产等级粉 1 万包左右。当时的年利润也超过了 10 万元，震动了西安市，相继出现了"办厂热"。西安的面粉厂逐渐增多，在有了竞争对手之后，成丰面粉分厂除先占领西安市场外，又延伸到咸阳等地区，后又与济南成丰总厂挂钩，外销徐州、蚌埠、天津等地。从投产到 1937 年的上半年，为该厂的鼎盛时期。

1937 年"七七"事变后，西安市政局不稳，物价出现波动，到了年底，各种物价上涨，货币贬值。当时国民政府下令，面粉一律按规定价出售，但农民手中的小麦却无法限价，当时麦价高，粉价低，出现了生产中的难题，是继续干，还是停业？副理于乐初做不了主，只好请示苗星垣。苗提出在遵守政令的前提下，视情而定。于乐初是个小心谨慎的人，宁愿赔本也不做那危险的生意。从此开始，只开半机，由日产 1 万袋，降到 4000 袋。到 1937 年底济南沦陷，西安也处在危急之中，从东北战场上撤下来的东北军进驻陕西，又加国民党地方势力也蜂拥而起，一时间八百里秦川变成国民党军队的集结地，军粉任务压在了西安各面粉厂的肩上。成丰是大厂首当其冲，为了便于控制成丰，陕西省国民党政府的抗战委员会，发给了于乐初一张抗委会委员的委任状。从此"军粉第一"就成了当然的事了。按照军粉规定，每下拨 100 斤小麦，需上交 75 斤标准粉和 10 斤麸皮，这样生产一天，除解决职工的生活费外，所剩无几。为了不致停业，也加班加点搞一部分自销商粉，在挣扎中求生存。不幸的是 1943 年 1 月 2 日早 3 点半，因机件摩擦，麦栈失火，酿成大灾，制粉楼全部烧光，损失达 20 余万元，业务暂告停顿。后经一年多的时间，自制了部分机件，只恢复了原设备的一半，国民党政府便强令复业，仍以生产军粉为主。商粉的买卖已不能再做，因政府限制面粉价，而麦价连续上涨，卖 10 袋赔 3 袋，只好作罢。抗战胜利，成丰厂仍为国民党政府磨制军粉。到 1947 年 2 月，全国性的"黄金潮"也风卷西安，物价愈加狂涨，今天在市场上卖一头牛，所拿的"关金""法币"，明天上市只能买到一只鸡。这时的西安面粉厂已大部倒闭，西安成丰面粉厂也命在旦夕。这种局面一直延续到西安解放。

解放后，西安成丰面粉厂，在共产党的领导下得到了新生。工人们劳动热情空前高涨，一度曾成为西安工业战线的先进单位。于乐初也被选为西安市人大代表，西安市工商联委员。参加公私合营后，更出现了前所未有的新气象，这个厂走上了社会主义的光明大道，同时也做出了应有的贡献。

西安成丰面粉厂经理苗星垣 19 岁到济南学做生意，"五四"运动选为商业代表出了名，和王冠东、张仲磐（我的岳父）合资办泰华粮栈，奠基后，又创办同聚长粮栈发了大财。他与其堂兄苗杏村在民国 10 年创办的济南成丰面粉厂，苗杏村任董事长，他任经理，王冠东、张仲磐都是董事。到 1934 年来西安创办成丰厂时，主要人员仍是在"泰华""同聚长"时期的老班底。于乐初是苗星垣在年轻时一块打短工的"干兄弟"，泰华粮栈时期，王冠东任经理，苗星垣任副理，贾顺符任会计，于乐初是职员。开始创业时，苗、工、张三家亲如手足，到创办成通纱厂时，都已家财万贯，反而出了些矛盾。人们议论起来，总说于乐初是苗星垣推荐为副理的，贾顺符是王冠东推荐的业务长，我是内弟张景韩（张仲磐之子）推荐的。苗星垣给我的印象是艰苦能干，有创业精神，我曾亲眼看见他爬到锅炉底下检查故障。他喜欢读书，热爱知识，不惜重金聘请人才，为了事业不耻下问，他曾用瓶子装水，到齐鲁大学找教授和化验员，研究锅炉用水问题。他曾研究石灰的力量，经多次反复最后还是成功了。成丰面粉厂的粉仓，是他自己设计的木架，有一位建筑工程师看过之后，还要拜他为师。人们在背后也评论他，据知情人透露说他有三个村的人不用。一是东锁村（索镇以乌河为界分东西两村）高家的人不用，他年轻时在东镇当过三年短工，知道他的坎坷经历与身世故而不用；二是楼子庄张家的人不用，因从事军政的人员多，怕不好管理使用；三是马家庄王家的人不用，我叔父王贡忱是他读私塾的恩师，对王家后人不便严格要求，故而不用。我岳父张仲磐是他的主要股东，因此对我还是用了。总之他喜欢老实可靠怎么说就怎么听的人，于乐初是个出了名的老好人，他的处世哲学是舟能得罪十个好人也不得罪一个坏人。他认为坏人什么事都能干得出来，还是回避为好。贾顺符是博山人，他和苗家不沾亲也不带故，只是在泰华粮栈当会计时，能说会道，后来在西安成丰面粉厂当了业务长，位居于乐初之后，也成了股东和高级职员，当了资本家，1977年病逝。

（王维科　整理）

南京普丰面粉厂的回顾

孟怀山

    我叫孟广瑾，字怀山，山东桓台人，现年 75 岁。青年时代即随胞兄孟广玉（字冠美）去南京，曾参与南京普丰面粉厂的组建工作，是该厂的主要股东之一，并在厂内任董事、襄理等职多年。该厂情况，据我所知概述如下。

    1937 年 12 月济南沦陷，表兄苗星垣、苗海南经营之成丰面粉厂、成通纱厂被日军进驻，被宣布为"军管"。苗家丧权受辱，一筹莫展，只得另寻出路。迫至 1940 年 3 月，国民党亲日派头子汪精卫在南京成立了伪国民政府。当时，苗海南留学英国时的两个同学在南京汪伪政府中供职（薛典曾任司法行政部次长，李圣五任教育部长）。苗海南打算到南京办企业，以为可以获得薛、李的帮助。于是在 1940 年秋，他同孟冠美等为发起人，经过百般努力，积极筹备，在南京汉中门外上新河区二道埂子街创办了普丰面粉厂。

    筹备该厂的成员，多系工商界影响较大的人士，所以得到多方协助，以致招股集资、选择厂址、购买机器等方面的筹备工作，均进展较快，自购置工厂基地到竣工投产，仅用了 4 个月的时间。当时，主要股东是苗星垣、苗海南、孟冠美、孟干初、孟怀山、王玉岩、王玉珊、宋怡堂等，无一官僚股份。

    根据该厂章程规定：厂设股东会，股东中选 5 人为董事，组成董事会。当时的董事有苗星垣、孟冠美、苗海南、孟干初、孟怀山，推苗星垣为董事长，苗海南为经理，孟冠美为副理，孟怀山为襄理。其职责与分工是：由前海南办理厂子登记及一切外交事务并负责购买粉厂所需之机器；孟冠美负责建设厂房以及主管生产经营等方面的业务；我则襄助他俩做好有关工作。厂内所需之技术人员，由董事长苗星垣负责从济南调用。

普丰面粉厂专营机制面粉，其产品商标是"醒狮牌""金鼎牌"。前者用来象征中华民族如东方的巨狮，正在觉醒；后者用来希望中华民族坚强稳重，不可动摇。

开始，该厂的职工工资，是以钱币计算的。由于物价飞涨，钱币贬值很快，如上个月的工资可买7袋面粉，而这个月可能仅买5袋。为此，我曾向经理苗海南建议：采用实物工资制，即每月向工人以面粉充当工资发放。苗海南对此建议欣然采纳，当即实施。这样，职工生活有了一些保障。厂内规定职工如遇婚丧大事向厂方借款可以不付利息，而且偿还日期较长。厂方还特邀著名中医施今墨、著名西医史国藩（留德医学博士）担任厂医，职工可以免费就诊。

职工的探亲假是每年一次，计为30天，若作两次探亲，每次是20天，亦即每年40天。这些措施对笼络厂内职工、激发生产热情一度起过一定作用。

该厂的产、供、销方面的情况是：所用原料小麦，主要从蚌埠、徐州和南京附近采购。一般生产头等粉占六成，二等粉占三成，麸皮占一成左右。头等粉主要销往南京当地，二等粉主要销往青岛。在销售方面，令人难忘的一桩事是，厂的载粉汽车路经南京各城门时，往往遭到日军或伪警察的百般刁难和敲诈勒索，有时竟耽误数小时之久，使人敢怒不敢言。为此，我们雇用了一名叫山边的日本商人给押车运载，这样才解决了向外运销面粉的困难。

1944年，南京有恒面粉厂日人厂长佐藤，看到普丰面粉厂全由中国人经营，而且搞得不错，因而垂涎三尺，提出要我们同他合作。如与日人合作，在当时局势下自然会减少一些不应有的麻烦。但是，苗海南和我们都坚决反对与日合作，为坚持民族气节，断然拒绝了佐藤的无理要求。佐藤恼羞成怒，时时寻机报复。事隔三个月之后，佐藤奉命给日本军部酿造酒精，竟以需用厂址为由，仗恃其淫威，强行霸占普丰面粉厂，并由伪南京市长周学昌签字同意，专断地将普丰面粉厂改建为酒精工厂。这是日伪同流合污欺凌中国同胞的又一恶毒行径。当此之际，苗海南曾请求薛、李两同学帮忙，但他俩不过是日本豢养的走狗，因此求助也无济于事。这样，普丰面粉厂就眼睁睁地落入日人魔掌。

普丰面粉厂被霸占歇业，其他生意在日伪铁蹄践踏下，也同样难以经营。于是苗海南和我等人商定，将资金交还给股东们，做到善始善终。这样，遂将厂中物料凡能变卖的当即变卖，最后只剩下了房屋和机器等物。

1945年日本投降后，国民党政府派员到该厂清查敌伪财产时，查明普丰面粉厂确系被日本霸占，佐藤也供认不讳。据此，遂将该厂产权发还我们，准予复业自营。

厂权虽然收回了，但要复工投产，没有资金，设备不全，困难很大。当时原有股东大都自谋生意，无力向普丰投资，而苗海南也因济南成通纱厂收归自营，事务繁忙，如果身兼两地两职实难应付，于是便自动辞去普丰面粉厂的经理职务，也不再向普丰投资。这样，该厂复业资金暂无他源。当此之际，经由本家兄弟商定，只得由我家先拿出所分之资金，作为复工投产之用，以应急需。

1947年，由该厂董事长苗星垣主持，召开原有股东会议商定：将厂内现有房产机器一律作价，原厂实行改组，重新招股集资，重订公司章程，重组新厂，但仍用原厂名称——南京普丰面粉股份有限公司。资本总额增至100万元。这样，普丰面粉厂又复活了。苗星垣任该厂常务董事。

改组增资后的普丰面粉厂，公推孟冠美为总经理，胡俊生（桓台县人，系新增之股东）为经理，张季良、孟怀山为副理。

（潘精良　整理）

我所知道的普丰面粉厂

毕伸绪

我原籍系山东省桓台县前毕庄，现年63岁，1921年，我17岁时，经亲戚张德忱（桓台赵家庄人，曾任济南成通纱厂副理）介绍，到南京普丰面粉厂工作，直到1956年调离该厂。自1941年至1956年的15年中，在该厂从学徒到担任会计和营业主任等职务，所以对该厂情况，耳闻目睹和亲历较多，仅就回忆所及，对该厂概况予以略述。南京普丰面粉厂，是苗星垣、苗海南、孟冠美于1940年合作创建的。厂址设于南京市汉中门外上新河区北滨乡二道埂子街，规模可观。

孟冠美，名广玉，跟我是同乡，与苗家是至亲。1939年前，他在徐州经营粮行，囚经管有方，生意兴隆，发财致富，在徐州城名声大振。他为了追求更大利润，又打定主意，放弃经商，开办工厂，因此，于1939年，由徐州来到南京，拟在南京兴建面粉厂。但因资金不足，人力单薄，计划难以实现，于是便与表兄弟苗星垣、苗海南协商。此事不谋而合，两苗当即应允，同意合作。遂即共同制计划、订章程、筹资金、选厂址，积极筹备。由于他们同心协力，不畏艰辛，组建工作，进展很快。

1937年，"八一三"日军侵占上海后，又疯狂地进攻南京，国民党军队节节后退，是年12月中旬南京失陷。日军所到之处，烧杀淫掠，残暴无比，国计民生，濒于毁灭。

1938 年，国民党亲日派头子汪精卫投降了日本，并于 1940 年 3 月，在南京成立了伪国民政府，打起了"和平反共建国"的旗子，进行卖国反共反人民的罪恶活动。南京普丰面粉厂就是在这个逆境中筹建的。他们制订的公司章程规定：所建之厂定名为南京普丰面粉股份有限公司，专营机制面粉事业，资本额定为 510 万元，计分 5000 股，每股 100 元。历时不久，即招足股份，收足股金。其主要股东是苗星垣、苗海南、孟冠美、王玉珊、宋怡堂等，他们的股份约占总股份的 90%。这样，经过共同努力，于 1940 年秋筹备就绪，并具文申请，10 月份，经伪南京市政府批准开业投产。

该厂有全体股东组成的股东会，股东会分两种：一是股东常会，一般于每年 2 月间召集之；二是股东临时会，会无定期，必要时，经 1/2 以上的股东提议，由常务董事召集之。董事会由股东会选举产生，由苗星垣、孟冠美、苗海南、孟干初、孟怀山五人组成。并推选了苗星垣为董事长，苗海南为经理，孟冠美为副理，孟怀山为襄理。苗永梅、苗永鑫二人被选为监察人。其职权范围是：董事长对外代表公司，对内统辖一切厂务之全权，经理有支配公司业务及公务之权，副理、襄理协助之；监察人有检查公司账簿、文件及财务之权。董事任期三年，监察人任期一年，连选则连任之。当时，所用之职工，主要是孟冠美在徐州粮行时的班底。相继又新招了一部分职工。公司职员除经理外，还设营业主任一人，会计主任一人，其他职员若干人。

1940 年，该厂开机投产时，仅有两部制粉机（山东人称为两部磨子），50 万元的资金。当时的营业计划：一是经常收入计划（以 24 小时计算），生产之面粉和麸皮约计可收入 2.4 万元；二是经常支出概算（以 24 小时计算），支付麦子、电费、工资、面袋、杂项等费用，约计支出近 2.4 万元。这样综合收支，每日除支净收 200 元左右，每年按 300 天计算，约计年收入达 6 万多元。关于营业计划，要具文呈报社会局。

1941 年，该厂鉴于资金不足，经营受限，通过股东会议决定：再增资本 50 万元，仍分 5000 股，每股 100 元。按每股先收半数，可收 25 万元，新旧股合计共为 75 万元。

　　根据修订的公司章程规定，其利益分配是：股息照周息五厘计算，但公司如无盈余时，不得分配。公司每月结算一次，每年年终决算一次，并将决算印刷成册，分报各股东。每届年终结算，除去支付职工工资与折旧费以及所得税和股息外，先提取公积金10%，其余作为100份，以8.5%为常务董事、董事及监察人之花红，以26.5%为经理、副理及事务员之花红，下余65%按股分配之。

　　1942年，在增加资本的基础上，添置制粉机一部。所营项日，除经营机制面粉外，还从事贩运杂粮业务。

　　1943年，该厂曾召开股东临时大会，由监察人宋怡堂、王玉珊提出报告书称：公司原定资本100万元，分为1万股，业于临时股东会之前，全数招足，并经收交足额。当时副经理孟冠美握有该厂全权，管理一切厂务，而经理苗海南对该厂已不管实事，仅在每年到南京一至三次，对该厂作视察性的了解。

　　1945年春，该厂不幸被日伪强行征用，改建为生产酒精的工厂，迫使普丰面粉厂歇业停产。直到1945年8月，日本宣布投降后，方被接管过来，仍旧生产经营面粉。在股金方面，孟冠美逐渐增至占全厂总股金的70%左右，同时又拉进了新股东胡俊生（桓台人）、张季良等，遂又购置了4部制粉机，这样该厂即增至7部制粉机，全厂约占土地10余亩，除有一幢五层制粉楼外，其办公室、宿舍、仓库约计4000平方米，职工100人左右。其面粉商标有二：一是"金鼎牌"；一是"醒狮牌"，其经营方式是设站派员购进小麦，加工制成面粉后，通过自销、代销等门路售销各地，常年如此。

　　自1945年抗日战争胜利至1949年南京解放之时，孟冠美在该厂的股金已高达总股金的80%左右，而苗家股金无增无减。由于各种情况的变化，苗海南辞去经理职务，该厂又公推孟冠美为总经理，胡俊生为经理，张季良为副理。

　　南京解放初期，该厂由孟冠美任经理，张季良任副理，孟怀山也在厂内供职。这时苗家对该厂之事务已基本不予过问，苗海南也不再到厂。至此，普丰面粉厂实际已由孟氏独家经营了。

　　　　　　　　　　　　　　　　　　　（潘精良　整理）

苗杏村承租鲁丰创办成大始末

胡益琛[*]

　　济南第一棉纺织厂的前身是济南成大纱厂。原成大系山东苗氏主要企业之一。该厂并非苗家开创，而是中途承租的。成大前为鲁丰纱厂，苗家承租后，始改名为成大。现就苗家租鲁丰办成大的情况，概述如下。

　　鲁丰纱厂于1915年筹备，1919年建厂、安机，是年9月开工，为山东纱业界之嚆矢。该厂系由山东省实业司长潘复倡议，巡按使蔡儒楷、泰武将军靳云鹏等军政人员共同发起。计资金120万元（官民合股），发起人等认半数，余半数由山东各界人民摊派。厂址选于济南市北之林家桥。当时有纱锭16000枚，1923年，添设第二厂，资本100万元，又添购纱锭，两厂合计纱锭28016枚，日产20支纱75件。

　　靳云鹏为鲁丰有力股东之一，曾任该厂总理，与鲁丰创始人潘复，以股份有限公司之名义，集资创立该厂。鲁丰用人除工务人员外，主要职司尽系昔日军政两界落伍之人，既不懂商情，又官气十足，不久即弊端百出，终至外欠累累，无法周转。幸于1933年，鲁丰商得民生银行的同意，以其厂之全部财产押得巨款以作周转。至1935年，本利滚结，积欠达70万元。鲁丰终因积弊难返，不可收拾。是年冬，民生银行总经理

---

　　* 作者当时系成通纱厂监事。

王向荣，鉴于该厂无力还款，不得不请法院，根据民生、鲁丰所订抵押合同依法判处，对该厂全部财产予以扣押。鲁丰纱厂遂于 1936 年 2 月 9 日宣告破产。

鲁丰纱厂停机后，2000 多名工人，连同家属 5000 多人，无法生活。该厂职工推举代表，向省当局请愿，要求迅速开工，以维持工人生活。当时山东省政府主席韩复榘一方面迫于社会压力，另一方面恐鲁丰落入日人之手。日本对鲁丰早已虎视眈眈，伺机攫取。韩复榘找到苗杏村，提出将鲁丰租予成通经营。当时成通无法推辞，苗杏村乃以董事长的名义于 1936 年 3 月 4 日，召开了董事会议，专门研究了承租鲁丰问题。当时是我主持的会议，并作了会议记录（附：《关于承租鲁丰纱厂董事会议记录》）。

会上，由董事长苗杏村宣读了省府训令，说明了开会宗旨，然后由我向会议报告鲁丰纱厂如何经营失败，如何办理不善，以致无法进行。并说明当局要求迅速开工，以维持工人生活等。经董事会议研究决定，苗杏村代表成通与民生银行签订租赁合同，以每月租价 3000 元，承租鲁丰全部资产，进行生产。

1936 年 9 月，成通承租鲁丰后，因时值花贵纱贱，又加内部管理混乱，约半年光景，即亏赔 9 万余元，这时引起董事会的非议，不少人认为不能以"新土填旧坑"，主张缩短阵线，坚决退租。苗杏村只好硬着头皮去找韩复榘，陈述处境困难，要求退租。韩无法强迫成通继续承租，又无法应付工人的请愿，就提出让苗个人承租。当时苗杏村虽有此意，但感实力不足，便向韩讲明了困难。韩让苗与王向荣研究。当时苗家对此作过分析：韩迫于社会压力，绝不让这个厂子垮台，总得有人接，不接怕失掉机会。资金可以通融，会得到韩的支持。同时也估计到，纺织业的不景气会有变化，鲁丰的亏赔主要是内部原因，只要改进管理，是会有利可图的。基于上述情况的分析，便下决心倾家以赴承租鲁丰。凑集资金后，便由苗杏村的侄子苗兰亭，与民生银行副总经理宋谷雨商讨签订了租赁和贷款合同，主要内容是：①由民生银行将鲁丰全部资产，租予苗杏村经营，租价每月 3000 元，租期暂定一年；②由民生银行贷予成大纱厂信用透支 30 万元，以苗杏村在成记全部股权及房产向民生银行抵押借款50万元；③由民生银行派会计员、仓库管理员驻厂监督。从此，苗杏村改鲁丰为成大纱厂。

苗杏村对成大纱厂的经营费了不少的苦心，聘请工程师都武阳为厂长，留用了成通纱厂技术人员，对生产人员提高计件工资标准，增加技工和管理人员的工资，扩大工人福利设施。这样做的结果，刺激了生产，提高了效率。在产品销售上，将16支纱由16.5把改为16.8把，使用户多得三绺纱的实惠。同时精选原料以提高质量，因而凤山牌棉纱在市场上打开了销路。1937年，民生银行拍卖鲁丰全部固定资产，苗杏村以85万元，将鲁丰买到手。

1937年"七七"事变，玉符河决口，厂子成了一片泽国，损失极大。水退之后，正在进行抢修时，战火烧到黄河北岸，生产无法进行。1937年12月27日，日军侵入济南，29日即派兵进驻成大纱厂，宣布军管。苗杏村因不胜日军极度压迫，忧愤成疾，遽尔故去。上述即苗杏村租鲁丰办成大之梗概。

附：

一、关于承租鲁丰纱厂董事会议记录

报告事项：对于承租鲁丰纱厂事项会议如下。

（1）先由董事长说明，韩主席命令整顿鲁丰，一是为了救济失业工人；二是恐怕鲁丰落入日手；三是因成通办事谨慎，所以特令成通职员帮助接收。

（2）苗常董宣读2月25日省府训令，日查鲁丰纱厂因债务纠纷及办理不善，若不急谋整顿，必陷于破产，望本府参议苗杏村暂为接收，按475次政务会议决，先由成通纱厂承租，其法律问题，由省府负责解决。

（3）董事长说："韩主席对于整顿鲁丰煞费苦心，对我成通又很得意，省的用意很深，关于承租一节，请由大家议决。

①决议由成通承租；②决议商标用三义牌号；③决议召集股东会议。

二、关于民国25年3月23日　临时股东会
出席股数　5469股

开会程序：

（1）主席报告开会宗旨；

（2）报告接收鲁丰纱厂的事项；

（3）临时提案；

（4）演说；

（5）闭会。

苗董事长杏村主席，谓本日开会宗旨，省主席命兄弟接收整理鲁丰，经本月4日董事会决议，通过。

胡益琛报告鲁丰纱厂经营失败，办理不善，以致无法进行。该厂自本年2月9日停机后，失业工人两千余，连工人家属五六千人，亦无法生活。该厂职工推举代表，向市当局请愿，要求速令开工，以维持工人生活。

该厂曾以全部财产，向民生银行抵押借款。

经省政府第475次政务会议决，照第三项办法办理，由成通承租该厂。租价定为每月3000元，至于流动款项，向民生银行信用透支20万元，月息9厘，抵押借款40万元，月息8厘，以存货价抵押，并无折扣。韩主席相信苗参议与本厂有整顿鲁丰之能力，故毅然加以委派。本厂亦实在无法辞谢。本厂拟与民生银行订立租借该厂之契约。

承租经过已经《民国日报》登载，该厂创立时全部财产为349万元，机器虽已老化，但每日尚能产70件纱。若再加整理，自属完好。如能以67万元，分期交款购买，自属便宜。经股东大会议决，暂照承租办法承租该厂，以俟民生银行，以法律手续解决后，先取得实有权，再议收买办法不晚。

（苗望德　整理）

济南文德铁工厂简述

孟舒文 董明斋

一、前身是崇文染织厂

1938 年，由苗星垣、孟干初二人集资创建了崇文染织厂，孟干初任经理。苗、孟二人均是成丰面粉厂和成通纱厂的股东，苗还是成丰面粉厂的经理和成通纱厂的董事长，在购买棉纱和出售面粉袋方面有许多便利条件。崇文染织厂起初主要是织面粉袋布，供应成丰面粉厂。有木织布机 20 余张，及手工染线的粗略设备，每天生产量仅 10 余匹。经营了两年，因日寇实行了经济统治，对棉纱棉布等纤维品规定了官价，严格控制买卖。在这种情况下，苗、孟二人感到不能自由买卖，经营十分困难。1940 年苗、孟二人商议吸收投资，改办铁工厂。

崇文染织厂改建为文德铁工厂，一方面是因为日军统治纤维行业，已不能继续经营，必须改弦更张，另寻出路；另一方面，苗星垣看到在沦陷区，经营工商业势难发展，准备把大量流动资金，调往大后方西安，另谋出路。当时在敌伪严密控制下，大量调拨资金是危险的，即便有十分可靠的银号、商店，亦只能作少量的汇兑，若被敌伪侦知，就会加上"通敌"之罪。而苗星垣经营面粉工业多年，熟悉面粉机器的性能，在多年的经营中，也培训出一批制造和修理面粉机器的技术工人，要成立铁工厂，制造面粉机器，是轻而易举的。因而苗、孟二人计议成立铁工厂，制造面粉机器运往西安，在西安设立成丰面粉分厂。他们吸收新的投资，调集成丰面粉厂的职员和技术工人，在济南城内老东闪大街，购买了一个当铺的房子，有60余间，成立了文德铁工厂。

二、组建情况

苗星垣、孟干初二人邀苗星垣之弟苗海南，孟干初之弟孟冠美，复成信花行的王玉岩、王玉珊，恒丰久布庄的宋怡堂等人投资，连同苗、孟本人共有7位股东，各股东投资相等，各占1/7。这次组建其实只增加了王玉岩、宋怡堂二人为新股东，其他几人都是为了平衡投资数目而列入的。7位股东组成了董事会，苗星垣担任了董事长，其他6位股东均为董事。孟干初担任经理。当时苗星垣为了充实力量，由成丰面粉厂调来庶务主任孟舒文担任副经理，技术人员刘承旋担任工程师。1940年孟干初病故，孟舒文于1941年担任经理。

三、设备情况

文德建厂初期，设备很简陋，当时只有12马力柴油机1台，8尺车床1台，6尺车床1台，钻床1台，4尺的龙门刨床1台。以后逐渐发展，又增添了大龙门刨床2台，牛头刨床2台，钻床2台，12马力柴油机1台，12尺车床2台，6尺车床6台，8尺车床3台，10尺车床2台。

建厂初期，职工人数很少，只有15人，包括技术工人5人，学徒工10人。以后随着增添设备，职工人数也相应逐渐增多，最多时有90余人，其中技术工有20多人。

四、生产经营情况

文德建厂后，原计划制造面粉机器设备，运往西安，因而生产量很大，要求得也很急。但建厂之初，设备少、职工少，不能适应生产上这种多而快的要求。苗星垣便以董事长的身份，与经理孟干初研究，迅速扩充设备，在厂内自己制造各种车床，并从本市东元盛铁工厂购买了一部分较大的车床，投入了制造面粉机器的生产。当向伪政府呈报运面粉机器设备去西安时，却只允许这些设备在市内出售，不准出境。因此运往西安的计划，不能实现，只好召开董事会研究改变办法。经董事会议决定，取消了运往西安的打算，改为在本市招揽修理业务。因为苗星垣、苗海南是成丰面粉厂和成通纱厂的经理，其他董事也都与这两个厂有关系，因而文德铁工厂主要为成丰、成通这两厂制造机器部件和修理，另外在本市招揽一点零活和修理业务。可是，文德厂原没有招揽零活和为他厂修理的业务打算，在职工分配上，也没有这方面的安排，而厂址又处在远离商埠工商业地区的老东门，来找加工和修理的业务很少，这时实际上就成为成通纱厂和成丰面粉厂的机修车间了。但工厂的设备已发展到20多部车床，60多名职工，仅仅为成通、成丰加工机器部件做点修理业务是不能维持开支的，因而出现了入不敷出的局面，工厂的经营，进入了困难阶段。

自从日军实行经济统治以后，百业萧条，物价飞涨，文德铁工厂随着其他工业的停产，根本没有业务可做，只好坐吃山空。那时日本宪兵队大抓经济犯，翻译、特务敲诈勒索，伪警察也以查户口为名，索取财物，搞得人心惶惶，均有朝不保夕之感。因此工商界人士不敢做买卖，唯恐大祸临头，急切盼望抗战胜利的到来。

日军投降，人们欢欣鼓舞，原以为好日子到来了，想不到接收人员满天飞，各种捐税齐来，抓壮丁、派民夫，搞得家家不安、厂厂不宁。特别是法币贬值，换了关金，关金贬值，又换了金圆券，物价一日数涨，粮食价格，一夜之间，上涨一倍。在这种经济上极度混乱的情况下，文德铁工厂也无法维持下去了。1947年召集了董事会，决定全部停工，公开宣布，工人可以离厂自谋职业，不愿离厂的，可以住在厂里吃饭，停发工资。因为厂里没有现金，靠卖工具维持生活。到解放前夕，厂里还有30余人，看守着厂里的固定资产，迎来了济南的解放。

还应说明，文德铁工厂，原有大量流动资金，因为济南日军统治极严，再不能做买卖，遂抽调文德厂80％的资金，到南京购置了面粉机器设备，买了土地，修建了厂房，成立了普丰面粉厂，同时从文德抽调了部分职工。股东苗海南和孟冠美，分别担任普丰面粉厂的经理和副理。由于抽调资金去南京建厂，同时把技术力量也调走了，文德只剩下经理孟舒文，财力、人力的缺乏，也是造成文德铁工厂极度困难的重要原因。

五、解放后的情况

济南解放后，企业得到人民政府的大力扶持和帮助，人民银行贷款3000元，是年12月即恢复了生产。1949年，由原来的20人增加到70多人。国家又先后分配给了生产任务，当年分配生产155P柴油机5台，1950年分配生产6尺马达车床20台，1953年分配生产25m/m立钻15台、冲床10部，1954年分配生产25m/m立钻25台，冲床20部，3尺台式车床77台，1955年分配生产3尺车床43台。除完成以上主要产品和任务外，文德仍有1/2的生产能力，可为地方工业、农业或基本建设加工服务。至1956年，产品才基本固定，接受国家任务生产了3尺台式车床100台，15公厘钻床400台，500公厘牛头刨床30台。

1953年10月，经政府批准，文德铁工厂改为公私合营文德机器制造公司，因生产上缺少翻砂及木型协助，同时也缺乏资金周转。根据要求，又按七股比例，增加了资金。1954年经济南市人民政府工商局批准，恒丰铸铜作坊、双利木型铺，与文德合并。1955年2月1日，有协太五金铺、德兴厚布庄，申请转资文德。1956年2月，全市合营高潮时，有振兴铁工社、中和铁工厂、永兴铁工社、永兴铁工厂、兴记铁工厂并入。加上国家投资，资金比1952年增加两倍多。

　　企业扩大了，人员增多了，设备齐全了，1956年，职工比刚解放时，增加了16倍。总人数为341人（生产工人134人，学员97人，技术人员74人，科室人员24人，勤杂人员12人）。这时全厂机械设备，计有各种金属机床54台（车床、刨床、铣床、滚齿、钻床、锯床）。另外，有皮带锤1台，化铁炉1座，砂轮机3台，热处理1处。充实了管理机构，扩充车工、钳工两个车间四个工段。设置了技术、检查、计划、供销、劳工、财务、总务课室。生产方向定为金属切削机床，产品基本固定为3尺车床、钻床、牛头刨，并试制G72锯床，完成生产总值78.45万元，第一次上缴利润6万多元。由于原厂址面积狭窄，不适应当时生产增长的需要，经批准由国家投资13.14万元，进行企业改造。1956年9月，迁至本市经七路小纬九路（原鲁西火柴厂旧址），占地4894平方米，建筑面积2943平方米，并改名为公私合营济南文德机械厂。后又改为第四机床厂。

苗氏家族兄弟

回忆苗氏家族企业

HUIYI MIAOSHIJIAZUQIYE

苗星垣、苗海南兄弟创业纪实

王儒忱

　　我是桓台县耿桥乡苏王庄人，现年 82 岁。1921 年经人介绍到济南成丰面粉厂学生意，当时该厂正处于筹建阶段。1922 年 8 月工厂投产后，我被分配学会计。1927 年初，为培养我成才，送我到青年会设立的英语夜校学习英语，学习期满后调我到青岛庄做财务兼做对外生意的翻译工作。1930 年，又安排时间让我学日语，准备去日本庄工作（后因"九一八"事变未遂）。我在青岛期间，苗星垣常去青岛庄，暇时总要找我谈些生意经和创业史，他的"不受苦中苦，难得甜上甜"的处世哲学给我的印象很深。我在苗氏企业中从事各种活动多年，现将亲身经历的和印象最深的事情作概述。

苦心经营成丰面粉厂

　　成丰面粉厂是苗星垣、苗杏村合作创办的。1921 年我到济南时，正处于紧张的筹备时期，社会上、官场上的活动都由苗杏村出面，因为当时田中玉任山东督军，苗杏村是督办公署的咨议。在济南商会任常务董事，在粮业公会担任会长，在商埠商会中也挂着会长头衔，以他的名义对外办事，都一帆风顺。筹建总务的内当家是苗星垣。记得在全体筹建人员会议上，星垣作了一篇鼓动性很大的演说，大意是：自"五四"运动以来，对办企业的认识有了提高，目的在于抵制帝国主义的经济侵略，"实业救国"是国民之需要，办工业就必须先办轻工业，办起来容易，见效快，发展也快。他还说现在创办面粉厂已不是先例，在济南已有丰年、民安、惠丰几个面粉厂，生意兴隆，为我们提供了借鉴。总之，国民需要，有例在先，我们又有粮业基础，一定能够把厂办好。当时在场的一些青年职工听他讲得头头是道，也都决心为建厂出力。

筹建工作开始，苗杏村联络了韩秀泉（广茂恒银号经理）、车百闻（军阀师长）、王冠东（同聚长粮栈经理、桓台老乡）等人，共议集资 50 万元，实际只集了 7.5 万元。购地皮 7 亩，由苗星垣筹划施工，建造厂房。从开始建厂，苗星垣就与工人一起打地基、搬砖瓦。建起厂房，资金已花去大半，尚没有机器，于是由苗杏村去上海求助荣宗敬（无锡面粉厂总经理）担保赊购了钢磨 7 部，154 马力的引擎 1 部，锅炉 1 部，还从上海聘请了技师韩韵青，招聘了几名技术员。把机器安装完毕。于 1922 年 8 月开始投产。

成丰面粉厂的企业性质，按照公司法申请注册，命名为"济南成丰面粉股份有限公司"。注册的第一个商标是"梅蝠双鹿牌"。按章程组成了董事会，苗杏村任董事长兼总经理，苗星垣任董事兼经理，王冠东任监察人，车百闻任协董，韩秀泉任协理。二苗兄弟初办企业就显示了他们的才华，他们始终把积累资金、扩大再生产放在首位，投产第一年 5 个月，年底结算盈纯利 7.5 万元，全部转为投资用于再生产，钢磨增至 12 部，日产能力达到 2000 包。1922 年底，增股募集资金达到 32 万元。第二年又增股募集资金达 60 万元，继续扩大规模，增加设备，钢磨增到 19 部，添购马力，增马旭尔引擎 1 部，拔柏葛管子式锅炉两具，当年虽获利 10 万元，因全部用于增加设备，资金仍出现困难。到第三年又第三次增资，这次增资吸收了军阀官僚的资金，劳逊五（交通部次长）、成逸庵（青岛警察厅厅长）都成了成丰的董事。原由车百闻邀来的东莱银行经理于耀西一次投资 2 万元，并给予信贷透支 200 万元，于耀西因此取得了董事长的职位。这时成丰已成为两位董事长并列的局面。这一年增资达到 100 万元，日产面粉达到 5200 包，年底结算获利 24.7

万元。由于企业扩大，我被派到青岛庄。

成丰面粉厂的经营组织概况是：经理苗星垣，副理杜美亭，营业主任兼会计主任慈献亨，秘书伊连峰，文书于冠五。会计股司流水账1人，簿记1人，出纳2人；营业股批发零售共3人，外联2人，麦栈主任1人，各栈庄都有负责人和过磅人员，庶务3人，粉栈3人，负责收发面粉。粮点主任张景韩带领数人，银市韩子农1人。外庄采购员有袁振声、荣兴五、贾顺符等人，分别驻在蚌埠、徐州、开封、济宁、大汶口等地，共计职员60余人。我去青岛后，人员又有变动和增加。

苗星垣很重视商品流通，亲自抓面粉和麸皮的销售。在济南和外埠分设若干个面粉代销店，双方订立供销合同，利润按九八扣提成。各代销店必须具备两家殷实铺保，在合同上盖章，担负欠款责任。麸皮大部出口日本的大阪、神户等地。驻日本大阪栈庄的孔繁臣会日语，驻青岛栈庄2人，王扶九会日语，我会英语，负责对外交易和装运麸皮，办理海关申请手续，并同三井、三菱、铃木洋行联系销售麸皮及面粉。苗星垣经理对面粉的产量、质量、成本都严格把关，重视信誉。每日粉栈必须把面粉等级样品送经理室检验，一丝不苟，发现问题立即纠正。规定每百斤小麦麸皮产量是16%，绝不允许悬殊太大，影响面粉质量。并规定严格责任制，哪里出问题就追查哪里的责任，轻者处罚，重者屡犯者解雇。

成丰面粉厂的职员工资和福利待遇，公司规定练习生每月2元，办事员按进厂早晚和办事能力分别定为5元、10元、20元不等，并规定职员年终的分红办法，即按盈利数提成分红(盈利大则多提，盈利小少提，不盈利不提)，把公司的利益和职员的利益挂在一起，让职员都关心公司盈亏。提出的红利总数按职员总工资平均计算，求出每个职员所得红利的多少，例如每1元工资带红利3元，那么每月工资2元者，每月所得红利为6元，加上2元工资，每月即实收入8元，全年可得96元。另外还有奖金，按照对企业的贡献大小分为年终普通奖和特别奖两种。从工资看，职员的工资并不高于工人的工资，但加红利和奖金（工人不分红利）年终收入就大不一样了。这种分红的办法在济南的工厂企业中是种独创，年终总算比其他厂高出一倍还多，所以全体职员都能谨慎从事，如违犯纪律，就有被辞退的危险，故不敢越雷池一步。公司还专设职员食堂，一律免费管饭，并设立浴池，职员发洗澡票。驻在外庄的职员，吃饭、洗澡及驻外补助一律按规定报销。职员回家探亲，每年的探亲假为 40 天，超期按误工论处。对待工人则实行计件制和计时制两种工资办法，指标定得偏高，大体只能完成，如稍有超过时，才可得到一点微小的实惠。

成丰面粉厂出过一次风波，那是在 1929 年。"五三"惨案后，因于耀西曾担任过维持会的会长，成为汉奸，被捕入狱，东莱银行的财产被查封。这时成丰面粉厂的财产转移到成逸庵的泰丰银行。恰在此时，成丰面粉厂的董事会改选，以改选的办法取消了于耀西的董事长。后来于耀西出狱，声明退出成丰的所有投资，断绝和成丰的一切关系。于耀西被捕时，苗星垣也因参加过维持会，怕受牵连，曾一度到东北、上海避过难，以后事态平息，又在青岛住了一段时间，才返回济南。当时他对于耀西的下台深表歉意，提议每月保留他的车马费 120 元，但于耀西拒不接纳，苗星垣亲自进行道歉，才结束了此事。在这里提一下，苗星垣住青岛的一段时间，我成了随身服务人员，记得他的情绪很不好。到青岛的第二天，他让我要济南的长途电话八次，有苗杏村公馆、成逸庵公馆、广茂恒银号、同聚长、成丰及家宅等处。他讲话时，我在一旁侍候。他的话有询问情况，有调解关系，也有牢骚话。我们俩之间的闲谈，话题很广泛，有一次他在电话中得知成丰董事会闹不团结，争权夺力，就说："成丰富了，都看成一块肥肉，谁也想多吃一口。当初成丰在困难时期，都没有出头过问的。于耀西在成丰遇到波折时救过急，现在把人家赶下台来，我实在感到过意不去。"有时他也回忆一些往事，发一些感慨，说他幼年时，家中贫寒，生活艰苦，吃的是半年糠菜半年粮，穿的是破衣烂衫，住的土坯房子，父亲、大哥种地养活不了一家人。他勉强念了几年私塾就辍学了，十五六岁就和乐初为人打短工，后来为谋生计，才到济南学徒，参加"五四"运动懂了些世道人情，也戴上了实业家的帽子。"五三"惨案前，让人牵着鼻子走，参加了维持会，差一点弄成汉奸，古人说"一失足成千古恨"，这次教训将终生难忘。谈话间还对我说了些鼓励的话："你还年轻，在外工作，必须正直无私，可千万别走歪门邪道，误入了歧途就败坏了名声，影响以后前程，那就悔之晚矣。"我一直把这些话当作座右铭。

我还记得在 1926 年，他经常参加官商合组的义赈会，常被派出到外地赈灾，有了些名气，曾被黄河河务局局长林茂泉保荐当了黄河下游河务分局局长。任职后他选了桓台县老乡罗复堂任秘书，下设办事机构中的工作人员也多是桓台老乡。他任职约半年多的时间，成丰面粉厂意见纷纷，因他常住北镇，影响了成丰的生意，公司成员都劝他辞去局长职务，后经三次辞呈，才得免职，回到成丰，专心经营企业。成丰每年盈利少者 10 万元、20 万元，有两年即 1929 年和 1934 年发了大财，每年盈利都在 30 万元以上。

装备起来的成通纱厂

成丰面粉厂进入兴旺时期后，苗星垣就念念不忘创办纱厂。在此需要一提的是：1923 年他的胞弟苗海南在省立第一中学毕业后，为了让他先受点"苦中苦"，送他到一家私营银行当了一年学徒。1924 年秋，听说南通纺织学院招生，苗星垣让他考取该校学纺织。1928 年毕业后，他又支持苗海南到英国留学，考入英国皇家第六纺织学院（即曼彻斯特纺织学院）纺织工程科学习。1931 年结业后，苗星垣寄书其弟不要急于回国，要到英国各大纺织中心考察纺织业的经营情况，如有机会可到纺织机械厂实习，全面学习建厂经验、机械制造和经营管理。苗海南按其兄的意图在英国进行了考察，1932 年回国，同其兄面议后，得知日本人管理纱厂的方法高于英、美，就打算到青岛日本人办的纱厂去实习，探讨日本人的经验。海南到青岛后，日本人知其是英国留学纺织的，多方阻难不让进厂实习，苗海南化装进入日厂，也被发觉未果，只好进青岛华新纱厂。他通过行业关系，与日厂中有技术的华工取得联系，与他们交为朋友，通过他们了解了日本人的管理方法和技术特长。

在苗海南掌握了大量英、日纺织资料以后，苗星垣、苗杏村堂叔兄二次合作，于 1932 年 6 月，发起组织创办成通纱厂。当时为了多聚集资本，在招股简章中规定：个人入股，包括劝股，满4万元者，可成为常务董事，满2万元者可成为董事或监事。后来成通董事会达到50余人之多，就是这个原因。不长时间凑了75万元，计划安装一万枚纱锭。仍因资金不足，由苗杏村赴上海托荣宗敬担保，向英国怡和洋行赊购了一万枚纱锭的全套设备，并向安利洋行赊购了1500千瓦的大型发电机一部。苗海南依仗学到的技术，在成丰面粉厂铁工部和技工配合设计制造出细纱机40台，并亲自动手建机房、安机器，一切都较顺利。

成通纱厂成立后，由苗杏村任董事长，苗星垣任常务董事，苗海南任经理兼总工程师，张景韩任副经理，王扶九为驻厂的常务董事，胡益琛和苗兰亭任监事。1933年5月投产，开始很不理想，只靠苗海南所带的20名工人到青岛华人办的华新厂实习了几个月，一人分管一门，从清花到成包，当时都说学会了，可是回来投产时，却出问题不少。多亏苗海南结识了日商金中渊纱厂的王纪三，通过他联系了日厂10名技术工人，按工种分为清花、钢丝、摇纱、粗纱、细纱等工人。把这些人请到成通后，比在日厂多加10元工资，月工资达到45元。随后通过他们从日本人厂内拉来20多名技工，定为月薪32元，这批熟练工人成了成通纱厂的骨干。投产后计有纱锭14800枚，工人也达到600余人。自增加了这批技工后，从7月底开始，6个月的时间盈利6.8万元。这年正遇上棉花价上涨，市场不景气，纱价下跌，是纺织业大萧条的一年，而成通纱厂却盈利，这是因为工人刚进厂，工资都偏低，少者月资3元，多者15元，月薪平均7元，且日夜两班倒，一班12小时，所以头半年就开业大吉。第二年仍棉贵纱贱，山东其他纱厂都无利可赚，只成通仍获利10万余元。第三年，因《何梅协定》签订，日本人在华北控制经济，有些纱厂关了门，这年成通纱厂仍盈利10万余元。第四年棉花大丰收，棉价平衡，这是成通大发财的一年，一年纯利达37万元，这也是成通创业到了最兴旺的时期。到1937年，也就是第五年，上半年仍获利不少，下半年因"七七"事变，水灾停机等损失33万元，但全年算账仍盈利达34万余元。

成通纱厂在创建过程中，苗星垣、苗海南兄弟俩艰苦创业，配合默契，建厂时，全厂只有一台锅炉，这是没有先例的，按照惯例，必须两台锅炉交替使用，便于清除炉锈和进行维修，不致停产清刷，影响生产。当时有的董事很担心，从青岛请来的技术人员也在暗中讥笑，而苗星垣有创办成丰面粉厂的经验，拍板决定就用一台锅炉先干起来。他的经验是，锅炉中的蒸馏水不放掉，并不断增加蒸馏水，这样就可使锅炉少生水锈，延长清刷的时间，也可延长锅炉的使用年限，后经连年使用，未发生问题，证明这个办法是可取的，得到了技术人员的认可。苗星垣一来成通就先进车间，特别关心锅炉和发电机，这两处他是每到必查。对于新上的设备，他都亲临现场，自己动手测算核对。在试车前他先检查一遍，就连一个螺丝也从不放过。一次要修一条循环水沟，他指出不准使用石灰，翌晨在下游发现水有白色，当即查问。施工人员说，昨晚收工时，有人不慎把石灰筐掉在沟中，是余灰所致，但他仍不放心，到现场亲自查看，才未追究。开机生产后，他提议收购零散棉花，在厂门口悬个木牌，而营业部门未及时办理，他知道后严加训斥，并指令立即补办。其弟苗海南每天总是拿一半时间转车间，各个生产环节无处不到，他听听机器声音，就能知道哪个部位出了毛病。他凭借所学的知识和实践经验，赢得了厂内外的信任。记得 1934 年，成通纱厂铁工部为制造纱机平台，从英国怡和洋行购进 12 英尺龙门刨床，经试验效果不佳。苗海南知道后亲自检查，他看到刨床上有英文标着香港的代号，立即找英商交涉，要退还机器，追索赔偿费。开始英商拒不认账，苗海南拿出双方签的合同，合同规定是英国产品，实际却是香港制造的，苗海南当着英商的面提出，如不履行合同，次日即登报声明，英商理屈词穷，只得如数退还价银，赔偿损失费 2700 元。就在和英商打官司期间，苗海南和铁工部的技术工一起制造了一台 12 英尺的龙门刨床，并改英货平形底盘为蝙蝠弧线形底盘，把结固的方形螺丝改为圆形花螺丝。英商来运退回的刨床时，发现了这台龙门刨床，认为是仿制的，提出专利权问题。苗海南当即指出：成通自制的刨床，是结合瑞士和日本的产品研制而成的，并当场让英商查看与英货的不同之处，英商无言答对。苗海南一直主张以盈利再投资来扩大再生产，每年的公积金只占红利的 1.1%。1936 年成通纱厂发财之后，各大股都见利眼红，苗海南就利用这一形势来扩大股东扩大资本。苗杏村扩大到 702 股，苗星垣 799 股，王冠东 819 股，张景韩 400 股，其他股东也都将分得的红利和股息扩大了股数。这时一些职员也都纷纷入股，年底统计，资本积累已超过了 150 万元。日军侵华进济南前，成通纱厂共有英国造纱机 38 部，14800 锭，自制纱机 11 部，4800 锭，两者合计总共 19600 锭，职工达 1150 人。

雄心勃勃"开发大西北"

苗星垣、苗海南两兄弟继创办成丰面粉厂和成通纱厂之后，1935 年还设想了一个"开发大西北"的计划。拟从西安到兰州，每一主要城市，都创设一个面粉厂和一个纺织厂。1935 年在西安集资 100 万元，创建了成丰面粉公司西安分厂，8 个月建成投产，其速度之快，令人惊服。1936 年又在西安购地皮 200 亩，拟建成通纱厂分厂。1937 年春，将购买 2000 基罗的大型发电机和自己制造的 1 万枚纱锭及部分原料运往西安。"七七"事变中止了"开发大西北"的计划。

重视知识结硕果

苗星垣的为人我是敬佩的，他不吸烟、不喝酒，旧社会的五毒不沾，对自己、对家人的要求十分严格，一个百万富翁，家中自种菜园，养着猪、鸡、羊、兔等，虽有两个面粉厂，家中仍安装石磨，由家人自食其力。他对子女教育抓得最紧，星垣亲兄弟 3 个，共有子侄 14 人（女孩记不清了），每星期他都过问学习情况，检查学习成绩。他在创办企业中饱尝了文化低的苦楚，曾到齐鲁大学当过两年的旁听生，曾出高价聘用技术人员，因有亲身经历，故对子侄们的学习抓得特别紧。他曾说过："家富了孩子们难免有些娇嫩，当块铁，只有百炼千锤才能成钢。"假日或星期日，他都安排子侄们到铁工部参加劳动，他认为只有劳其筋骨，才能磨砺其意志，只有打掉其娇气，将来才会成为有文化、有技术、能创业的人。后来星垣的几个子侄果然学有所长，现在大多在各个岗位上担负重任，按排行说：老大苗永梅（已故）、老二苗永鑫（已故）均曾参与过企业；老三苗永森辅仁大学毕业，在济南二十四中任教；老四苗永淼，美国留学生，获博士学位，在西安交大任教授，是国务院博士学位评定委员会的成员；老五苗永焱，苏联留学生，学习军事气象，转业到河南省任气象局副局长（前年已故）；老六苗永尧，现在山东工业大学任副教授；老七苗永聪，现在青岛海洋学院任教；老八苗永明，在山东师范大学任副教授；老九苗永瑞，是陕西临潼天文台台长；老十苗永智，现在南京大学任副教授；排行十一的苗永宽，现任南京师范学院院长；十二苗永裕，现任中国纺织品进出口公司上海针织品分公司党委书记；十三苗永温现任长沙市冶金研究所的副研究员；十四苗永柔现任包头市第三发电厂副总工程师。星垣、海南的几个女儿，听说多是工程师。

（王维科　整理）

苗星垣与他人合作经营企业概述

张予萱

山东桓台苗氏资本集团，分为两支，苗杏村一家属于长支，苗星垣一家属于次支。苗星垣是苗德卿、苗杏村的堂弟，他于 1910 年（清宣统二年）经苗德卿介绍进济南到公聚祥粮栈当伙计，因他精明强干，被桓台富户王冠东、张仲磐请到他们经营的泰华粮栈当副理，以后三人共同开设同聚长粮栈而逐步发迹。苗星垣此后与王、张长期合作，并与苗杏村共同创建了成丰面粉厂、成通纱厂等实业，发展成山东民族工商业的巨户。

我们二人与苗家系亲朋关系，在苗星垣创办的企业中共事多年，仅就我们的亲身经历和见闻作一概述。

一、由泰华粮栈到同聚长粮栈

苗星垣于 1910 年（清宣统二年）经堂兄苗世厚（字德卿，苗杏村的胞兄）介绍，由桓台来济，先后到公聚祥粮栈、利成粮栈学生意，后当伙友。在济南利成粮栈时，因他吃苦异常，招待客人殷勤备至，以腿勤、嘴勤、小事能忍耐博得掌柜欢喜。因此，掌柜派他跟着上"粮关"（即粮食交易所）。星垣去"粮关"办事，处处留心，事事留意，随时掌握市场行情变化，很得掌柜器重。此时桓台索镇的王冠东、张仲磐等刚在济南开设了一家泰华粮栈，因与星垣系同乡，所以来往甚密。星垣与冠东年龄相仿，脾气相投，遂结为挚友。王看出星垣是个泼辣能干之才，一次对他说："好汉不挣有数的钱，你在利成粮栈顶多当个大伙计，你来泰华我叫你当二掌柜的，给你'一个份子'，我当掌柜的，拿一个'二份子'，怎样？"星垣见王赤诚相待，便向利成粮栈辞职。利成粮栈掌柜满心不悦，但星垣执意要走，无法挽留。星垣到泰华粮栈任副理，这是 1915 年春上的事。自此，苗、王、张结为一体，长期共事。

当时，泰华是个小粮栈，仅有几个人，除王、苗系正副经理外，贾顺符是会计，于乐初、荣星五是伙计。1915 年春，济南地区大旱，粮价一日数涨，苗星垣获悉平原、禹城一带绿豆丰收，认为有机可乘，即到平禹一带大量收购，连连向济南发车，获利甚厚，秋后结算，获利万元。自此，泰华粮栈站稳了脚跟。

随后因买卖兴旺，发生了内讧，泰华的另一股东张鸿基在分配上霸占多得，导致 1919 年"股东分伙"，泰华歇业。泰华粮栈自 1913 年至 1919 年只经营了 7 年，资东张仲磐获利 7000 余元，苗、王二人除花费外亦各剩余 2000 元（均系银币）。

1920 年春，苗星垣、王冠东、张仲磐从泰华粮栈分伙出来，即在经三路纬二路筹建了同聚长粮栈。

张仲磐说："我出 8000 元，你们各出 6000 元，共为 2 万元，所差资本由以后盈利补齐。"张因自己不在栈中任职，不愿自己资本过多，按钱六人四分配，总算起来，利益相当。

起名"同聚长"乃取同仁相聚、情深意长之意也。苗、王、张三人，为莫逆之交，胜过同胞兄弟，随着事业的发展，一度想借桃园三结义之故事，将"同聚长"易名"三义公司"，因"七七"事变爆发，未得实现。

同聚长原计划盖平房，王冠东负责筹建。王冠东看到"大苗"办的恒聚成门头大，因而买卖多，每年纯益就有数万元，而自己呕心沥血数年，全部进项不过数万，再盖平房，干小规模经营，何时发迹，分析到自身资本、地理位置，以及苗、王、张的情谊，遂效法恒聚成耗资 4 万元建起营业大楼。

在施工期间，苗星垣从外庄回济，大吃一惊说："四哥，咱们都是穷苦人出身，怎么盖楼房、摆阔气呀！"王说："喂好鸟，得有好笼子。你不富丽堂皇，怎么引来各地老客？"楼房建成后，为了资金周转，即作价七成将房产抵押给中国银行。王又与广茂恒银号韩秀泉搭上关系，取得贷款，以雄厚的资金，做起大生意来。果然，同聚长粮栈一开业，就以大粮栈、好厨师、饭食招待好，传于商埠，招来大批客商，又将东北粮商统统拉了过来，当年获利数万。

由于同聚长独揽了东北粮商的生意，垄断了高粱交易，后来生意越做越大，在津浦、胶济沿线设立分庄 30 余处，正式人员发展到 40 余人，每年盈利数万，一跃成为当时的济南五大粮栈之一。到 1932 年组建成通纱厂时，已是拥有 30 余万元雄厚资本的大粮号了。

二、成丰面粉厂的前前后后

（一）成丰面粉厂的组建经过

1921 年，苗星垣与苗杏村兴起合伙办实业的念头，筹建成丰面粉厂，同时王冠东因同聚长粮栈日子兴旺也有志于此，又拉上广茂恒银号的韩秀泉，便印发招股简章，大谈开面粉厂如何赚钱，并规定投资（包括劝股）5000 元者即可当董事，每月付车马费 60 元，年终分红等等，以此广募资金。当时是边筹集资金，边在商埠火车站北购地皮，建设厂房、库房。

1921 年 10 月正式召开创办会，以苗杏村、苗星垣、王冠东、张仲磐、韩秀泉等 39 人为发起人，选举出第一届董事会，苗杏村为董事长兼总经理，苗星垣为经理，韩秀泉为协理，其他董事有车百闻、郭玉堂、逯岳东、崔少莲、焦振西，监察人是王冠东、崔秉德，定名为"济南成丰面粉股份有限公司"，资本登记为 50 万元，实则仅集资 20 万元（银元）。这 20 万元，以苗杏村的恒聚成粮栈班底 4.6 万元，苗、王、张的同聚长粮栈班底 3.66 万元，韩秀泉、辛寿山的广茂恒银号班底6.1万元为主,三家集资占总资本20万元的71.8%。建设规模上按大型面粉厂设计,以备发展。

当然,20万元资本是难以办大型面粉厂的。在筹建的同时,由苗杏村去上海求助于荣宗敬。说到荣宗敬需要补充一下。1915年无锡茂新面粉厂初次派人来济南购买小麦,由恒聚成代购,苗杏村由此结识荣宗敬。1919年荣宗敬在济南设立茂新四厂,苗杏村亦大力协助,处处尽力。荣宗敬对苗杏村甚为感谢,荣、苗由此结交。这次苗杏村要办面粉厂,荣宗敬当然极力协助,遂以茂新总厂名义从上海怡和洋行赊购7部美制钢磨和其他制粉设备,还有英制300匹马力的蒸汽引擎,总计约合银元13万元,价款3年付清。机器运到后,第二年(1922年)清明前后即安装就绪。

办成丰面粉厂,一开始就遇到资金上的困难,20万元花完,无钱开机生产。王冠东向苗杏村出主意,由苗找东莱银行经理于耀西,聘请他当"名誉董事长",并且车马费从优。于耀西对这"拾钱不弯腰"的事当然满口答应。各银行见成丰有东莱银行做靠山,便打消了顾虑,为成丰借款打开了通道。麦后开机,日产等级粉2000包,当年获利10万元,大部转为投资。苗杏村和苗星垣等见有利可图,即一鼓作气,苗杏村二次南下求助荣宗敬,再赊购美制12部钢磨,价值美金7万元。1923年安装投产,前后共19部钢磨,日产面粉5200包。除了机器欠款,1923年获利7.1万元,1924年获利24.7万元。这样一来,成丰在济南众多的面粉厂中站住脚了。

成丰面粉厂不断吸收新股,增加资本,于耀西(东莱银行经理)、劳逊五(曾任交通部次长)、成逸庵(曾任青岛警察厅厅长)先后入股当了董事。于耀西投资2万元,并从东莱银行给成丰200万元信贷透支,使成丰得以渡过难关。当年于耀西当上了董事长,车百闻为副董事长,一个企业两个董事长(苗杏村、于耀西)的奇闻由此而出。

对于于耀西,二苗及王、张等人是有所顾忌的,但企业陷入困境,只好笑脸相迎。于进入成丰之后,即以势揽权,和苗星垣、王冠东经常发生争吵,矛盾日渐尖锐,苗、王只好暂避其锋芒。

后来成丰面粉厂取得成逸庵的泰丰银号为后盾,便在于耀西因汉奸案出狱后，借董事会改选之机，将他排出董事会。

1931 年董事会改选后，企业蒸蒸日上，年年大盈，俗话说"财大气粗"，连大银行想挟持也不怕了。

有一次，成丰以面粉作抵押，向中国银行贷款。那时中国银行在各厂均有驻厂员，贷款须通过驻厂员，厂方得向他们买账，所以驻厂员都有油水可沾。但是成丰偏不买账，驻厂员便向本行反映情况，行长乘车到现场察看，看到仓库院落所存虽有大量小麦，但未见面粉，认为与成丰贷款理由不符。苗星垣大为不悦，让营业长尽快还清中国银行的贷款。交通银行闻讯便乘机而入，愿向成丰提供贷款。中国银行听说此事，即来厂赔礼道歉，以撤掉这个驻厂员了结。自此中国、交通两行均成了成丰的资金靠山。

（二）成丰的生产与经营

成丰 1921 年 10 月创办，1922 年 8 月开机生产。计有钢磨 7 部，300 匹马力蒸汽引擎 1 部，日产等级粉 2000 包（每包 44 斤），以"双鹿牌"商标行销于市，有职工 223 人。

1923 年增钢磨 12 部，到 1924 年已有钢磨 19 部，日产等级粉 5000 余包，改为"梅蝠双鹿牌"商标（此商标一直用到 1945 年日本投降。日本投降后，改商标为"双蝠双鹿"牌，一直用到解放初期），职工 240 人。

1929 年，因动力不足，影响生产，增添了 850 匹马力蒸汽引擎 1 部。

1932 年 6 月，又增添钢磨 6 部，总计有钢磨 25 部，850 匹马力蒸汽引擎 1 部，日产等级粉 8000 余包，职工已有 251 人，加上铁工部 300 余人，共有职工 600 人。成丰一跃成为济南市磨数最多、产量最高、厂子占地面积最大（53 亩）的一家面粉厂。1935 年又扩建了制粉楼——续接两大间 6 层，于顶层安装水箱，既为生产所需，又利于消防。至此，成丰面粉厂从设备到厂房、库房已完全适应当时的生产。

成丰所用原料——小麦，广采于津浦、胶济铁路沿线，黄河中下游，小清河流域及本省南四湖运河区域，在上述各地广设分庄，以利采购。产品销售，除本厂门市部及本市泰和祥、同聚恒、聚丰成等 33 处代销点外（占销售量

36%），亦销往胶济沿线（占销量 11%）、黄河流域（占销量 20%）、小清河流域（占销量 11%）。

在用人方面，凡重要管事人员的任用，苗、王、张都权衡再三，有能力且又信得过的人方可充任。如于乐初任西安分厂副理，荣星五先任成丰总稽查，后改任西安分厂协理；贾顺符任西安分厂营业长等。这些人都是同聚长粮栈的班底。苗杏村虽身为总经理，但无实权，管事之人是荐不上的。他为此事常有怨言，曾说："我得到你们锅沿上讨饭吃了！"王冠东却说："五哥，你要权干什么。反正又不少给你钱。"苗杏村也无可奈何。当时不论哪方面的亲朋友好推荐人进成丰学买卖，都必须先进铁工部学徒，经过考察，方可调到其他部门见习。对各部主任、各外庄负责人、生产上的领班，按苗星垣的话说是"恩威并用"。建厂不久，成丰即制定了各部办事细则，无论营业、会计、上街、上站、庶务、材料、麦栈、粉仓、铁工、工人、苦力、门役、厨房，都有办事细则。他们就依据这些条条，对人进行查核奖惩。如职员胡庆杰犯了错，因此调到蚌埠庄上，后胡在蚌埠庄很负责，赚了不少钱，苗星垣与营业长商议，破格奖励 400 元，使胡异常感激。又如 1934 年成丰发了大财，盈利 24.5 万元，董事会决定提取 2.5 万元作为奖励，对中层职员各奖 400 元，一般职员各奖 200 元，领班亦从优发奖。又因当时成通纱厂开厂不久，尚未赚钱，苗星垣对成通副经理张德忱、引擎房负责人刘承镟（工程师）、铁工部负责人张佩孚（绘图师）等人，也各有奖赏。这样一来，成通、成丰受奖之人，对苗星垣无不感恩戴德，他本人也在颂扬声中将剩余之 1.3 万元奖金装进自己的腰包。

成丰的工人，是没有奖金的，但有些做法也不同于其他几家面粉厂，如工人入厂不立契约，有保人作保即可，每年例假 3 天，不扣钱，短时病假不扣钱，事假每月不过一日不扣钱，每年过年加双薪等。还办有扫盲性质的职工学校，有武术训练等。成丰的这些做法，对生产确实起到很大作用，职工又多系桓台老乡托门而来，当然就更满意了。

成丰在业务经营上规定：上街、上站人员要刺探他厂实情，对本厂无论大小巨细，则必须严守秘密，不得宣泄于他人，否则以违章论处。他们按时到代销点取回他厂粉样，以便对比分析，采取竞争措施。如 1932 年用澳麦生产的面粉，市场反映筋力短少，梅蝠双鹿牌质量受到影响。苗得悉后，即请本市各代理店来厂参观，一方面表明生产质量并无变化，一方面将用澳麦生产的面粉改牌号为"三羊牌"。1933 年商标备案尚未办妥，麦源有了变更，故未成为正式商标，作为副牌推出，保住了梅蝠双鹿牌商标的声誉。

成丰还规定外庄人员必须随时将各地的降雨量、自然灾害情况，小麦产量及丰歉预测和当地行情、价格变化、面粉销售情况等，用电话、书信向厂部报告。如 1933 年 9 月天津六家面粉厂倒闭、合并，仅存的两家在挣扎；1933 年 12 月青岛恒兴面粉厂将开机，日本人高桥在青岛组织粉厂等，苗星垣都及时得知。厂里还按时收听上海广播，了解国际国内消息。这一切都成为他们做出营业决策的资料。现摘董事会记录一二，以见其状。1932 年 2 月 19 日："去岁 9 月美粉乘机大入，外粉竟落至每袋 2.70 元，因此粉业受打击极大，沿海巨埠均为外粉充塞，而中粉绝迹矣。"故采取"增加生产……共产粉 190 余万包，为历来最高峰，产多而销数应推广争售，故不免贬价相拼"。1932 年 10 月 6 日，"报载，美麦及粉来华之涌，为历年所未有……粉业首当其冲。"故采取"谨慎将事，以应难关"。随后于第二年 5 月采取了"董监事车马费裁减 1/3 职员除薪水 10 元以下不减，余按三成、二成、一成五、一成均裁之，工友裁去星期日的双工资，以及茶叶费、夜饭钱等"，每月约共减 1100 余元。

成丰在 1937 年日本侵华之前，历年盈利，唯 1933 年盈利顿减。一次苗星垣在股东会上说："二十二年份（指民国 22 年，即 1933 年）各种商业因经济受恐慌，无不颓败。本厂际此环境之中，销路大减，亦最难作的一年，亦股东得利最少的一年。兄弟身为经理，实觉惭愧。"

1934 年，盈利突增为 29.19 万元（外报 24.50 万元）。苗星垣在股东会的报告中写道："春季麦粉价值步步低落，麦价百斤 2.50 元，粉价每袋（44 市斤）1.78 元，为空前所无。本厂在此时期，以不存货、现买现卖为主，故于此狂流涌下之中尚无损失，而略有盈余。麦后中粉忽涨，南北销路突增，本厂认为时机已至，乃以廉价向各处极力买存小麦，多至 12 万包。于买麦目的达到后，即开机磨粉。当时除现磨者卖出不计，空卖粉数至 13 万包之多。此时麦粉价值反趋疲落，然本厂前批生意已作到手矣。"其实，盈利 29.19 万元是一个缩小了的数字，初次结账时盈利为 50 万元，苗星垣责成财会人员不许声张，重新作账，将修机部盈利去掉，库存麦粉价值作低，方成 29.19 万元之数。他有两个想法：一是怕官府敲索，二是准备企业再发展。1935 年建西安分厂，资金用的就是这个暗留数。当时外界纷传："成丰发了大财，一年赚了个厂。"亦是指此。

（三）成丰的决策与谋略

苗星垣和王冠东、张仲磐开设同聚长粮栈时，是三人合资的。但到 1921 年办成丰面粉厂，1932 年建成通纱厂，1935 年在西安建成丰分厂、成通二厂（未成），都是搞的股份有限公司。他们以有限的资本开业，在扩大经营中逐渐发展资本。

苗星垣在办企业中深知资金后盾的重要。当初开办成丰，虽有韩秀泉的广茂恒银号全力支持，然一个大厂只有一个小银号当靠山是无济于事的。后来虽有于耀西的东莱银行作招牌，各银号都贷款给成丰，但在资金上仍感不足，1923 年 7 月 1 日，成逸庵要办泰丰银行，王冠东、苗星垣当即各投资 2 万元，并当了董监事。1924 年成丰增资又拉成逸庵入股，这就形成了泰丰中有成丰，成丰中有泰丰。以后成丰有过三次增资。

1921 年 10 月开办成丰时，招股简章明定，资本 50 万元，其中优先股 20 万元，普通股 30 万元。优先股为发起人认足之后，普通股成了空股。因此，1923 年 2 月重订简章，规定资本为 60 万元，其中优先股 30 万元，普通股 30 万元。由于成丰第一年就盈利，增资 10 万元，优先股发售一空，普通股还是无人问津。优先股、普通股按章程常年按 5 厘计股息，何以普通股无人认购？原来章程中有一条："每年余利共作十二成，以一成为优先股奖金。"股东们当然愿认优先股了。

第一次增资后，资金仍感不足，不得不于 1924 年二次增资，修订简章规定：资本 100 万元，其中优先股 60 万元，普通股 40 万元，较前增资 40 万元。

因老股东认购的可算优先股，所以当年的优先股就增资 30 万元。

两次增资，可以说是以优先股为钓饵，达其增资目的的。

第三次增资，提出了"股票滚股票"的办法。1936 年 12 月修订简章规定，资本 200 万元，其中优先股 60 万元，普通股 140 万元，实际是增普通股 100 万元，这 100 万元是两次凑起来的。1935 年 7 月，苗星垣在股东会上声情并茂地讲述建西安分厂的好处，说到资金他声称以本公司之力量绰绰有余，绝不用股东再担负款项。苗星垣便将 1934 年盈利暗留的资金用于建西安分厂，而建厂所需费用又在 1936 年"分劈历年积余，优先股四分，普通股三分三厘六，一律发给股票，以资增加资本"作以了结。应分劈的红利变成了股票，股票滚股票，增资 36.44 万元。再一次是 1947 年 9 月，当时国民党政府办理登记注册，资本不够章程数，不予注册。是时物价飞涨，股东们多年未分劈红利，已是怨声载道，哪有钱再投资，于是再次采用股票滚股票的办法，在原有股票数上又滚出 63.56 万元。第一次滚股票账目上确有盈余之资金，而这一次却是无钱空滚而已。

三、成丰铁工部和成丰铁工厂

成丰面粉厂内原设有铁工部，开始时，铁工部负责人为张敏斋。随着铁工部的发展，苗星垣就想建铁工厂了。但建铁工厂必须具有产品注册商标，于是 1933 年 1 月，在铁工部内由张敏斋负责另设一班人，定名为"成丰铁工厂"，资本 5000 元，以制造衡器为主，以"宝鼎牌"为商标，工人 30 名，经理苗星垣。同年 8 月上报实业部度量衡局批准注册。后苗、张发生矛盾，张敏斋遂将成丰铁工厂迁至经二路纬五路，易名"成丰铁工厂"，不再与成丰面粉厂发生关系。

成丰铁工部是对内的，原叫修理部，开始不过二三十人，是本厂设备安装和维修的部门。后来不断发展，自制设备装备自己，从台钳到车床、钻床、拉丝床、刨床、铣床都能制造，一直发展到拥有 40 多台 6 尺车床，300 多人，成为技术力量异常雄厚、独立核算的机械制造厂了。这时，修理部改名为铁工部。

铁工部有"组织章程"，除修机及制造机器外，以养成铁工技术人才为宗旨，有一套独立的管理班子，并设铁工、木工两大股，工人待遇还优于制粉，且有奖金。

铁工部发展的原因有二：一是为本厂制造设备。以自制面粉业的设备——钢磨来说，1931年铁工部按美机仿制6部，第二年厂内安装投产后，性能良好，较美机有过之而无不及，从资金上说，当时进口同等设备需美金4.5万元，约合国币20余万元，本厂制造的成本不足4万元，加上配套设备，仅抵进口价的1/3。二是为苗星垣等人的实业发展做技术准备。就面粉厂设备来说，除磨辊、筛绢、轴承系进口外，都能自己制造，它在1932年建成通纱厂时，发挥了很大作用。那时的铁工部马达飞转，机器轰鸣，几百人日夜工作，俨然一家机器制造厂。后来为成通承制了40台细纱机、粗纱机和其他配件，另外还制造了部分纱锭子，从而为开办成通纱厂赢得了时间，节约了大量资金。

1935年筹建成丰西安分厂，苗星垣等原想在西安建一个规模更大、设备更精良的厂子，当时搞到一台40吋轴承钢磨，这机器不仅尺寸大，且一律改轴瓦为轴承，在当时是相当先进的。铁工部以此为样机，先后制造了19台40吋大钢磨和全套制粉设备，除动力设备外无一进口；自制的一台台先进制粉设备，威震济南面粉业，盛传"成丰万事不求人"。日军侵入济南后，甚至怀疑成丰面粉厂会制造军火，多次搜查铁工部，封查账册，多方盘问。

成丰被军管后，铁工部仅留一二十个维修人员，其余均被遣散。

四、组建成通纱厂

组建成通纱厂之前，苗星垣曾对荣宗敬的发展做过了解。当时的民族工业发展多在轻工业和纺织业，山东是产棉区，建纱厂有利可图。1928 年 8 月苗星垣送胞弟苗海南去英国学纺织，出国前，苗星垣、王冠东、张仲磐与苗海南留影，以作期望。厂里则极力扩充修机部，以作设备准备。

1932 年 6 月开始组建成通纱厂，1933 年清明以后开机投产。

1932 年时，成丰面粉厂已经营了 10 年，董事们家资雄厚，铁工部设备齐全，工匠济济，开建成通已是水到渠成，董事会一致赞同。建成通纱厂当然少不了苗杏村，一来他有钱有声望，而且也想建纱厂，二来他与荣宗敬有深厚的关系。苗杏村、苗星垣虽有矛盾，但未破裂。通过研商，两人再度合作。

征土地，搞土建，三个营造厂（即包工单位）日夜施工，苗星垣也将80% 的精力放在建成通纱厂上，就像当年建成丰面粉厂一样，直接坐镇指挥。挖电机机座时天气已很冷，工人都不愿下水挖掘，苗星垣找到工头问明情况，立即跳到水中，工头一看，即带工人下水施工。说到苗星垣实干，还有一次，成通正开常务董事会，有人跑到会场报告清花车间起火，苗星垣闻讯急赶现场，招呼几个小伙子手持灭火器冲入车间，很快将火扑灭。出来后，一身白沫。看到苗海南一旁站着，连声训斥说："怕沾了你的衣裳！"弄得海南极为尴尬。

成通纱厂的主要设备由苗杏村南下上海托荣宗敬向英商怡和洋行赊购了一万枚纱锭，向安利洋行赊购了 1500 千瓦发电机一部。成丰铁工部也全力以赴，日夜生产，赶制所需设备，从而保证了成通纱厂的开机。

成通纱厂开办初期，资本额为 75 万元，成丰面粉厂的董事们共投资 56万元，占总资本额的 75%。当时，成通有 29 名董事，成丰的董监事中即占 17 名，这就形成了以成丰董事会为基础的成通董事会，首先从而使成丰的董事们掌握了压倒多数的表决权。董事会由苗杏村任董事长，苗海南为经理兼总工程师，张景韩为副理，王扶九掌握了常务董事的实际大权。又从成丰面粉厂、同聚长粮栈调来一些亲信人物掌握各重要部门的实权，从而形成了苗、王、张在成通纱厂的核心权力。

苗海南 1932 年春在英国留学回国，先去青岛华新纱厂实习，7 月份回到济南，出任成通纱厂经理。他由青岛日本纱厂聘来 25 名技工，为生产技术骨干，采用日本管理办法，于 1933 年 5 月开机生产。投产时计有纱锭 14800 枚，工人 600 余人。

这重复提一个插曲：成通发起时苗杏村的儿女亲家穆伯仁（惠丰面粉厂董事长）想投资 5 万元，苗杏村与苗星垣及王、张等人怕大权旁落未敢接受，穆听后大动肝火说："我想扎裹扎裹他们（即打扮打扮），他们还不识抬举，我们自己建个纱厂。"遂即在紧临成通纱厂旁边，由马伯声操办购地，建起仁丰纱厂，两厂建厂，仅相隔半年时间。

成通纱厂开办初期，虽也遇到资金上的困难，但此时有成丰面粉厂作后台，由成丰向银行贷款拨成通使用，也未受什么难为，成通以后盈利大增，成丰却相形见绌了。

五、兴建成丰西安分厂

1933 年中美签订了"棉麦借款"协定，国内粮棉价格下跌，商业市场普遍出现不景气现象，济南面粉业亦受到直接影响。成丰虽然在 1934 年以适时吞吐小麦，投机卖空面粉的手段获得一次暴利，然而在沿海城市面粉厂林立的情况下竞争，总不免有经营亏败之虞。1935 春，适逢"华洋义赈会"在西安开会，苗星垣以该会董事身份出席。西安地处平原，沃野千里，市场麦源丰富，而且当时西安称为西京，系国民政府直辖市，有 20 余万人口，再加处在陇海铁路沿线，市场甚为广阔，如在西安建面粉厂，无竞争对手，当有大利可图。会后，苗星垣急速返济，在与王、张和其他董事紧急磋商后，即委得力助手于乐初赴西安，筹建成丰西安分厂，并于 1935 年 6 月开建。资金方面，苗星垣早有"暗留"，不成问题。

分厂建于西安玉祥门外，占地 70 亩，规模按济南厂设计，土建工程所用材料，除红瓦由济南发去之外（当时西安房屋屋面多采用小瓦，红瓦不多）均采自当地；生产设备，由总厂铁工部先制造 8 部 40 吋轴承钢磨及全套制粉设备，并将总厂已不用的英制拔柏葛牌锅炉 1 部，英产马旭尔 300 匹马力蒸汽引擎 1 部调去。西安分厂终于于 1936 年 2 月建成试机，5 月正式开机生产，日产面粉 2600 包。8 个月的时间建成一个面粉厂，可谓神速。欢庆之余，奖励铁工部工人 1000 元，以作酬劳。此时，苗、王、张胃口更大，曾设想在西安至兰州间陇海铁路沿线的每一主要城市，都筹设一个面粉厂与一个纱厂，这个宏伟的"大西北实业计划"因日军侵华未得实现。

分厂开机即盈，皆大欢喜。随后拟出一个建有 48 部 40 吋钢磨的大型面粉厂的蓝图，为此叫铁工部先赶制 12 部钢磨，继再添 4 部钢磨，续购英制拔柏葛大型锅炉 1 部，西安缺煤，动力即采用 2000 千瓦透平发电机（英国懋伟厂制）。

到 1937 年，西安分厂已是装有 20 部（后增为 25 部）40 吋轴承钢磨，2 台拔柏葛锅炉，1 部 2000 千瓦发电机，职工 1200 余人，日产粉万包的大型面粉厂了。所产面粉以"梅蝠双鹿牌"为正牌，"三羊牌"为副牌，行销市场。电力本厂自用有余，每月尚可向市民供电 200 千瓦。

西安分厂厂长为王扶九，经理为苗星垣，副理为于乐初。厂长月薪 200 元，经理月薪 160 元。

在建设成丰西安分厂的同时，还曾着手筹建过西安成通二厂。为此另购地 128.25 亩，成丰铁工部亦赶制纺织设备，运至西安一部分。但因日本发动侵华战争，设备不能继续外运，西安成通二厂未能建成。

成丰西安分厂开机初期，市民怀疑面粉有铁锈味，不敢买。分厂即以小型纸袋包装，沿街叫喊，奉送品尝，分文不取，以宣传机制粉的优点，同时广设代销点，以扩大销售，机粉很快为市民食用，销路随之打开。当时分厂面粉除销往西安及附近各县外，亦远销徐州、蚌埠、天津等地。小麦广采自陇海线、郡县、虢镇、渭南等地。

"七七"事变后，物资缺乏，仅开半机。1942年因机件摩擦起火，制粉楼被烧光。经一年多的努力，方修复原有设备的一半（钢磨12部），恢复了生产。西安虽未被日军侵占，然国民党统治区物价飞涨，民不聊生，西安分厂不过是苟延残喘，勉强支撑门面而已。

新中国成立后，西安分厂获得新生，经理于乐初亦当选为西安市历届人民代表。分厂于1954年12月28日公私合营，合营后，又将西安另一家面粉厂（小磨6部，职工70余人），并入成丰，此时，计有钢磨17部，日产面粉猛增为1.4万袋。

六、办公益事业

苗星垣等人合资创办企业，也曾办过一些公益事业。1935年在当时政府工务局督办下，以成丰面粉公司为招集人，由成丰、成通、华庆、宝丰、茂新、粮业公会、仁丰、鲁丰等8家企业集资3.2万元，修建官扎营一带，即南北天桥街，丹凤街的青砂石路面。自3月30日动工，至10月2日竣工，历时半年。

修路出了钱，也得了些好名声。当时，济南市工务局长张鸿文曾致函苗星垣："素仰台端，急公好义，众望所归，登高一呼，群山定皆响应也。"张如此奉承，苗星垣也喜在心怀。

后由成丰出资1万元，于1936年3月开工修建了成丰街、成通街的青砂石路面。当时，成丰街多年失修，崎岖不平，成通街系属新辟，每遇阴雨，通路泥泞。新修的成丰街路面宽5公尺，成通街路面宽2公尺，一改旧观，群皆称颂。当然，修建这些路面，成丰、成通两厂的运输出入也方便多了。

附录：成丰公司历年股东息红表

自民国 11 年至 36 年（即第一年度至第二十六年度）

时间	股别	每股 100 元所得		
		股息	红利	合计
民国 11 年	优先	5.00	32.00	37.00
	普通			
民国 12 年	优先	5.00	15.00	20.00
	普通			
民国 13 年	优先	5.00	24.00	29.00
	普通			
民国 14 年	优先	5.00	22.00	27.00
	普通			
民国 15 年	优先	5.00	8.60	13.60
	普通	5.00	7.50	12.50
民国 16 年	优先	5.00	15.00	20.00
	普通	5.00	13.00	18.00
民国 17 年	优先	5.00	10.00	15.00
	普通	5.00	8.80	13.80
民国 18 年	优先	5.00	30.00	35.00
	普通	5.00	26.00	31.00
民国 19 年	优先	5.00	15.00	20.00
	普通	5.00	13.00	18.00

时间	股别	每股 100 元所得		
		股息	红利	合计
民国 20 年	优先	5.00	13.00	18.00
	普通	5.00	11.50	16.50
民国 21 年	优先	5.00	10.00	15.00
	普通	5.00	8.60	13.60
民国 22 年	优先	5.00	5.00	10.00
	普通	5.00	4.30	9.30
民国 23 年	优先	5.00	20.00	25.00
	普通	5.00	17.20	22.20
民国 24 年	优先	5.00	10.00	15.00
	普通	5.00	8.50	13.50
民国 25 年	优先	5.00	50.00	55.00
	普通	5.00	42.00	47.00
民国 26 年	优先	5.00		5.00
	普通	5.00		5.00
民国 27 年	优先	5.00		5.00
	普通	5.00		5.00
民国 28 年	优先	5.00	10.00	15.00
	普通	5.00	7.50	12.50
民国 29 年	优先	5.00	15.00	20.00
	普通	5.00	11.50	16.50

续表

时间	股别	每股 100 元所得		
		股息	红利	合计
民国 30 年	优先	5.00	7.00	12.00
	普通	5.00	5.30	10.30
民国 31 年	优先	5.00	20.00	25.00
	普通	5.00	15.00	20.00
民国 32 年	优先	5.00	25.00	30.00
	普通	5.00	18.90	23.90
民国 33 年（上）	优先	5.00	7.00	12.00
	普通	5.00	5.30	10.30
民国 33 年（下）	优先		50.00	50.00
	普通		38.00	38.00
民国 34 年（上）	优先	5.00	50.00	55.00
	普通	5.00	38.00	43.00
民国 34 年（下）	优先		50.00	50.00
	普通		38.00	38.00

注：

1. 民国 25 年优先、普通股红利中有历年积余金，分别为 40 元和 33.6 元。

2. 支付地均在济南。

不能忘却的纪念

苗淑菊

　　我的父亲生前喜欢摄影，拍了许多照片，有人物的，也有风景的。我小的时候，翻看家中的旧照片，心中很是疑惑，不懂得拍这些风景照片有什么用，但这些照片由于动乱，大都没有存留下来。

　　20世纪80年代后期，我们陆续收集到了三张父亲的照片，关于这三张照片的收集过程，我曾简要地记述过，并已发表在《老照片》第四辑中（就是我父亲在担任几届全国政协委员的最后一届委员登记表上的一张照片，以及在担任华东军政会委员时，赴上海开会与其他委员的一张合影，还有他年轻时的一张留影）。这三张旧照片成为我们家中仅存的纪念。

　　对于能否再收集到父亲的照片，我们是不敢抱奢望的。可是由于朋友们的热心帮助，竟然又陆续得到了几张，让我们惊喜异常。其中，我的老同事扈志吉（山东友谊出版社总编辑）和大众日报社有关同志的热情帮助让我难忘。扈志吉同志嘱托大众日报社的朋友，从报社保存的20世纪五六十年代的照片资料中，为我找到了几张当年由《大众日报》记者拍摄并发表在该报上的父亲的照片，翻印后送给了我。

　　图1记录了父亲坐在"工商界"席位上认真填写选票的情景，这是1950年，父亲作为山东省工商业界的代表在全省各界人民代表大会上，由记者拍摄下来的。父亲身穿当时最普通的解放装，戴的帽子也是50年代最常见的。20世

纪50年代，父亲认真学习党的政策和国家的大政方针，得到各级领导的关心。从他原来经营的济南成通纱厂的刘萍书记，到省、市各级的统战部长，在政治上都给予父亲很多帮助，使得父亲认真接受党的领导，走社会主义道路的决心越来越坚定。无论在国家遇到困难（如抗美援朝国家需要支援），还是国家经济建设需要工商业界出力，以及在国家遇到自然灾害需要帮扶，父亲都以身作则，带头响应党的号召。在新中国成立初期，父亲可以说是全身心地投入（对原来自己经营的企业已不再过问，也无暇顾及），积极支援和参加国家的社会主义建设，做出了自己最大限度的努力和贡献。当时的工商业界因历经战乱，饱经沧桑，大都能理解国家的困难，所以也都热情百倍，积极参与。

图1

　　父亲当年作为工商界的代表人士，参与了各项重大政治、经济活动，如在20世纪50年代初期参加过最高国务会议，那是一次研究对我国工商业进行社会主义改造的会议，父亲听到中央领导同志的讲话后深受教育，在发言时激动地表示：自己的企业可以马上实现公私合营，甚至国营也可以，以实际行动响应党的号召。据说，毛主席说他"你太心急了"，在北京表态回来后，他就立即对所经营的济南成通纱厂提前实行了公私合营，这也是为当时的工商业者作个示范，起到了带头作用。

父亲在担任山东省副省长期间，更是备受党和政府的信任，积极履行职责。这张拉水车参加农村抗旱的照片（图2），就是那个期间的事，当时登在《大众日报》上。前不久我见到了原省档案局副局长张志敬同志，他当时曾在省府办公厅工作，负责文件的管理，经常为领导送传阅文件，对我父亲有深刻的记忆。至今他仍清晰地记得父亲身着合身的中山装，准时到办公室仔细阅读文件的情景，以及参加会议时种种认真表现的点点滴滴……而且他还提到当年组织上特别重视这些党外副省长，安排他们认真学习党的重要文件，从而了解党的各项方针政策事宜。听到张志敬局长说起过去与我父亲相处共事的细节，我内心感到无比亲切和感动。

图2

父亲这期间也曾到农村去学习和调查研究。1965年，我毕业后，被安排赴新汶县参加社教工作队工作，每每写信，他都嘱咐我要接受锻炼和听党的话，向工农群众学习，改造思想，提高觉悟，还曾情真意切地提到他去五莲县进行考察的体会和感悟。父亲的这些言行，对我的教育也很深远。

作为山东省工商业者的代表人士，父亲被组织上安排担任各种社会职务，特别是担任当时的山东省人民政府副主席及副省长职务之后，信息不胫而走，后来不知怎么就传播到新中国成立前移居台湾的山东亲友和老乡们中间，他们相互转告，传递这来自家乡的令人欣慰的信息。因为他们各家都有亲人在家乡，当时相互牵挂、担忧，由于信息的不畅通而倍加焦急和无助，得到我父亲的信息后，他们感到是个好消息。后来，我国实行改革开放，从台湾回来的亲戚们提起当年得知此信息时，虽将信将疑，但他们还是都高兴地相互安慰，认为大陆的情形不错，感觉共产党是爱惜人才的，能够起用做过资本家的父亲，更使他们佩服共产党的政策好。由此，他们对大陆的政策加深了理解，也说明这件事感召力影响的深远。

而这一张是山东省政协一届一次会议时，父亲和其他领导同志在主席台上的照片（图3），是由省政协的同事霍立平同志找来送给我的。我们看了之后，都非常高兴。照片上的父亲与其他同志（都是他生前最尊敬的领导）情绪高涨地站在一起，其中接触比较多的谭启龙、马保三、晁哲甫、高启云等同志都是父亲经常提及并非常敬重的领导，特别是曾经兼任过省委统战部部长的马保三同志对父亲帮助很多，我记得父亲经常提起马老，可惜讲的具体事情都记不清了。

图3

图4是1950年3月，山东省召开各界人民代表大会，父亲在工商界代表小组讨论会上发言时的情景，就是在这次会议上，父亲被选为山东省人民政府

副主席。当时的父亲在党组织的正确引导和各级组织的教育培养之下，政治觉悟得到很大提高，积极主动地投入到新中国成立初期火热的时代中，在我省甚至全国工商界都是紧跟党走的代表性人士之一。那时，父亲曾参加过全国工商联的筹备工作，在北京工作过一段时间，后又被组织上安排回山东筹备山东省工商业联合会和山东省民主建国会，团结和带动了一批我省较知名的工商企业家，如济南的张东木，青岛的陈梦元及周志俊等等。同时和广大原工商业者一道，努力学习，积极进行思想改造，成为国家社会主义事业的建设者，并努力成为自食其力的劳动者。这也是当时的原工商业者和广大会员共同努力的目标。

图4

　　本文中的这四张照片，连同《老照片》第四辑中用过的三张，是经过动乱之后，我们所能收集到的父亲的全部照片了。

记忆中的二伯父苗星垣先生

苗淑菊

　　我们苗家是个大家庭，新中国成立后，我的父亲苗海南先生在党的培养下，作为山东省工商界的代表人士之一，他的事情知道的人还有一些。但是作为家族企业的创业人——我的二伯父苗星垣先生，他的事情人们却知之甚少。正是二伯父和我父亲兄弟联手引领苗氏企业取得了成功，并共同培养了我家后辈。二伯父同样是一位我永志不忘的长辈，下面仅以我知道的点滴记在这里。

　　二伯父苗星垣先生（1891—1958年），在我家父辈中虽不是老大，但在大家庭中却成了全家的家长。我祖母育有三子三女，因大伯父久病缠身不能劳累，后又中年离世，所以二伯父早早就成了家里的顶梁柱。因祖父也过早离去，祖母带着全家度日，家里生活并不宽裕，是二伯父挑起了支撑全家生活的重担，事事处处为全家做出表率，由此在我们心目中，二伯父是最值得敬重的人。

白手起家　创办实业

　　二伯父年轻时也还念了几年私塾，后来因为家庭变故，只好辍学走上了创业之路。他能吃苦、肯钻研，在家乡种田时就结识和团结了一些忠诚可靠、志同道合的好朋友，这些人后来都成了他创办企业的好帮手，如于乐初、张景韩、王扶九等人。起初，二伯父靠农闲时推小车挣点力气钱，后来贩运粮食，走上了从商之路。事业有了一定基础后，二伯父考虑到：要想有发展还应到大城市去闯，于是就寻找机会来到济南。那时，随着津浦、胶济铁路的开通，济南已发展成为中国北方一个重要的交通枢纽和贸易中心，二伯父凭借多年历练出的过人才智和胆识，先开粮栈，逐步发展到开办面粉厂、纺织厂、机械加工厂等等。二伯父和我国早期民族工商业者的发展一样，都是先从民生最需要也最有发展空间的轻工业开始，逐步发展，后来成为山东较有名气的实业家。

二伯父深知知识的重要性，在创业过程中勤奋苦读，常常读书至深夜，更是个能吃苦的实干之人。在创建过程中，他亲自筹划施工，指挥参与土建，身先士卒，甚至与工人一起挖地基、搬砖瓦。创办实业后，二伯父最重视企业的心脏——锅炉动力供电系统，这是工厂最重要的部分。在这期间，他曾去齐鲁大学旁听理化课程，以提高自己的科学理论水平，还经常求教有关专家，积累知识。比如，为降低投资，加快投产进度，大胆采用一台锅炉（先不搞备用锅炉以后再搞备用的）。又利用锅炉水循环系统，减少锅炉水垢的形成，探索出自己的经验，实施成功。

我记得二伯父读过的书，一直整齐地摆在书架上。曾看到二伯父在经典著作马克思的《资本论》上认真读过的印记；还有，我后来读化学专业，拿出一部二伯父用过的《化学药品辞典》查阅，发现在书中有他读过的记录，在其中圈圈点点，书的"天头地脚"上还有很多他老人家写的重点。我当时就很感叹一本查阅用的药品辞典，都读得这样用心，又有什么问题不能钻研至迎刃而解呢？由此我也体味到二伯父创业成功的那一份努力与执着。

兄弟齐心　艰苦创业

二伯父特别注重人才的培养，他懂得人才和知识的重要，所以对我父亲极尽兄长之责，自己积攒下来的钱，先供胞弟（我的父亲苗海南）上学。父亲是家中的小儿子，从小就没有种过田，都是在读书求学。父亲知道家境不宽裕，更是勤奋好学，以求成功。从南通纺织专科学校，再去英国学习纺织专业，这些都是在二伯父的安排下完成的。父亲不负兄长和家庭的期望，刻苦攻读，并一切以办实业、开工厂为目标，在英国完成学业后，又考察实习了一年多才回国；后又赴青岛等地纺织业学习实践，化装成工人进入粗具规模的工厂工作，以尽可能多地获取经验，并从日资纱厂中结识和招聘了一批技术骨干……经过这一系列的努力和积累，父亲在二伯父的带领之下创办了济南成通纱厂。

二伯父虽只读了几年私塾，但爱学习，肯下功夫，为了把企业办好，他广交朋友，博采众长，积累了很多实践经验。二伯父非常欣赏求学实践又潜心钻研的父亲，所以成通纱厂全权由父亲经营管理。父亲把学到的西方先进管理知识和自己兄长的经验相结合，兄弟齐心，家族事业如虎添翼。公司在济南较早采用股份制，吸纳有实力的实业界人士相互参股，使企业迅速地发展了起来。如联合张景韩、王扶九两家共同发展，当时被称为"苗、王、张"三家，由张景韩任副经理，王扶九为驻厂常务董事。后来张、王两家都从纱厂得到了丰厚回报（张景韩、王扶九两人在新中国成立前夕移居台湾）。

二伯父有过人胆识和远见，多次到西北地区考察，看到西北的陕西及周围地区是发展面粉业及纺织业的沃土，决心先去西安成立济南成丰面粉厂西安分厂和成通纱厂分厂，准备从西安向内地沿铁路线各主要城市建立起面粉厂、纺纱厂各一处（设备由自办的文德铁工厂制造）。把事业开拓到当时的西北，"开发大西北"是父辈们的梦想。20世纪40年代西安成丰面粉厂建成，二伯父委派他自小的好伙伴于乐初先生赴西安主持分公司业务，当时西安纱厂的设备也基本制造完成，但因战乱未及安装投产。二伯父在发展轻工业的同时，注重机械制造业的发展，甚至梦想将来造汽车……只是由于抗战爆发，二伯父的这些想法，未能实现。

要建新厂就需要机器设备，这也说明他老人家眼光的深远。二伯父早就计划依靠自己的力量逐步实现生产设备的维修和制造，除在老厂（面粉厂、纱厂）聘请高级技师，使公司的铁工部（机修车间）能够负责机器的正常维修外，也能承担部分设备的设计和制造。二伯父和父亲都亲自参加设备的设计和安装，在此基础上，创办了机械加工企业，如济南的文德铁工厂（济南机床四厂前身）和宝鸡锅厂等等，以备今后逐步发展之需。

二伯父特别重视理论联系实际，常讲求人不如求己，带领他的技术骨干和同人，刻苦钻研，最后做到能在自己的工厂里仿造出全套面粉厂和纱厂的设备（纱厂的设备原来是进口的），连电机都能制造。听哥哥们讲，自产的设备虽外观上粗笨，但性能却不差。西安成丰面粉厂和纱厂的设备都是自己制造的，在二伯父的影响下，父亲也特别注重实践经验和实际动手能力。

二伯父除和我父亲兄弟创业、打拼外，对亲友也极尽照顾，几位姑母及父辈的堂兄弟及表兄弟，各家只要需要皆安排相应的职务，支持他们发展，有的也发展得不错。姑母家中的表兄弟也大都和我哥哥们一起长大，培养就学直至长大成才。

我家父辈重视人才培养，除要求自家子侄和亲属必修铁工（车、钳工）技术外，更重视对技术人才的培养，培养的办法也是别具一格。为加快技术工人的培养，首先挑选喜欢钻研技术、有志气（指肯用心）的，一人一部车床，放手让他们去干，当然有师傅从旁指教。果然，这些学徒个个你追我赶，勤学苦练，都成为技术尖子，为企业成就了一批技术骨干。过去徒弟跟师傅学徒四年才出师，而且也不一定能学到真本事。当时有"教出徒弟饿死师傅"之说，所以师傅教学徒多有保留，不利于人才培养。另外也很少有人会让学徒直接在新设备上实习锻炼手艺。而我们家不仅改变了师傅带徒弟的办法，还放手让学徒上机床操作。这种大胆信任和重视对员工的培训自然调动了学徒们的积极性，充分体现了我家父辈对于技术工艺性的实用人才是多么重视。

第一批放手在师傅的指点下，边干边学出来的学徒中有六位是最出色的，只用一两年时间就学成出师了。朱学昱就是其中之一，他从老家来济，起先在我家中干零活，但他一心想学技术，向我父亲提出后，我父亲理解并尊重了他的意见，就安排他到文德铁工厂学习。朱师傅工作特别麻利，拿到图纸或零件总能又好又快地完成，足见他的兴趣和想法一致后，才能发挥其更大潜力。还有一位来自泰安的师傅，也是出名的技术能手，干活特别细致、精确，质量一流。在后来的设备制造中，这些自己培养起来的技术能手都发挥了很大的作用。这种放手培养出人才的做法，在当时那个时代自然是少见，而这种做法也为企业培养出了有用人才。总之，父辈们的管理模式，现在看来也不落后。

成通纱厂建立不久，就显示出了父辈们的经营管理才华，由于精心管理，在当时纺织业大萧条的一年里，成通纱厂却依然盈利。此后利润日增，成为当时全市纺织业中设备最齐全、产量质量最高、效益最好的企业，在省内外享有很高的声誉。同时他们眼光看得也很远，始终把积累资金、扩大再生产放在首位。

二伯父的明智和成功都在于他思路准确，尊重学有所长的专家学者，同时尊重有实际经验的技术人才。比如，他与多年为公司作出贡献的电器、电机方面的老技师刘承旋老师傅，结成挚友，为实现他的制造设想出了大力。刘老的儿子刘继庆也和我家哥哥们一起读书，在家中享受与自家子侄同等的教育，后来刘继庆也成为电力方面专家，在原水电部任职。其他如于宝成兄，更是如我家兄弟一般培养。后来宝成哥与我大表姐吴淑范（我大姑母之长女）结为夫妻，苗于两家又成亲眷，他俩是人人称道的好夫妻。宝成兄博学多才，为人忠厚，齐鲁大学毕业后成为山东师大（原师范学院）数学系的教授。而大表姐在我辈之中，是最美丽、贤淑，最受我辈敬重的姐姐，他们的结合是我辈中的佳话。二伯父和父亲好友的孩子们还有的也一起来我家读书（二伯父和父亲在各个时期请名师来家教授哥哥们）。总之，我家父辈非常注重后辈的教育培养。

　　二伯父注意总结经验教训，如他担任黄河下游河务分局局长时，曾请一个学工科的专家设计制造挖泥船，但造好后却不能使用。虽然理论设计合理，但因国产原材料的材质有问题，制造工艺又较粗糙，性能当然不如人意。二伯父经常用这样的例子讲给下属和子侄们听，说明理论不能生搬硬套，应和实际相联系的道理，在当时就能有这样的认识，实在难得。

　　二伯父自投身工商业以来始终注重学习和总结，从亲力亲为的实践中积累经营管理经验，并注意吸纳和使用先进的经营理念和管理方法。比如他同设于上海、徐州及各地的办事机构，坚持每天电话联系，由各地及时向他报告粮食行情和动态，在当时是最早的利用通信技术，每每都能从电话电报收集的业务讯息中寻找到商机，在那时也是高人一筹的。

　　而父亲在当时的纺织厂内是主持全面经营管理工作，二伯父非常重视父亲的意见，两人能做到优势互补。父亲在管理中基本用西方当时较先进的管理理念，除从二伯父那里学得一些经验外，还融入了西方民主管理的作风。比如他注意听取管理层的意见，开例会时尽量让大家充分发表意见，以博采众长，对一般管理员工的建议也注意倾听。父亲注重学习和积累，平日订阅各种英文技术杂志和报纸，从中找到最新的先进技术和管理信息，并及时采纳到自己的企业中。当时所经营的济南成通纱厂在产品的质量和公司的效益上都在北方很有名，在纺织业内管理和质量上都是上乘。企业发展的同时，父辈也很注意对员工的培养，同时兼顾企业员工福利设施，如新建饭厅、家属宿舍，创办子弟小学、办卫生所、增发工作服，在企业中设有阅报室、娱乐室，业余时间鼓励员工打篮球、学武术锻炼身体以及学唱京剧，开展员工文体娱乐活动等等，当时还请来了泰安教武术的左师傅（左师傅也曾在家教我家兄弟们武术以强身健体）。这样既刺激了生产也加大了利润，把企业的利益建立在和员工福利共同发展的理念之中，以团结凝聚企业员工，这在当时也是不俗的理念。在企业内实行分红的办法，把公司的利益和员工的利益挂在一起，让员工都关心公司盈亏。这种分红的办法在济南的工厂中是独创，职工的收入年终总算比其他工厂高出一倍还多。

　　父亲在学习期间，也接受到西方先进思想的影响，特别是新中国成立前，父辈遭受日寇压榨和国民党政府的横征暴敛，苦心经营的企业被日本人霸占，更激发了父辈"匹夫有责"的爱国情怀，期盼振兴中国、扬眉吐气的那一天。所以，父亲作为爱国知识分子"实业救国"的梦想破灭之后，这对父亲来说，当然是接受党的教育走社会主义道路的思想较容易的多，选择留在山东，不去港台，也是顺理成章的事。

人孝为先　堪称典范

在家庭中二伯父以身示范，孝敬慈母（我祖母）是有口皆碑的，外出回家先到我祖母房中问安。20世纪40年代，二伯父在南京创办了普丰面粉厂，后全家人跟随二伯父和祖母都客居在南京玄武湖附近购建的宅院里。祖母于1948年在南京病逝，暂厝在自家院中（准备以后迁回老家山东），由堂长兄永梅（是我家的长房长孙）一家居住，后来永梅兄一家也大都在南京工作和生活。记得二伯父生前每到过年时必到南京祖母坟上去，为祖母守灵，说是和我祖母一起过年。

记忆中的二伯父，面色红润，声音洪亮，我小时候有几年和二伯父母住在光明里的小公馆里（二伯父没住成丰街老宅）。二伯父在公司里虽事务繁忙，也常赴西安南京（两地皆有分公司）奔波，但常注意健身，记得他老人家经常在小花园的走道上来回散步，一走就是两三个小时。他看上去很健康，我们都没有料到他却在久病缠身的二伯母辞世不久，也过早地离去了。

二伯父不吸烟、不喝酒，旧社会的五毒不沾，对自己、家人的要求十分严格，在成丰街老宅家中后院（面积较大）自办"农场"，家中自种菜园，养着猪、鸡、羊、兔等，虽有两个面粉厂，家中仍安装石磨，由家人自食其力。除祖母大伯母二伯父母外，一律全吃粗粮，培养子女们的勤俭精神，日后子女都受益匪浅……

我记忆中的二伯母已是病态，但仍看出年轻时定是俊美之人，二伯母所生的哥哥们皆英俊清秀不失阳刚，姐姐们皆美丽端庄，是公认的。我少时看到一个个俊美的姐姐们，羡慕不已，在姐姐们面前，我那时绝对是个丑小鸭。

二伯母性格慈善温和，我们在一起生活时，母亲和二伯母妯娌情深，二伯父不在家时，母亲理家之余也常陪二伯母说笑，讲她在街道上参加学习知道的新鲜事，讲些宽心的话为病中的二伯母分散病痛。二伯母病重时喘不上气，痛苦得很。母亲从二伯母房中出来常常叹气不已。我不止一次地看到从重病的二伯母房中出来回自己房间的母亲暗自神伤。

二伯父与伯母感情至深，二伯母身体不好有哮喘病，他为给二伯母治病遍寻名医，不仅寻求中西名医诊治，且打听到偏方，也深信偏方治大病的老理。如吃能化痰除喘的燕窝、银耳、金银花之类，直至喝乌龟血……多方尽心调治。我那时年纪小，看到伯母日重一日的病态，就恨病魔之厉，家中亲友也昼夜轮班照顾。虽极尽全力，因受当时医疗条件所限，仍无回天之力，慈爱的二伯母于1956年病逝，去世时也只有50多岁。

我那时虽年少，但对二老的深厚感情仍深有体会。只要二伯父从公司回家，二老总是同进晚餐，直至二伯母病重。二老饭后谈笑风生，为宽慰生病的伯母，二伯父一改严厉神态，常引得二伯母开怀，每每如此。时光已流过久远，二伯母开心的笑声，仿佛仍在耳畔。二老的深厚感情，实在令人感动。二伯母育有八子三女。所以我的十四位兄长中有八位哥哥是二伯母所生，九位姐姐（我排行老十，是最小的一个）中有三位姐姐是二伯母所生。

热心公益　回报社会

二伯父特别热心公益事业，家族企业走上正轨之后，不忘回报家乡，在老家桓台县索镇乌河上修建乌河大桥。他心地善良，如在抗日战争前，一次见到厂门口卖小麦的农民，吃的是掺有糠菜的地瓜面或高粱干粮，他派人到伙房装了一袋白面卷子（长方形的馒头），向农民换了来，并交代炊事员把换来的干粮，每桌分一大盘，开饭时，对职员们讲："农民辛辛苦苦种麦子，却捞不着面粉吃，不要忘了农民的辛苦，咱先把粗粮吃了再吃卷子。"

　　1926年，黄河决口，严重危及百姓，当局委派有能力的二伯父担任黄河下游河务分局局长。他当时正值壮年，放下自家企业，忙起了黄河河务，出钱出力，全身心地投入，危机时曾亲自下水。据说不分昼夜、身先士卒参加堵口工程，直到合龙成功，当时的山东军阀对此壮举也代表各界向二伯父鞠躬。听说由于对河务的热心，与黄河河务局中游局局长（在河南）也结成好朋友，两家往来密切。但家中企业由于二伯父的顾此失彼，产生了混乱，于是二伯父在治水工程告一段落后，辞去了黄河河务局长之职，回来打理自家企业。我还记得家中客厅中挂着合龙成功的合影，二伯父和大家一起，其中还有手拿铁锨的民工等等，受到老百姓的赞扬。

　　1935年，企业带头集资修建官扎营一带，即南北天桥街、丹凤街的青砂石路面。1936年，又出资修建了济南成丰桥、成丰街一带的路面。当然，修建这些路面，便利自家工厂的运输出入，同时也给百姓带来很大的方便，得到了老百姓的称赞。

　　济南解放前夕，父亲也曾赴港台考察，准备迁厂，但受地下党的指引，还是毅然决定回山东迎接解放，从此兄弟两人带领企业积极跟党走，走上了社会主义道路。新中国成立后，二伯父和父亲的身份也发生了变化，父亲作为山东省工商业界的代表人士，积极参政议政，特别是父亲管理的纺织厂，带头于1953年实现公私合营后，父亲管理工厂就更少了，主要精力放在社会工作上。父亲所走过的路，完全是在二伯父的支持之下走过来的，这是毫无疑问的。后来，二伯父担任了济南市政协委员；而父亲分别担任了二、三、四届全国政协委员，山东省副省长、山东省政协副主席、山东省工商业联合会和省民建主委等职。党和政府对我父亲委以重任，政治上给予充分信任。我父亲代表家族企业，所作出的听党的话、爱国行动和积极带头参加社会主义改造的做法，也都是在二伯父的赞成和支持下完成的。

　　父辈们走过的路是山东早期民族资产阶级由小到大的发展之路，他们在国家危难之时和新中国成立前夕战乱之时遇到的困难难以历述。新中国成立后，所经营的企业获得尊重，他们是山东民族资本发展的早行者之一，他们所走过的道路是值得我们深思和借鉴的。

孜孜以求　风雨同舟

苗永明

20世纪30年代，我出生在山东省的一个不平凡的家庭，自幼便受到严格的中国文化传统教育。高中毕业后，我考上了当时山东省闻名的高等学府——齐鲁大学天文算学系。1950年，我从齐鲁大学毕业，从此开始了我漫长而严谨的教学生涯以及与党风雨同舟的历程……

孜孜以求　严谨治学

1950年我从齐鲁大学毕业后，任教于山东医学院，担任高等数学和物理实验等项教学工作，还兼任了山东医学院物理教研室的秘书工作，1956年夏，我被调到山东师范学院数学系任助教，一年后任讲师。

高等院校的教学工作中最繁重的是基础学科的教学，尤其在当时教材不是非常配套齐全的情况下，凡是自己任教的课程，我都自己动手编写各种教材、讲义。我在数学系主讲《数学分析》课程，同时长期在物理系讲授《高等数学》《数学物理方法》等主要基础课程。在编写这几门课的教材、讲义过程中，我广泛参阅了国内外的有关论著，不断对这几门课程的教学体系进行调整，教学内容进行深化。当时唯一的想法就是使学生能够从我这里得到更多的更深厚的知识。

我长期从事高校基础数学的教学工作，后来也涉及到一些与数学有关的边缘学科。

20世纪70年代，我在山师数学系任教期间，地理系地下水专业招收了一批工农兵学员，我接受了为他们开设《地下水流向井非稳定流计算方法》新课的任务。由于这门课程是在计算机科学和计算方法的发展和推动下，新兴起的一门边缘学科，在缺乏适当教材的情况下，我克服一切困难，自己编教材，写讲义。这门课程的开设可以说是我在数学教学中从基础理论性教学向应用理论性教学转变的标志。

80年代初，山东师范学院开始招收硕士研究生。生物系生态学研究生需要讲授《数学生态学》和《数值生态学》两门首次开设的主要课程，这一任务主要落在了我的身上。当时国内没有现成的资料，只能把国外的原版书搬来，一边翻译，一边学习，一边讲授。为了进一步搞好这两门课程的教学，在讲授这两门学科的同时，我还进行了与其有关的生态模型结构及野外生态数据多元化分析方法的研究。

因为在教学与科研工作中取得了较好的成绩，很快晋升为副教授，90年代初晋升为教授。

风雨同舟的历程

我的父亲苗海南，济南解放前夕和解放后，在中国共产党的教育、指引下，特别是当时中共山东省的负责同志郭子化等的指导，走上了与党风雨同舟之路。那时他的思想、抱负和作为，给我以很大的影响、教育和鼓舞。虽然我的青年时代，是在中国大地上出现了这样那样的风云之时，然而我认定了只有坚定不移地跟着中国共产党走，在党的领导下，才能使自己在政治上成长起来。这种思想跨越是在不断改造自己的主观世界的过程中实现的。树立正确的人生观、价值观、世界观，超越自我，跟上时代，符合党和人民的要求，这是我实现这一跨越的思想动力。特别是1960年夏，我参加了山东省青年联合会组织的山东青年代表赴京参观学习团，参观首都十大建筑、浏览名胜古迹，祖国的大好河山、社会主义建设的伟大成就，更进一步激发了我爱党、爱国的热忱。

60年代初，我刚刚30岁，被推举为济南市青年联合会常务委员。1962年起连续四届，我被推选为中国人民政治协商会议济南市委员会委员，其中一届为常务委员。在参加省市青年联合会工作、参加政协济南市的工作中，在不断的学习过程中，我认识到只有学好党的基本理论，学好党的路线、方针、政策，才能真正把握大局，才能在原则问题上分清是非，方向正确，才能不断提高自己的思想政治素质。从此我开始走上了与党风雨同舟的光荣历程。

由于组织的安排，时代的需要和个人政治选择，1957年我加入了中国民主同盟，在盟组织的培养、教育下，深知作为民主党派成员，必须高举社会主义和爱国主义两面旗帜，为党和人民，为国家的兴旺发达尽心尽力，在参与盟组织的活动和工作中不断得到锻炼和提高。

70年代末期，各民主党派恢复了活动，在民盟山东省第三次代表大会上我被选为民盟山东省委员会委员。

随着经济的持续发展，社会的全面进步，祖国的政治形势越来越好，党的统一战线工作不断得到巩固与加强，在中共山东省委领导下，山东省各民主党派有了大的发展，工作日趋活跃，发挥的作用越来越大。

80年代中期，中国民主促进会在山东省尚未建立省级组织，为了使民进在山东省的工作得到更大的发展，更好地发挥参政党的作用，因此中共山东省委和民进中央决定在1986年筹建民进山东省的省级组织机构。我荣幸地参与了筹建工作。

1987年3月7日，经过紧张的筹备，中国民主促进会山东省工作委员会成立，我被选举为主任委员。1989年民进山东省第一届委员会成立，我被选举为主任委员。这以后我又连续在第二届、第三届当选为主任委员，并且连续三届被选为省政协副主席，连续三届被推举为全国政协委员。对于这些荣誉，我深感这是党对我的极大的信任，是省政协和全省民进会员给我的荣誉，也是对我的殷切期望，我觉得肩负的担子是沉甸甸的。

在我和其他领导同志的共同努力下，十几年来民进山东省委员会的工作已走上了一条正确、健康的发展道路。民主党派工作的重点应该放在加强党派自身建设和发挥参政党职能上来。

加强党派自身建设首先应注重学习。学习，最重要的是学好邓小平同志的理论，学好党的路线、方针、政策。学习时，注重理论联系实际，特别是要联系自己的思想和工作实际才能真正将邓小平理论学到手。同时，学习必须持之以恒，钻进去、沉到底，深入思考，反复琢磨，经常咀嚼，才能心领神会，真正学懂用好。在学习中要向周围的人和事学习，到改革开放和现代化建设火热的工作实践中学习，在实际工作中学会运用科学理论去分析问题、解决问题。

组织上的交替和政治上的交接是党派自身建设的重要内容。自从民进山东省工作委员会建立以来，在组织发展中狠抓了引进新人的工作，将那些有影响、有作用、层次高、有工作能力，热心会务，将来能形成组织凝聚力和号召力的人物，发展到组织中来，以使组织交替和政治交接有深厚的基础。正因如此，在这世纪之交，民主党派实现组织交替、政治交接的关键时刻，民进山东省各级组织平稳顺利地完成了换届任务，实现了组织上的交替，一大批新人走上了民进山东省各级组织的领导岗位，稳定了山东省民进组织的大局，对进一步开展好党派工作，发挥参政党职能作用有着深远的战略意义。

参政议政是发挥参政党职能的重要方面。对于民进山东省委会每年在省政协会议上的提案或提交的调查报告，十几年来都是按时代和党与政府工作的需要，召开有关会议进行可行性论证，在进行大量调查研究的基础上，确定调研题目和提案的内容。在提案编写中字斟句酌，使提案达到为党和政府决策的科学性、民主化起到作用的目的。近年来已有两件提案被山东省政协评为优秀提案。

作为民主党派的成员，一定要在长期的学习和工作中，不断地提高自己的政治素质和参政议政的能力。作为全国政协委员，每次到北京开会，我都会在深入调查研究的基础上，充分占有材料，进行深入思考和理性分析，认真写出提案，并尽可能提出具有前瞻性和可操作性的措施。

社会每发展到一个时期，所出现的问题也不尽相同，只有不断深入基层，做认真细致的调查研究，才能发现问题，写出有见地的提案。前些年，我到农村去搞调查，发现鳏寡老人的赡养问题没有保障，我就此写出了提案。后来，与市民生活息息相关的生猪定点屠宰问题，也引起了我的关注。而当乡镇企业异军突起，由此而引起的环境污染问题则令我担忧。于是，在全国政协七届五次会议上，我提出了解决问题的七项措施，这个关于环境保护的提案，得到提案委员会和有关部门的重视。《中国环境报》记者为此采访了我，并在头版显著位置发表了专访。在这次采访中，除谈了许多环保问题外，还涉及了对长江三峡大坝工程建设的看法：大坝水库泥沙淤积问题如何解决；长江中上游各支流的水土和森林植被的保护等问题。

我还多次对素质教育及提高教师素质问题提过提案。近年来，我意识到知识经济已成为市场经济中主要经济发展的增长点。而知识经济是以知识为基础，以高科技产业为支柱的经济，我为知识经济呼与号，并把与知识经济有关的理论运用到提案、建议和有关讲话中，引起了关注。当前在建设有中国特色的社会主义伟大事业中，在建设社会主义市场经济过程中，知识已成为市场经济中主要经济发展的增长点，具有其他经济增长点不可替代的作用。充分理解知识经济的导向作用，对促进经济结构调整和促进经济持续快速发展具有重要意义。

作为民主党派的成员一定要时刻将人民群众的疾苦挂在心间。最近我在广播中得悉下岗女工的离婚率在增长。由此我想到，这可能与他们双方的心理疾患有关，在我们民进会员中，有心理学专家和治疗方面的医生，组织起来搞一个心理咨询和治疗诊所为他们解除心理上的障碍，提供优惠和方便，为他们再就业创造条件。这方面的工作正在顺利的进行。

做人就要严、实、真

我认为就一个人来说，无论是做人，还是对待工作，都应坚持三个字：严、实、真。具体说就是做人要正派、正直，要光明正大、严以律己。不要要手腕，不要搞假动作，不要有两面性。工作上要讲究严谨，要实事求是，要实实在在。这也是我对自己的基本要求。

4年前，我患了眼疾，这给我的工作带来了很多不便。于是我获取信息、掌握材料的途径，由看变成了听。我通过听广播、下去听会、听念书读报，了解国内外大事，掌握社情民意。如果是开会需要我发言，我就事先把要讲的内容，反复推敲、思索，在脑中多过几遍，比较重要的内容，就做到强记在心，以免挂一漏万。

我虽年近古稀，但我觉得我和大家一样是在中国共产党培养教育下成长起来的教师，是从青年时代起坚持接受中国共产党的领导，坚持认真学习贯彻党的基本路线、方针、政策，使自己能跟上党的步伐，真心实意为党的事业多做工作、多做贡献。几十年来，这是我始终不渝的信念。

这一届我能再次当选为省政协副主席，是党对我的极大信任，是省政协委员和全省民进会员给我的无上荣誉，是对我的殷切期望。我一定不辱使命，不负众望，继续高举社会主义和爱国主义旗帜，牢牢把握团结民主两大主题，创造性地开展工作，决心在中共山东省委的领导下，一如既往，在邓小平理论指导下，沿着党的十五大指引的方向，努力开拓、履行职责、团结奋斗，为党的统一战线工作、民主党派工作、人民政协工作，做出更多的贡献，谱写更加光辉的新篇章。

（山东省民进供稿）

从"实业救国"梦想的破灭到
走上社会主义的正确道路

——回忆我们的父亲苗海南

苗永明　苗淑菊

　　1904年，先父苗海南诞生在桓台县索镇村一个贫苦的农民家庭里，他名世循，字海南，弟兄3人中，他最年幼。我二伯父苗星垣为了家庭生计，15岁就辍学，出外打短工学生意，由学徒到经理，生意越做越大，30岁左右就由经商转到实业上，与人合伙创办了济南成丰面粉厂。

　　由于家庭经济上的变化，我父亲在学习上一帆风顺，先在本村第二高等小学念书，毕业后去济南读中学，高中毕业后在济南一个钱庄学生意，磨炼了一年，后考入南通纺织专科学校学习4年，于1928年考取了留英补助费生，进入英国皇家第六纺织学院纺织工程系学习，一年后又转入波尔顿（Bolton）工学院，直至学成毕业。

　　在国内求学期间他不但在数理和纺织专业上打下了坚实的基础，而且有着广泛的爱好，喜读古典文学，尤为酷爱李白、杜甫、白居易等人的诗篇。诗人那种愤世嫉俗的炽烈感情与当时现实生活中的军阀割据民不聊生贫困落后的情景，使他萌发了"实业救国"的思想；梁启超的《饮冰室全集》时时吸引着他，而"五四"运动的新文化思潮又对他有着巨大的冲击，使得埋在心灵深处"实业救国"的信仰更加坚定了。

他还用一年多的时间在英国各大纺织中心实地考察了纺织工业的经营情况，而且深入到纺织机械制造厂进行实习，他对英国纺织工业有了较深刻的了解。于1932年回国。后办厂，他为了提高实际操作水平，把握纺织机械整体和各个环节的性能和运行规律，曾隐瞒身份，带领20多名工人在青岛日本人经营的纱厂当了半年工人，不但熟悉了机器，更重要的是结识了在日本纱厂工作的许多技术人员，这些人都成了以后他创办的济南成通纱厂的技术骨干。他们又以带徒弟滚雪球的方式培训了大批熟练工人，为纱厂的正常生产和扩大经营立下了汗马功劳。

济南成通纱厂是我父亲参与兴建的第一个企业。仅用半年多时间，主厂房就竖立起来了。通过荣宗敬先生（荣毅仁的伯父）的关系，在上海洋行赊购了15000枚纱锭成套设备以及2000千瓦发电机及锅炉等主要设备，父亲与工人一起边施工边安装，1933年5月就全部安装就绪，经过调试正式投产。到1937年该厂达到鼎盛时期，纱锭已扩充到19600枚，棉纱年产量达到14000余件，利润达到41万多元（银元）。

家父和二伯父苗星垣不仅把精力放在面粉业和纺织业上，而且把目光盯在机器制造甚至汽车工业上。他们利用本厂的技术力量，不仅改进了进口的一些设备，而且制造了大量的纺织机械、电动机和各种车床，这不仅补充和更新了本厂的设备，且为以后在西安建立成通纱厂分厂和成丰面粉厂分厂创造了必要的物质条件。

从1933年至1937年日寇入侵济南止，这4年间家父任成通纱厂经理兼总工程师，全面负责该厂的经营管理和技术工作，在棉贵纱贱的情况下，唐、津、沪纱厂受到日商纱厂的竞争和威胁而陷入经营萧条、岌岌可危的地步，而济南成通纱厂为何反而盈利，生产蒸蒸日上呢？这连日商都大惑不解，其实道理很简单，就是生产、技术、管理有方所致。

家父很尊重人才，也很重视对人才的培养。建厂初期利用业余时间，亲自给工人、技术人员上技术课和英文课，只要有空，他就往车间里跑，这里转转，那里看看，遇到问题爱和他那南通的老同学——工程师们研究解决，也非常尊重老技术工人们的意见。

他极力主张把盈利的绝大部分投入再生产、压缩非生产性开支，把精兵强将放在生产第一线上，当时厂子有职工1300—1400人，科室管理人员只有20多人，这还哪有人浮于事的现象呢？正如该厂1935年在营业书上自己所分析的："对于生产如何增加，消费如何节俭，机器如何改善，考勤如何从严，工作如何比较，成品如何精良，莫不黾勉从事研究，整饬内部。"他治厂所以能取得点成功，还有很重要的一条就是善于用人和团结人，尽量发挥他们的积极性和创造性。

1937年冬济南沦陷后，日军以"合办"为名，行掠夺之实，济南成通纱厂遭到严重破坏，至1945年除增加了50台自动织布机外，纱锭减至8000余枚，实际能运转的只剩5000枚了。在此期间苗氏兄弟与其表兄孟冠美等人合资于济南创办了文德铁工厂（即济南第四机床厂前身），工人曾多至90余名；在南京创办了普丰面粉厂，由我二伯父苗星垣为董事长，家父任经理，但因常住济南实际经营大权操在孟冠美手中。因此在敌伪时期，家父事实上处于赋闲状态。面对敌伪横行，人民生灵涂炭，惨遭侮辱杀害，内心极为痛苦，在家经常写字赋诗以发泄对敌伪的愤懑和对抗战胜利的想望。

1945年，日寇投降，终于盼来了胜利，但重整旗鼓、振兴实业的梦想却几乎成了泡影。当时的国民党政府争权夺利，贪得无厌，横征暴敛，腐化糜烂，以致通货膨胀，物价飞涨，人民重新陷于水深火热之中。成通纱厂为了在这种险恶的濒于崩溃的经济环境中生存，应付大大小小来自四面八方的敲诈勒索，除了像战前那样兢兢业业地加紧生产外，还要千方百计努力筹措资金，投入生产，但这时人员增加了，经济效益已无法与战前相比了。

1948年解放战争节节胜利，济南处于解放区的包围之中，家父对国民党早已失去信心，对之不抱任何幻想，但本人是资本家，对共产党的政策又知之甚少，走吧又惦着企业，留吧前途未卜，真是忧心忡忡，如坐针毡，心情处于极其复杂和迷惘困惑之中，当时他写过一首五言律诗，对他斯时的心情倾诉得淋漓尽至：

徒倚江南路，嗟麟识道穷。

三春浑夏日，一雨便秋风。

青鸟书难寄，黄粱梦正中。

孤云何所托，舒卷任西东。

在这种心情下于1948年5月间他去了一趟台湾和香港。两地满目疮痍，市场萧条，遑谈建厂的投资环境？但对国家故土的眷恋，终使他从香港返回了上海，经友人刘敏斋（名仁正）的引荐，结识了中共上海地下党的一位陆同志，他们促膝长谈，特别是在中国共产党对工商业和资本家的政策方面谈得细致入微，陆并把中共的几份文件出示给他看，又将一本由毛泽东署名，内容是阐述党对工商业者政策的小册子送给了他。地下党的指导使家父在人生道路上迈出了关键的一步，他决心返济，迎接解放。当时不少企业家把资金和物资往海外转移，而父亲却冒着风险将存在上海近200万美元的进口设备备件辗转运回济南以备再振企业。这在当时确实是难能可贵的。

解放后，解放军纪律严明，秋毫无犯的精神感染着每一个人。进厂的干部李春之、刘萍等人对其宣传政策，晓之以理，动之以情，使之深受教育，当即组织力量，响应党和政府的号召，开机生产。成通纱厂是济南解放后投产最早的纱厂，但是由于资金被股东抽走，厂方资金匮乏，原料短缺，人心涣散，生产并不景气。济南军管会雪中送炭，提供低息贷款，供应原棉，包销产品，才使成通恢复了元气。在军管会领导与工会的支持下，经过几年的经营，至1952年，年利润达150余万元，比解放前最高年利润还高。设备方面，布机有255台，纱锭达到30000枚，并购置了染布的设备，这时成通已发展为纺、织、染的全能厂了。解放前长达15年之久的惨淡经营，迭经波折，解放前夕到了山穷水尽，面临倒闭的绝境，也只有在党和政府扶持下方能有如此大的发展。1951年以前，成通纱厂的一半产量接受政府加工订货，另一半自纺后，由政府统购。同年的下半年，在我父提议下，经该厂提出申请，政府批准，由半加工改为全加工，自此该厂纳入国家资本主义的初级形式。

从1951年至1953年，该厂在生产管理上进行了几项重要改革。首先是整顿臃肿的管理机构，精简合并科室，多余人员下放充实到车间，吸收部分职工充实到厂务委员会，实行在厂长负责制下的民主管理。其次，根据中央纺织工业部的工资制度方案，制定了本厂工资方案，采取了按劳付酬的工资制度。此外还签订了《集体福利事业协议书》，实行了《劳动保护条例》，大大改善了工人的劳动条件和生活环境，使得职工的生、老、病、亡、伤、残都有了适当的安排和照顾。工人真正感到自己是工厂的主人，与解放前相比有天壤之别，职工的精神面貌和劳动热情也绝非昔日所能比拟的。这些都是共产党领导下所取得的成果。而我父亲在党的政策感召下，通过学习思想觉悟逐步提高，与驻厂代表感情融洽，配合默契也有一定关系。这时他参加了一些社会活动，与省内中共的领导同志有所接触，对他影响最大的有郭子化、马保三、李予昂、刘民生（党外）、余修等人，他们之间有很深的友谊，他们是他的诤友，对他的进步帮助很大。尤其是郭子化对他批评起来毫不留情，但关心起来又像一团火那样炽热和温暖。郭是他进步道路上的领路人，作为苗的后辈在撰写此文时，仍深深怀念这些认真执行党的统战政策的党的干部。这些老同志的高贵品质感染了他，使他坚定了跟党走和走社会主义道路的决心。1949年他一次认购国家胜利折实公债15万份，当他于1950年赴沪时，面对7家新闻单位记者说："中国的革命农民贡献最大，工商业者应向农民学习，多买公债，为国家做点贡献"，这是他感情上的真诚流露。

1951年6月11日，为抗美援朝支援前线，他召开厂董事会，提议捐献现金，购买1架战斗机支援前线，获得一致同意，翌日大众日报在头版发表了消息。这不仅推动了全省工商界的捐献活动，而且在全国工商界也有一定的影响。1954年1月26日，他积极响应政府关于认购建设公债的号召，在董事会提出认购80万元的公债券，为国分忧。这时他早已受到党和人民的信任和重托，在政府内担任了重要领导职务。他谦虚谨慎，努力学习，认真改造世界观，积极做好本职工作。他的这些进步是与党对他的关怀和教育分不开的，他多次有幸见过毛主席和其他老一辈的革命家，当他事后对我们谈及见毛主席的情景时，情绪激动，不能自已。记得他谈到与彭真同志认老乡时，讲得绘声绘色，我们听得如醉如痴。第一次见毛主席是在50年代初，他被召去中南海怀仁堂，在礼堂门口遇到了谭震林同志，听到了"毛主席来了"的喊声，他快步向人群走去，周总理把他往人群里推，挤到主席面前，余心清（当时国家典礼局局长）向毛主席介绍，主席大声说："你就是山东的苗海南呵！还这么年轻！"1955年毛主席寿诞之日，父亲还被邀到中南海去吃寿面。主席在一次会议上还曾讲过："有人说苗海南没有用，我说苗海南是有用的。"这些话不胫而走，越发激发了他对党的感激之情和走社会主义道路的决心。他也曾被邀参加过最高国务会议，有一次讨论私营企业的改造问题时，毛主席讲完话，他深受鼓舞，情绪激动，抢过话筒发言表示："我经营的厂子走公私合营的道路，也可直接改为国营！"毛主席听后，含蓄地批评他太心急了。

返济后，为实践他的诺言，济南成通纱厂于1953年12月份就向政府提出公私合营的申请，1954年5月被批准为公私合营企业。公私合营后，企业性质发生了根本变化，生产有了进一步发展，品种规格增多了，棉纱年产量也由20000余件提高到29000余件。通过举办夜校等各种方式提高职工的文化水平和业务素质，关心群众福利事业，改善群众生活，使得纱厂的精神面貌和生产状况焕然一新。

党和人民给了他无限的信任，他先后被推选和任命为山东省人民政府副主席、山东省副省长、华东军政委员会委员、华东行政委员会委员、山东省政协副主席、全国政协委员、民建中央委员、全国工商联常委、山东省工商联主委、山东省民主建国会工作委员会主任委员等重要职务。他勤勤恳恳、兢兢业业，做好人民所委于的重任，为此他刻苦学习马列主义、毛泽东思想以及党的方针政策，认真改造自己的主观世界，尽管面临1957年的艰难险阻，对党的信仰仍坚定不移，多次对党郑重表示，向往党的心忠贞不渝，一辈子跟党走。他以坚定的步子，从一个信仰实业救国的资本家逐步变成了一个爱国的走社会主义道路的实业家，并逐步向着一个自食其力的社会主义劳动者迈进。

他奉公守法、谦虚谨慎、严以律己，对待子女和亲属更是严格要求，尤其是在政治上鼓励他们进步，谁入了党，当了模范，就表扬谁，认为是苗家的光荣。他对子女及亲属参加"土改"和"四清"工作，下乡劳动锻炼都采取鼓励和支持的态度。淑菊大学毕业后的1965年参加"四清"工作队，他经常写信勉励和教育。

他热心教育事业，急人所难，帮助一些学校度过困境。如齐鲁大学校内工厂生产上急需一部龙门刨床而又无力购置，便求之于家父而得到解决，当该校经济拮据时也为之捐过款；对一些中、小学也尽力给以帮助和馈赠，使其少受如物价波动所带来的困难，为此他被10余所中、小学聘为校董。1963年他鉴于中医人才的匮缺，后继无人，有一些志在中医的应届高中毕业生又以高考分数低于录取线而不能如愿，乃与张东木等实业界人士集资组建中医学校，他将历年之股息2万元（新人民币）作为该校基金。聘请吴鸣岗同志及著名中医吴少怀先生为名誉校长，还聘著名学者教授中医为之授课，学制5年，因受"文化大革命"之影响，只学了4年，毕业者50余人，为济南的中医事业尽了微薄之力。他也曾资助过一些大学生，如用勤工俭学的方式使之完成学业，或直接资助，如已故的中医学院副教授刘景琦大夫在齐大七年制的医学院求学时，因交不起学费而有辍学之虞，经当时校长杨德斋的推荐，家父欣然为之付了学费。

他壮年时爱打网球和去野外打猎，新中国成立后偶尔还打网球，后因患心脏病就力不从心了。他的业余兴趣还酷爱收集名人字画，尤其到了晚年对字画简直达到酷爱成癖的地步，他收藏了不少的珍品（当然其中也有赝品），这也埋下了他死于"文化大革命"的种子。他以久病之躯卧床静养，迎来了难忘的1966年，他以沉重、困惑、不理解和自责的矛盾心情顶着"文化大革命"狂风暴雨的冲击。"革命闯将"冲进他的卧室，一把扯下挂在墙上的名画，付之一炬。他躺在床上心痛欲裂，喃喃地说："不要撕，这是国宝，送博物馆！"还说："那裘皮大衣不要毁了，很贵重，可以出口换外汇。"屋里古瓷器被砸得支离破碎，屋外焚烧字画的黑灰飞扬，他心碎了，他以痛苦内疚和悲愤的心情，挣扎着用铅笔写下了"对不起党！"几个字，故于1966年10月3日，是年63岁。1978年7月18日，山东省委、省政府及省政协在济南市英雄山为我们的父亲苗海南举行了骨灰安葬仪式，对他做出了应有的评价，他如有知，应无憾于九泉之下！

先父苗海南从一个无知的青年，进而想走"实业救国"的道路，历尽周折，在旧中国他与广大人民一样备受日寇欺凌和国民党腐败势力的欺压。发展工业、开发西北、"实业救国"的希望终成泡影。直到新中国成立之后，在党的教育下，逐步懂得了只有共产党才能救中国，只有社会主义制度才能发展中国的道理，从而矢志不移的、始终响应党的号召，紧跟党指引的道路前进，逐步成为一个拥护党、拥护社会主义的爱国者。他所走的道路正是我国许多工商业者所走的正确道路，这也是我们伟大的中国共产党英明正确政策教育的结果。我们谨以此文感激党和人民对我父亲及苗氏家族子弟的教育培养，并对我们故去的父亲以为纪念。

（作者单位：山东省民主促进会、山东省民主建国会）

苗海南传略

王维科

　　苗世循（1903—1966年），字海南，兄弟3人，行居三，是苗星垣的胞弟。9岁入塾，13岁升入桓台县索镇高等小学，他自幼学习刻苦，每次考试，名皆列优。毕业后因胞兄苗星垣任泰华粮栈副理，即带他到济南考入省立第一中学。1923年毕业后，到济南一家私营银行当职员，一年后因兄有创办纺纱厂的打算，支持他考入南通纺织学院。1928年毕业后，考取英国留学补助费生，赴英进入皇家第六纺织学院（即曼彻斯特纺织学院）纺织工程科学习。1931年结业后，曾到英国伦敦、利物浦等地考察纺织业，并在伦敦一家纺织机械制造厂实习半年，1932年春回国。听胞兄苗星垣讲，青岛日本人办的大康纱厂管理方法和生产技术超过欧美，就又到青岛托熟人进厂实习，遭到日本经理内海拒绝，只好进中国人办的华新纱厂暂住。与日厂的技术人员交友，达到了学习的目的。6月份回济创办成通纱厂，任经理兼总工程师，聘留英时同学都武扬任总机师。1933年5月开机投产后连走4年"红运"。"七七"事变后济南沦陷，成通纱厂被军管，苗海南也身遭磨难。抗战胜利，国民党统治时期仍处逆境。新中国成立后，拥护共产党，走社会主义道路，受到了党和人民的信任。

　　苗海南少年时期家庭贫寒，大哥苗世恭在家务农，他从10岁起就帮兄干些零活，下学后常到木器作坊中学木工，深受师傅们的喜爱，家乡二三月间，儿童们有放风筝的习惯，一般都用木板缠线，他看见大财主高家的孩子，从外地买来的线篗子，回家仿制了一个，还有点以假乱真。他在济南上中学的第二年秋天，同聚长大楼接待室的大挂钟，王冠东用力过猛上断了弦，他主动把弦卸下来，拿出去焊好又安装进去，当王冠东发现钟又响时，才知道是他修理的。1923年中学毕业后，成丰面粉厂扩大设备，12盘钢磨已经运到，全厂从经理到工人忙于安装，他也动手干起来。看到他那股熟练劲，一位不认识他的师傅，还认为是请来的技术员，休息时还端水让茶称他老师。胞兄苗星垣对王冠东说，老三心灵手巧，还得下决心供他念书，培养自己的人才。

1924年他考入南通纺织学院后，胞兄苗星垣就把办纱厂的意思告诉了他，这无疑成了他学习的动力，每次考试都在90分以上。后留英学纺织，每逢星期天，几位中国学生总要邀他外出游览，他老是提出，找教授介绍个纺纱厂见见世面。1931年结业后，通过一位教授的关系，把他送到伦敦一家纺织机械制造厂实习，一共3个月的期限，他一天也未离开过车间。实习期满，企业主请他到家做客，还特意请人做了几道中国菜，饭后提出高薪留他在本厂工作，他只好拿出胞兄的来信念给他听，讲明胞兄办厂非回不可。直到告别时，那位厂主还提出多住一年行不行？他笑笑说，想家心切，必须立即回国。

1932年春，苗海南回到济南，休息半个月后即登程去青岛，按照预约，先找到在日厂当技工的宋呈元，开始想通过日本雇用的中方高级职员说情进厂实习。日本大康纱厂的经理内海答复，除来厂谈交易的商人外一律免进。苗海南只好化装成购纱商人，进入了厂部，这样只能进客厅谈生意，仍不好进车间看设备，宋呈元借来一身工作服，到技工办公室给苗套在外面。由技工带路，各持维修工具，按纺纱的顺序转了一圈。第二天仍然化装进厂，又重看了几个要害部位，对新进的器械，以维修为名，卸开查看后又装起来。第二天晚上，苗海南托宋呈元，约了他的几位知己，到饭庄请客，要求他们把日厂的管理办法、机械装备、操作规程，分别用图、文记出来。通过他们介绍，苗海南还认识了几位在华新纱厂临时帮工的东北技工，他们是

"九一八"事变后，不愿当亡国奴，从沈阳、大连等地来到青岛，在华新纱厂干临时工，愿意跟苗海南到成通纱厂干工。苗在华新纱厂以实习为名，通过几位朋友搜集大康厂的技术资料，还通过宋呈元结识了日商办的钟渊纱厂技工王纪三，在回济之前，对宋、王2人各提出一条要求，分别秘密联系10名熟练工，即清花、钢丝、摇纱、粗纱、细纱各2人，到成通后，比日厂的35元工资加发10元，待成通完成基建后把人送到。6月份，成通纱厂开始招工，从新工人中选了20名进华新纱厂代培。后来成通投产后，日厂来的20名技工，都成了师傅，到华新培训的20名工人，也成了技术骨干。

1934年，成通纱厂成立了铁工部，为了自己制造纱机平台，从英国怡和洋行购进了12英尺龙门刨床，经使用效果不好，苗海南仔细检查，发现刨床上的英文字码是香港的商标，他决意向英商提出抗议，立即退还机器，追索赔偿费。起初英商不予理睬，苗海南赴上海，在怡和洋行，找到洋行的财东查理·次顿，此人50多岁，是个中国通，传说他是鸦片战争时，侵华军头目查理·义律的孙子。交谈时，他一口咬定，从未出售过香港产品。苗海南拿出怡和洋行的单据，并提出要看一下仓库，结果仓库还有1台同样的刨床，他指着机器说，是给人代存的。苗海南见他狡猾奸诈，蛮横无理，最后提出要求，如能履行合同赔偿损失，别无话谈，否则要诉诸法院，还要登报。在场的几位英商，怕引出大麻烦，嘟噜了几句英语。苗海南听得明白，是愿意如数退还价银，对损失费当面议定，赔款2700元。苗在赴上海前，与几位技工，模拟这台刨床，仿制了1台，但没有死搬硬套，并有多处改变。英商从上海来济南，运回刨床时，提出要看看成通设备，发现了这台仿制的刨床，细查了两遍，提出了抗议，说是仿制刨床，侵犯了专利权，要追究法律责任等等。苗海南指着机器说，这台机器是仿制的，但不是仿你们的机器，你们细看，你们的底盘是平形，我们的机器为蝙蝠弧线形。再看小件，你们的螺丝是结固方形的，而我们则是易卸的圆形花螺丝，一连讲了8个不一样，最后说：告诉你们吧，这台刨床是结合瑞士和日本的产品性能，由成通铁工部自创的，你们要的哪份专利？英商听罢目瞪口呆，灰溜溜地离开了成通。

1935年，苗氏兄弟开始实施大西北计划，先从西安开始，投资100万银元，先建成丰面粉厂西安分厂，后建成通纱厂西安分厂。从1月份买地建房到8月建成投产，建一个大型面粉厂，8个月投产，其速度之快，令人叹服。西安城的各界名流，都要登门认识一下苗星垣。苗海南听说胞兄累病了，急速赶去探望，老兄正爬到锅炉底下检查故障。海南见他满面黑灰，因心疼而笑不出来。在西安住了几日，听副理于乐初讲述了建厂经过，特别是听到胞兄日夜操劳，深受感动。他对于乐初说，2位兄长建成丰分厂，只用8个月就投产，恐怕轮到我上阵，建成通分厂时，如果16个月投产，也该朝天谢福了。从1936年开始，先购置2000基罗的大型发电机，接着让成通铁工部赶制了1万枚纱锭，设备也大体凑齐，先后发车运到了西安。1937年建厂的图纸刚刚绘完，还未施工，"七七"事变爆发，玉符河（现名工商河）决口，成通、成丰两厂被淹，苗海南返济抢险救灾。事后，日军已到达黄河北岸，从此，"大西北计划"落空，这才将运往西安的纺织机械和部分原料，廉价卖给了中国银行。

1937年底，日军渡河之前，韩复榘的大军，不去抗战，反而到各企业抢劫财产。成通、成丰的14部卡车，装上了自己的粮食、面粉和棉纱，一时变为韩氏的财产。苗海南找到一位押车的团长，要求他别开车，我要找韩主席解释。团长说，别操心了，这是韩主席的命令。日军侵占济南后，1938年2月9日，青岛日商丰田纱厂的代表山田一伙来到成通，声称奉日本军部令来接管成通。苗海南回答："本厂资本属小商人的集股，不应在军管之列。"次日日本特务机关长中野召见苗海南说："山田进厂系军部所派，先查收后交账，违令者处？"强迫苗接受军管。3月1日交账后，驻厂日军宣布：成通由日商丰田纱厂管理，将成通的经理、职员全部赶出大门。1938年4月，苗海南与胞兄商议，必须为被赶职员找个落脚之地，兄弟分头，这才先后创办了成丰粮栈、尚志兴粮栈、复聚长粮栈等小型企业，以谋生路。随后苗海南与兄苗星垣商议，联合表兄弟孟干初、孟冠美，先在济南创建了崇文印染厂，后改名为文德铁工厂。1940年汪精卫在南京成立了伪政权，苗海南留英时的两位同学，在汪伪政权中任职。一位叫薛典，任司法行政部次长，另一位叫李圣五，任教育部长。通过他们的帮助，苗海南同孟冠美作为发起人，在南京汉中门外新河区二道埝子街，创办了普丰面粉厂。由苗星垣任董事长，苗海南任经理，孟冠美任副理，孟怀山任襄理。开业时还不错，后来日商佐藤办的有恒面粉厂，妄图通过合作吃掉普丰，苗海南坚决反对，佐藤又生一计，声称奉命为日本军部供应酒精，强行将普丰霸占，成为佐藤的企业。1940年就在普丰开业之后，胞兄苗星垣发出急电要苗海南回济，研究成通纱厂，由"军管"变"合办"的事，因董事长苗杏村重病住院，改由侄子苗兰亭出面与经理苗海南代表成通董事会，与日本人浅井洽谈合作事宜。苗海南以有能力自营为由拒绝合作。一直拖到1941年12月21日，日本特务机关矢本中佐出面训话："你苗海南托词说董事会不愿意，据我们掌握就是你本人不愿意，你别忘了你是留过英的，亲英美人物，那就等着没收吧！"在刀压在脖子上的情况下，办理了"中日合办"事宜。合办后仍然是日本人主事，中国人看戏，不过这时已能拿到少量红利。

1945年8月抗战胜利。国民党山东党政组成了"接收"委员会，妄图把日本人掠夺的民族工商业者的企业，变为四大家族为首的官僚资本企业。苗海南一面据理力争，一面托人说情，到10月4日，才将成通归还了原主，这时的成通纱厂已是满目疮痍，困难重重。苗海南一面整修恢复生产，一面应付国民党的横征暴敛。国民党统治济南3年，名目繁多的敲诈摊派，接连不断，何思源一进济南，从省府的住房到睡衣拖鞋，一概向企业摊派；国民党第一战区副司令长官李延年，1945年10月进济南受降，要面粉厂、纱厂，拿1亿元表示心意；几日一次"劳军"，隔月一次"赈灾"，都要企业募捐；到解放区"扫荡"一次，"国军"死了人要企业拿钱买棺材；几天一次"爱军拥政"包场看戏；修城墙、挖地道、建工事，要企业拿"防御"费；成通、成丰两厂每月都有几张省府"借款"的欠条。济南解放前夕，修"耀武跑道"。这是市长王崇五出面讲的，王耀武修一条飞机跑道，成通纱厂派给60件棉纱，成丰面粉厂拿上了2000袋面粉。苗海南对国民党刮骨熬油，是深恶痛绝的。1948年5月，蒋介石当了总统，苗海南作诗一首："兆民方苦乱，九锡一何荣。借问行路者，何如袁项城？"他把蒋当总统比作袁世凯的皇帝梦。苗海南眼看到国民党的腐败，确有不满情绪，又对共产党不了解，还存有害怕心情，新中国成立前夕他作了一首五言律诗，充分反映出当时的心情：

徒倚江南路，嗟麟识道穷。

三春浑夏日，一雨便秋风。

青鸟书难寄，黄粱梦正中。

孤云何所托，舒卷任西东。

1948年5月1日，苗海南与夫人崔永和到台湾走了一趟。名曰观光，实则看看风向。回上海后，会见挚友刘敏斋（字仁正），其弟是共产党领导干部，由刘引见上海中共地下党组织的陆同志，重点了解共产党对工商业者的政策，此后，他下定决心回济南。并将此意转告住南京的胞兄苗星垣放弃赴台之意。就在这时，与苗家合伙办企业34年的王、张两家，决意分伙，王冠东（1945年去世）的胞弟王扶九、张仲磐（1933年去世）的儿子张景韩携款带眷先去香港后到台湾。

1948年，济南解放后，成通纱厂第一个开机生产，1949年苗海南一次购买国家胜利折实公债15万份。1951年6月11日，为支援抗美援朝，代表成通捐款购买战斗机2架。1954年1月26日，认购建设公债80亿元（旧人民币）的公债券，支援国家建设。是年4月6日经他申请，成通纱厂第一批被批准公私合营。他积极带头兴办福利事业，投资办教育，捐款修医院为民造福。1959年党和政府号召全民办电，他亲自动手同工人一起，研制大型发电机1500千瓦，小型发电机55千瓦，研制电动机12马力，被批准大量生产。

苗海南是接受社会主义改造的带头人，也是与我党风雨同舟的爱国人士。新中国成立后几年中，他先后接到国家和省级的十几份公布令、通知书：华东军政委员会委员，华东行政委员会委员，山东省人民政府副主席、副省长，第四届全国政协委员，全国工商联常委，中国民主建国会委员，山东省各界人民代表大会代表，山东省一、二、三届人民代表大会代表，政协山东省第一、二、三届委员会副主席，山东省工商联主任委员，民建山东省工委主任等职。"文革"初期，苗海南受到了打击和迫害，1966年10月3日，不幸逝于青岛。1978年7月18日，中共山东省委、山东省人民政府在济南英雄山，召开了苗海南追悼大会，公正地评价了他的一生。

（桓台县政协供稿）

苗海南跟共产党走社会主义道路

崔永和

我和苗海南结婚是在 1946 年。当时正处在解放战争时期，国民党军队节节败退，济南市政局不稳，工商界也人心浮动。从 1948 年开始，山东的形势急剧变化，广大农村已成为解放区，济南成了国民党占据的一座孤城，有些资本家想把企业南迁，海南也心事重重，举棋不定。当时我们商议，还是到台湾走一趟，名曰观光，实则看看风向。

1948 年 5 月间，我和海南，还有我的父亲崔士杰（字景三，东京帝大法学士，三次从日本人手中接收过胶济铁路，曾任过胶济铁路局的局长，济南仁丰纱厂的董事长），到台湾玩了两个星期，当时台湾刚回归祖国不久，国民党把台湾搞得乌烟瘴气，所见所闻，很不符合我们的理想，心情忐忑不定。我先回到了上海。到上海后先和我父亲的好友刘敏斋（名仁正）取得联系。他是资本家中的进步人士，是山东省掖县人。谈话中，他透露他胞弟是共产党的一个干部，还认识上海中共地下党组织的一位陆同志，说陆同志愿意见见苗海南。我当时的心情是：对国民党失望，对共产党害怕，既然刘可以搭桥见面，自然愿意去摸个底细。恰好，上海市正有个运动会，我借故请海南看体育比赛，向台湾拍了电报。海南接到电报立即起身来到上海。我们先和刘敏斋对了话，接着由刘引见与陆同志见了面，并密谈了好多事，重点话题是共产党对待工商业者的政策，陆同志还让我们看了共产党的几份文件，还送给了一本有毛主席署名的宣传党对工商业者政策的小册子（这些文件和小册子在当时都是秘密的）。他一再让我们放心，说共产党会正确对待资本家的。通过这次接触，我和苗海南打消了去台湾的念头，决定留在济南，继续搞企业。

决心一定，海南和我商量把积存在上海的一批物资运回济南。当时国民党有令，禁止物资北运，海南托人以三根金条的人情买通了当时第二绥靖区的检查机关，1948 年 6 月间，将价值 200 万美元的进口钢丝布、针布等物资运回了济南。在当时这样干是要担风险的，因为这批物资数量大、价值高，在上海工商界的同行中隐瞒不住，流为话题，后来听刘敏斋说，当时起了一个好的作用，影响了一批思想动摇不定的工商业者。

我们俩回到济南时，形势已经十分紧张，济南军政界、工商界都有一些人已搬往南京和内地。到 8 月底 9 月初，整个济南城已被解放军重兵包围，从 9 月 16 日起济南外围和城郊的战斗已经打响。炮火越响越近，战斗越打越激烈，连战十几天，我和海南住在原来的家宅里，哪里也没去。解放军进城正是农历八月十五日。当时有几位至亲好友怕我们出问题，动员我们躲一躲看看风向，但我们相信共产党的政策，哪里也没去。几天后，共产党的干部就进了成通纱厂，男的叫李春之（后来任山东省政府化工厅长），女的叫刘萍（是高启云的夫人）。他们找海南谈话，问了些成通纱厂的情况，海南都如实作了回答，谈话的气氛很温和，提出的要求是动员职工回厂，马上开机生产。之后，海南立即组织开机。成通是济南市解放后投产最早的纺织厂。几天后又有几名军代表进厂找海南，提问四支枪被盗的事，海南向他们提供了线索，使此案得到及时处理。这是海南走向革命之路的一大转折。

说到这里，想说一下海南的思想转化过程。苗海南于 1904 年出生在桓台县一个贫苦的农民家庭，兄弟三人，他最小。大哥苗世恭一生务农；二哥苗世德（字星垣）在济经商。他靠二兄的资助，从小学一直到上完中学。1923 年经人介绍进入一家私人银行当学徒，干了一年。因二兄倾心于实业，支持他考入了南通纺织学院学纺织。1928 年海南考取了英国留学补助费生，进入英国皇家第六纺织学院（即曼彻斯特纺织学院）工程科学习。1931 年毕业后曾在英国各大纺织中心考察纺织业的经营情况，还到纺织机械制造厂实习。1932年回国后，隐瞒身份，到青岛华新纱厂当了半年工人，一面考察实践，一面挖了日本纱厂的29名中国技术人员到济南（这些人以后成了济南纺织业的骨干），与二兄创办了成通纱厂，他担任经理兼总工程师。1933年投产后，曾有过兴旺时期，也曾遭受过磨难，受到巨大损失。抗战胜利后，在国民党统治下，民族资产阶级的日子也不好过，他曾饱尝大鱼吃小鱼之苦，虽然受名利思想的驱使，曾竞选过"国大代表"，但他对国民党的前途是不抱乐观态度的。1948年5月蒋介石粉墨登场当总统时，海南曾私下在家作诗相讥，诗曰："兆民方苦乱，九锡一何荣。借向行路者，何如袁项城？"他把蒋当总统比作袁世凯的皇帝梦。海南看到国民党大势已去，既有对国民党不满的情绪，又有不了解共产党害怕共产党的心情，他作过一首五言律诗可以反映他当时的心境：

> 徙倚江南路，嗟麟识道穷。
> 三春浑夏日，一雨便秋风。
> 青鸟书难寄，黄粱梦正中。
> 孤云何所托，舒卷任西东。

新中国成立后，在中国共产党和人民政府的领导下，海南思想逐渐觉悟，他决心跟着共产党，走社会主义道路，他的企业也因此获得了新生与发展。他与广大职工一起，努力发展生产，积极支援国家建设，1949年，他一次认购国家胜利折实公债15万份。记得1950年1月我同海南赴上海时，有七家新闻单位的记者赶去采访。有一位记者提问："你买那么多胜利折实公债，都有些什么想法？"海南说："中国的革命，农民贡献最大，工商业者应向农民学习，多买公债为国家做点贡献。"事后，上海几家报纸都做了报道。

1951年6月11日，海南提议召开成通纱厂董事会研究支援抗美援朝，捐献现金买两架战斗机，理由是为了保卫祖国的安全，支援中国人民志愿军，抵抗美帝国主义的侵略。此案得到全体成员的通过，并提议把飞机的名字定为"成通号"。事隔一日，6月13日《大众日报》在头版发了消息，题目是《响应增产捐献成立山东空军师号召，成通纱厂捐献战斗机两架》，从而带动了全省工商界的捐献活动。1954年1月26日，海南响应政府关于认购建设公债的号召，召开了成通纱厂董事联席会议，他提议按照本公司的目前情况，在不影响生产的前提下，可增大认购80亿元（旧人民币）的公债券，此案也得到一致通过。事后也作为重要消息登在《大众日报》上。海南自动捐献办福利的事也不少。我记忆中他曾对齐鲁大学捐过款，为支援该校理工系搞试验赠送过一台龙门刨，约计价值2000美元，1959年为建设山东中医学院投资达3万元，还为发展济南市的中小学教育捐助过款项。因而曾被十多所学校聘誉为学董。

1953年冬季，轰轰烈烈的对资本主义工商业的社会主义改造开始了，海南认真学习了过渡时期党的总路线，总任务的理论和党对民族资产阶级改造的方针政策，消除了顾虑，决心要跟共产党走社会主义道路。1954年初海南召开成通纱厂董事会，共议申请参加公私合营的事，大家一致拥护，遂向党和政府写出了正式申请。1954年6月4日，喜讯传来，成通纱厂被批准为公私合营。当日《大众日报》作为重要新闻登在第一版上。6月6日《大众日报》又登载了苗海南写的《以愉快的心情接受社会主义改造》的文章。

海南在社会主义改造和社会主义建设中只不过做了一些应当做的工作，但党和政府却给了他很大的荣誉和信任。新中国成立后的几年中，他曾先后接到全国和省级的十几份公布令、通知书，有华东军政委员会委员、华东行政委员会委员、山东省人民政府副主席、副省长、第四届全国政协委员、全国工商联常委、中国民主建国会中央委员、山东省各界人民代表会议代表、山东省一、二、三届人大代表、政协山东省第一、二、三届委员会副主席、山东省工商联主任委员、民建山东省工委主任等职。新中国成立后，毛泽东主席和其他中央领导同志曾多次接见过海南，其中有两次海南特别高兴。一次是1955年毛主席过生日，特意请海南等到中南海吃了顿生日饭，海南感到空前的荣幸；另一次是1957年毛主席在接见海南后，曾在一次讲话中提到："有人说苗海南没有用，我说苗海南是有用的。"

海南知道后深受感动。后来海南能夜以继日地积极工作，与这些政治上的温暖和感情上的动力是分不开的。

最后顺便讲一点我个人的情况。我和海南一样，在和共产党接触之前，一直是怕字当头。原因是我有一段复杂的经历，且受到国民党反动宣传的影响。我生于1922年，祖籍是临淄县西古城，童年时父母为我请家庭教师授教，11岁入青岛圣功女子中学读书，16岁上燕京大学读书，1937年到美国芝加哥大学化学系学习，1941年毕业，学位是"理学士"。同年回到香港，曾担任过香港红十字总会英文秘书，从事抗日战争中的救援工作。日本人占领香港后，我又重返美国，直到1944年才二次回国。美国插手国共两党调停时，我曾给司徒雷登担任过中文翻译。记得他曾经说过："中国共产党是几个聪明人领着一帮文盲闹革命。"1945年我回到山东，曾给当时的省主席何思源当过英文秘书，后又兼任第二绥靖区司令长官王耀武的英文秘书。我和苗海南结婚不久，苗家的财产因海南的堂侄苗兰亭曾附过逆、任过济南伪商会会长，国民党接收委员会除将苗兰亭个人所有部分没收外，对其他苗家财产也予以冻结，苗家的人不敢出面交涉，我利用社会关系极力周旋，方将成通等厂及其他不属于苗兰亭的财产要出，在这件事上，我算给苗家出了力，同时我与国民党的有关方面的关系也愈陷愈深。我和海南结婚以后辞去了以上职务。

新中国成立后，由于种种顾虑，在工商业家属登记表上，我一直填写初中文化程度，更不敢谈论上述经历。后来随着多方面的交往和海南对我的影响，逐渐打消了怕字。特别是新中国成立初期，党很重视组织工商业者的家属学习。通过学文件，看报纸，我才开始觉醒，找到了前进的方向，积极参加了各项社会活动。党和政府像对待海南一样对待我，我以家属的身份也做了一些力所能及的工作。我的进步，有海南的帮助；海南的贡献也有我的心血。使我难以忘记的是我曾三次见到毛主席和其他中央领导同志。特别是1956年私营工商业都实现了公私合营之后，我出席了全国妇联和民建中央、全国工商联召开的工商界家属和女工商业者代表大会。我在这次会议上的发言稿登在了1956年4月16日《人民日报》第六版上。毛主席和其他中央领导同志接见了我们，还和到会人员一起合了影。参加全国会议回来，我又参加了政协山东省一届二次会议，我在大会上发了言。发言稿登在了 1956 年 4 月 2 日《大众日报》第三版上。在党的领导下，我和海南互助共勉。

在社会主义革命和建设的征途上并不都是平坦的，30 多年来在改造的道路上也曾有过艰难和曲折。特别是"文化大革命"，我家也毫不例外地遭到打、砸、抢的迫害，海南于 1966 年 10 月 3 日不幸逝于青岛。1978 年 7 月 18 日中共山东省委、省政府主持在济南英雄山召开了苗海南追悼大会。省直各单位，海南的生前友好、家属子女都参加了追悼会，悼词公正地评价了海南的一生。

党的十一届三中全会后，春回大地，百废俱兴，我虽然年逾花甲，但壮心不已，在全国物资租赁公司的支持下，我牵头开办了青岛崂山华寿饮料有限公司，并担任了董事长，经理是崂山人荣涛，现在开业大吉，生意兴隆。我现在是青岛市政协委员、市妇联委员、对台委员会委员、侨联顾问，我还是省文联崂山诗社成员。我的业余爱好是看书、写诗。

这就是我和苗家创办企业有关的一些情况。

（王维科　胡宝山　整理）

附 录

回忆苗氏家族企业
HUIYI MIAOSHIJIAZUQIYE

山东省苗氏工商业年表

纪　年	企业主要活动	其　他
1894 年（清光绪二十年）	苗德卿和荣仲森合伙在索镇筹办恒聚油坊	创办手工作坊是苗氏企业之始
1895 年（光绪二十一年）	恒聚油坊投产开业，荣衍焕任经理，苗德卿任副理	
1898 年（光绪二十四年）	油坊连营 5 年，共获红利计银 3000 两，苗家分红利 1000 两，名声大振，在索镇同行业中名列前茅	
1899 年（光绪二十五年）	苗德卿与郑金生、杨育轩在洛口开设恭聚和粮栈，由苗德卿任经理	苗德卿捐得直隶州州同衔
1904 年（光绪三十年）	恭聚和粮栈经营 6 年，获利银 7000 两，至此共有资本银 1 万两，在洛口粮栈处于前列	胶济铁路筑成，济南城西开辟商埠修筑马路

续表

纪　年	企业主要活动	其　他
1906 年 （光绪三十二年）	苗德卿、荣仲森用油坊之红利在洛口开设恒聚和粮栈，苗德卿任经理	
1907 年 （光绪三十三年）	苗杏村任恒聚和粮栈副理、主持栈务	
1909 年 （宣统元年）	恭聚和粮栈与恒聚和粮栈跃居洛口十数家粮栈之首，是年苗家分红计银洋 5000 元	
1910 年 （宣统二年）	苗家独资在洛口开设公聚和粮栈，苗杏村任经理	苗星垣到济南公聚祥粮栈当伙计
1911 年 （宣统三年）	苗、荣分伙，恒聚油坊归荣家经营，恒聚和粮栈归苗家经营；辞退郑、杨之股本，恭聚和粮栈由苗家自营　结束恭聚和恒聚和粮栈开设恒聚成炭栈	
1912 年 （民国元年）	改恒聚成炭栈为恒聚成粮栈，职工 23 人，资金 2000 元，在济南经一路纬四路建营业楼一幢	苗星垣到济南利成粮栈当练习生，津浦铁路通车
1913 年 （民国 2 年）	恒聚成粮栈经营两年，计获纯利银洋 4 万余元	
1914 年 （民国 3 年）	恒聚成粮栈增至 46 人，沿津浦、胶济两线设分庄 30 余处	第一次世界大战爆发

续表

纪　年	企业主要活动	其　他
1915 年 （民国 4 年）		苗星垣出任泰华粮栈副理
1917 年 （民国 6 年）	恒聚成、公聚和粮栈获得为茂新厂代购小麦的专权	
1918 年 （民国 7 年）		穆伯仁创办惠丰面粉厂，苗杏村投资 1.5 万元并任该厂董事
1919 年 （民国 8 年）	苗星垣与王冠东、张仲磐在泰华粮栈歇业后合伙集资 2 万元筹办同聚长粮栈	苗德卿病故　穆伯仁组织晋丰面粉厂，苗杏村投资 4000 元
1920 年 （民国 9 年）	同聚长粮栈开业，独揽东北粮商生意	苗星垣进入济南赈务会，并担任车运处处长
1921 年 （民国 10 年）	苗杏村、苗星垣合作。创立成丰面粉厂，苗杏村任董事长兼总经理，苗星垣任董事兼经理	苗杏村在田中玉督署任咨议
1922 年 （民国 11 年）	8 月成丰面粉厂正式投产，计有钢磨 7 部，日产等级面粉 2000 袋，当年结算获利 7 万多元	苗杏村等粮商集资 3 万元重建粮业公所，改称"济南商埠粮业公会"，苗杏村为会长和济南商会常务董事
1923 年 （民国 12 年）	成丰面粉厂日产能力达 5200 袋（每袋 44 市斤）	
1924 年 （民国 13 年）	成丰面粉厂再度增资，利润转股票	

续表

纪　年	企业主要活动	其　他
1925 年 （民国 14 年）	成丰面粉厂邀得东莱银行经理于耀西投资 2 万元并 200 万元信贷透支，于成为成丰第二个董事长	
1926 年 （民国 15 年）	苗杏村开设永丰祥麻袋庄以供自需，苗杏村投标购得被火焚水湿的生米 4 万余包，获利 3 万元	黄河决口，苗星垣代表华洋义赈会赴黄办理以工代赈的堵口工程
1927 年 （民国 16 年）	同聚长粮栈年底在蚌埠购存小麦数百吨未能运出	苗星垣担任黄河下游局局长
1928 年 （民国 17 年）	苗星垣通知蚌埠坐庄出脱购存小麦，同聚长未因小麦下疲亏损，反有盈利。成丰面粉厂因动力不足、日本制造"五卅"惨案，生意受影响	苗杏村等捐献高粱以赈索镇，捐献麸皮以赈曲阜
1929 年 （民国 18 年）	成丰面粉厂扩建制粉楼，建仓库，增马力，建立铁工部，自制磨粉机 6 部，年盈利首次超过 30 万元	成丰董事长于耀西以汉奸罪被捕
1930 年 （民国 19 年）	成丰面粉厂钢磨增至 25 部，工人 600 余名，日产能力 8000 余袋，是济南市设备最多，产量最高的粉厂	

纪　年	企业主要活动	其　他
1931 年 （民国 20 年）	成丰面粉厂董事会改选，于耀西落选后，退出在成丰的股金	苗杏村在韩复榘省府任参议，苗杏村、苗星垣捐资献料修建桓台索镇玉带桥
1932 年 （民国 21 年）	租赁民安面粉厂创建成记面粉厂，5 月开机投产，当年 6 月获利 4 万多元。6 月苗杏村、苗星垣再次合作，组织成通纱厂，当年集资 75 万元	苗海南春天学就回国，在青岛华新纱厂实习，7 月回济出任成通纱厂经理
1933 年 （民国 22 年）	成通纱厂 5 月开机投产，计有纱锭 14800 枚，工人 600 余名，成丰铁工厂 1 月建立，资本 5000 元，经理苗星垣	穆伯仁、马伯声创办的仁丰纱厂建立。国民党政府同美签订“棉麦借款协定”，导致国内物价暴跌
1934 年 （民国 23 年）	苗杏村以 53 万元购得民安面粉厂全部财产，成记面粉厂正式组成，资本额为 50 万元，实收 35 万多元，苗杏村自投 25 万元，任董事长，苗兰亭任经理。 成记因“棉麦协定”影响亏损 50 余万元	成通纱厂 680 名工人于 12 月罢工数小时，迫使厂方，接受了工人要求：一、恢复每月加 4 天工资的奖励办法；二、停止扣留工人工资进行储蓄；三、取消扣留工人工资代制白衣（工作服）的办法
1935 年 （民国 24 年）	建立成丰面粉厂西安分厂。承租鲁丰纱厂全部资产，定为成通纱厂分厂	成丰等 8 家集资 3.2 万元，于 10 月修建了济南天桥街和丹凤街

纪　年	企业主要活动	其　他
1936 年 （民国 25 年）	9 月成通纱厂分厂退租鲁丰，苗杏村承租鲁丰，创办成大纱厂。建立恒聚成北记面袋厂。合并同顺泰面袋厂，组成恒顺泰面袋厂。8 月成通分厂因营业赔累倒闭，1500 余名工人失业	成丰面粉厂出资 1 万元，于 9 月开工修建成丰街，成通街青砂石路面
1937 年 （民国 26 年）	济南沦陷前夕，同聚长粮栈、公聚和粮栈及恒顺泰面袋厂暂时停业。12 月 29 日，日军进驻成大纱厂并宣布为"军管鲁丰纱厂"	7 月下旬玉符河决口，苗氏四工厂变泽国，损失惨重。 11 月 27 日，日军侵占济南
1938 年 （民国 27 年）	2 月至 5 月，成通纱厂、成丰面粉厂、成记面粉厂先后被日本宣布"军管"。苗星垣组建成丰粮栈，尚志兴粮栈及复聚长粮栈苗星垣与孟干初集资办崇文染织厂	7 月洛口黄河铁桥修复，津浦铁路通车。9 月伪省公署在济南成立物资物价统制委员会，对面粉、火柴、煤炭实行统制价格
1939 年 （国民 28 年）		苗兰亭出任伪济南市商会会长。官商合办的鲁兴银行成立，苗兰亭代表商股任董事长。2 月伪山东省棉花检验局济南分局成立

续表

纪　年	企业主要活动	其　他
1940 年 （民国 29 午）	苗兰亭创办晋鲁银号。苗星垣、苗海南、孟冠美创办南京普丰面粉厂。苗星垣改办崇文染织厂为文德机器铁工厂	苗兰亭赴日参加东亚经济恳谈会
1941 年 （民国 30 年）	成大纱厂、成通纱厂被迫实行"中日合办"	苗杏村病故
1942 年 （民国 31 年）	成丰面粉厂、成记面粉厂被迫实行"中日合办"	苗兰亭随伪建设总署督办王荫泰赴日参观，受到日本天皇接见
1943 年 （民国 32 年）	恒聚成北记面粉厂经理许翰卿、复聚长粮栈经理王冠东在日查"暴利"中被捕。恒聚成北记面袋厂停业，1 月成丰西安分厂遭火灾，制粉楼及全部机器被焚	日本推行第五次强化治安运动，抓所谓"经济犯"。济南市实行粮食配给制度
1944 年 （民国 33 年）	成大、成通纱厂部分纱锭被日本破坏，用以制造枪炮军火	春，伪"食粮采运社"建立
1945 年 （民国 34 年）	国民党政府派员接收成丰、成通、成记、成大等厂	9 月日本无条件投降，抗日战争胜利结束。12 月苗兰亭被国民党政府以汉奸罪逮捕入狱
1946 年 （民国 35 年）	成大纱厂由国民党政府代管，成通纱厂发还自营	

续表

纪　年	企业主要活动	其　他
1947 年 （民国 36 年）	成丰、成记面粉厂发还自营。成记向南京转移物资抽调职工	
1948 年 （民国 37 年）	成丰、成记制粉楼等财产被国民党军队焚毁。苗海南组织成通纱厂复工投产	9 月 23 日济南解放
1949 年 （民国 38 年）	成大纱厂、南京普丰面粉厂收归国有，其他均属苗氏私营企业，恢复生产	4 月南京解放，10 月中华人民共和国诞生。苗海南于 12 月 4 日被中央人民政府任命为华东军政委员会委员
1950 年	苗氏企业参与经济恢复活动。 成记面粉厂由南京运回济南部分转移物资	苗海南带头购买胜利折实公债 3 月 16 日被选为山东省政府副主席
1951 年	成记面粉厂与山东省供销合作总社联营。成通纱厂支援抗美援朝运动，捐献战斗机两架	1 月国家实行棉纱统购。苗海南被中央人民政府任命为华东行政委员会委员
1952 年		在全国资本主义工商业中开展"五反"运动
1953 年	苗氏企业参与第一个五年计划建设	11 月国家开始实行粮食统购统销。苗海南被选为山东科协主任
1954 年	成通纱厂、成丰面粉厂经批准实行公私合营	9 月国家开始实行棉花统购和棉布统销。苗海南被选为全国人大代表、山东省副省长

纪　年	企业主要活动	其　他
1955 年	成丰面粉厂西安分厂经批准实行公私合营	苗海南被选为山东省工商联主委、全国工商联常委
1956 年	成记面粉厂、文德铁工厂经批准实行公私合营	苗海南被选为山东省政协副主席

图书在版编目（CIP）数据

回忆苗氏家族企业／山东省政协文史资料委员会，淄博市政协
文史资料委员会，桓台县政协文史资料委员会编. —北京：中国文史
出版社，2017.11

（文史资料百部经典文库）

ISBN 978 – 7 – 5034 – 9789 – 6

Ⅰ.①回…　Ⅱ.①山…②桓…　Ⅲ.①家族—私营企业—企业管理—
史料—中国　Ⅳ.①F279.245

中国版本图书馆 CIP 数据核字（2017）第 287250 号

责任编辑：卜伟欣

出版发行：**中国文史出版社**

网　　址：www. chinawenshi. net

社　　址：北京市西城区太平桥大街 23 号　　邮编：100811

电　　话：010 – 66173572　66168268　66192736（发行部）

传　　真：010 – 66192703

印　　装：北京华联印刷有限公司

经　　销：全国新华书店

开　　本：16 开

印　　张：20.25　　　字数：283 千字

版　　次：2018 年 2 月北京第 1 版

印　　次：2018 年 2 月第 1 次印刷

定　　价：56.00 元